자본주의 인문학 산책

CAPITALISM & CULTURE

= 23색 아이템으로 만나는 일상의 자본주의 =

자본주의 인문학 산책

조홍식 지음

한국경제신문

이 책을 한마디로 요약하면 '문화로 읽는 자본주의'다. 인류가 21세기 현재 누리고 있는 물질적 풍요를 만들어내는 제도는 자본주의다. 자본주의는 우리가 사는 지구촌을 평정했다고 감히 말할 수 있다. 지난 세기 공산주의가 자본주의와 겨루면서 도전해봤으나, 시민에게 물질적 풍요를 제공하는 데 실패함으로써 무릎을 꿇었다. 공산권의 중심이었던 러시아나 중국도 이제는 자본주의의 틀안으로 들어왔다. 물질적 풍요가 독재 체제를 유지하는 바탕이 된다는 점이 서방과 다르다면 다른 특징이다.

풍요를 생산해내는 자본주의를 살펴보는 데 왜 문화의 관점이 필요한 걸까. 우선 자본주의는 하늘에서 통째로 떨어진 선물이 아니다. 많은 학자는 자본주의라는 제도가 서유럽에서 16~19세기에 서서히 발전했다고 본다. 아프리카나 남아메리카가 아니라, 그리고 그 시기까지 가장 큰 물질적 풍요를 누리던 인도나 중국이 아니라 서유럽과 북미에서 자본주의가 발전한 것은 우연이 아니다.《프로테스탄트 윤리와 자본주의 정신》을 집필한 자본주의 분석의 아버지 막스 베버(Max Weber)가 지적한 대로 문화적 배경이 중요한 역할을 했기 때문이다.

문화의 중요성은 자본주의의 기원은 물론 확산 과정을 보더라도 확인할 수 있다. 자본주의가 서유럽에서 세계로 확산하는 과정에서 나라별로 큰 차이를 드러낸다. 자본주의가 성공한 곳은 미국, 캐나다, 호주, 뉴질랜드 등 유럽인들이 정착한 지역과 지구 반대편의 문화가 다른 동아시아가 대표적이다. 반면 아프리카는 여전히 자본주의 발전의 궤도에 제대로 올라타지 못한 모습이다. 자본주의의 생성뿐 아니라 확산 과정에서도 문화는 결정적인 역할을 했을 가능성이 크다는 뜻이다.

　　마지막으로 자본주의는 문화와 세부적으로도 긴밀한 관계를 맺는다. 각각의 문화는 자본주의라는 새로운 제도를 자신만의 방식으로 수용하기 때문이다. 아파트라는 근대적 주거 방식을 보더라도 문화적 차이는 크다. 단층집에서 수십 층의 아파트로 옮겨왔으나 한국은 여전히 바닥을 덥히는 온돌 문화를 적용한다. '배부르고 등 따스한' 상태를 행복으로 보는 문화적 코드 때문이다. 문화의 질긴 생존력을 드러내면서 말이다.

　　이 책이 중점적으로 파헤치고자 하는 부분이 바로 이처럼 자본주의와 문화가 만나는 미시적 매듭이다. 자본주의의 기원이나 확산과 같은 거시적 문제보다 자본주의가 세계인의 일상으로 파고들어가는 구체적 과정을 살펴보자는 심산이다. 자본주의는 문화와 어떻게 마주치고 융화하는가. 책의 순서도 이론이나 거시적 시대 구분보다는 일상의 영역을 따른다.

　　시작은 인간 삶의 기본이 되는 의식주다. 가장 기초적이기 때문에 어쩌면 문화의 힘이 제일 강하게 작동하는 부분이다. 자본주의는 합리적으로 계산하는 사람들의 세계라고 하지만 식생활은 제각각이다. 식사는 단지 효율적 영양 섭취가 아니라 문화가 지배하는 의례이기 때문이다. 주식(1장)부터 육식(2장), 요리(3장), 음료(4장) 및 기호품(5장)까지 주로 입으로 섭취하는 식생활을 살펴본 뒤, 재료(6장)를 다루고 이어 의류(7장), 패션(8장) 등 옷을 취급했다. 그리고 자본주의와 주택(9장)의 관계를 간략하게 살펴보았다.

다음은 이동의 문제를 다루었다. 인류 역사 발전에서 한 단계를 뛰어넘게 만든 에너지(10장), 육상 교통(11장), 수상 항공 교통(12장), 유통(13장) 등이 그 대상이다. 앞서 자본주의의 시작을 언급하면서 16~19세기라는 상당히 넓은 시기를 지목했다. 맨 앞의 16세기는 유럽인들이 범선을 타고 세계를 누비기 시작한 시점이다. 그리고 19세기는 강철로 만든 배를 증기로 움직이거나 해저 케이블을 통해 세계를 하나의 통신 네트워크로 탄탄하게 엮은 시기다. 자본주의의 척추를 형성하는 교역은 에너지, 교통, 유통이라는 이동의 혁신으로 가능하게 되었다.

마지막으로 열 개의 장에 걸쳐 현대 자본주의의 핵심으로 부상한 다양한 근대 산업을 검토했다. 이 부분은 두 가지 특징을 꼽을 수 있다. 하나는 자본주의 발전을 이끌고 동반하는 국가의 역할이다. 화폐(14장)는 전형적으로 국가가 안정적 공급을 통해 자본주의 발전에 뼈대를 제공한 사례다. 전쟁(22장)과 정치(23장)도 자본주의와 문화가 겹치면서 국가라는 마당에서 어우러져 춤을 추는 영역이다.

다른 하나의 특징은 인류가 이미 오래전부터 가졌던 활동을 자본주의가 대중화시켜 산업으로 다양하게 발전시켰다는 점이다. 금융(15장)부터 건강(16장), 스포츠(17장), 예술(18장), 관광(19장), 미디어(20장)를 거쳐 교육(21장)까지 현대 자본주의의 꽃이라고 할 수 있는 서비스 산업이 대부분 여기에 해당한다. 예를 들어 의무 교육은 이제 지구촌 모든 국가의 기본이 되었으며 장삼이사(張三李四) 개인이 은행 계좌를 갖는 것을 당연하게 여기는 시대로 변했다. 책을 닫는 결장에서는 자본주의의 미래에 대한 논의를 펼쳐본다.

이 책은 2021년부터 2022년까지 24개월 동안 〈월간중앙〉에 '조홍식의 자본주의와 문화'라는 연재 시리즈로 실린 원고를 다시 작업해 엮은 결과다. 자본주의가 포괄하는 다양한 영역을 다룰 수 있도록 장기적 프로젝트를 기꺼이 수용하고 적극적으로 지원해준 관계자 분들께 감사를 올린다. 시간과 함께 잊혀버릴 글들을 세심하게 연결해 단행본으로 엮음으로써 새로운 삶을 선사해주신 한경BP에도 특별히 감사드린다.

정치경제를 전공해 박사학위를 받은 지도 어언 30년이다. 당시 프랑스에서 공부했으나 한국에서 활동하고 싶었던 나에게 한반도의 문을 열어준 은인은 심상필 선생님이다. 당시 홍익대 경제학과에 계시던 선생님은 한국 사회에 착륙한 이방인의 손을 잡고 따뜻한 마음으로 안내해주셨다. 학문적으로 넓은 시야와 관심을 유지할 수 있었던 것도 선생님의 모범 덕분이다. 선생님은 프랑스에서 경제학과 사회학 두 분야의 박사학위를 수여한 것은 물론, 1990년대 〈정경세계〉라는 학문의 경계를 뛰어넘는 학제적 학술지의 발간을 주도했다. 정치학도가 '자본주의와 문화'라는 주제로 쓴 책을 사회과학을 두루 섭렵한 선생님께 헌정하는 것은 어쩌면 너무 당연한 일이다. 읽고 쓰는 작업을 일상으로 여기는 선생님을 따라 앞으로도 학자의 길을 충실히 갈 수 있기를 바란다.

PART 1

의식주로 본 자본주의의 세계

01

주식
밥의 제국과 빵의 세계

자본주의 확산으로 세계가 하나로 통합되는 중이다. 서울에서 호주산 쇠고기 스테이크를 구워 먹으면서 칠레산 포도주를 마시고, 미국 밀가루를 반죽해 에콰도르 바나나를 얹어 프랑스식으로 만든 파이를 에티오피아산 커피와 함께 디저트로 즐길 수 있다. 세계가 입안에 가득 담긴 고급 식사를 즐겼지만 집에 오면 어딘가 허전해 라면에 김치를 먹는 사람도 있다. 역시 한국 사람은 매운 발효 식품과 뜨거운 국물을 먹어야 한다면서 말이다.

우리가 사는 21세기 지구촌은 이처럼 통합과 분열이 동시에 진행되는 신기하고 재미있는 시대다. 세계가 하나의 시장으로 묶이면서 거의 모든 물건을 자유롭게 사고팔 수 있게 되었다. 음식 문화도 서로 뒤섞이고 있다. 유럽이나 미국 사람들도 젓가락으로 스시를 먹는 일이 자연스러워지는가 하면 토스트와 샌드위치로 아침이나 점심 식사를 하는 한국인과 일본인도 늘어났다.

식량 문제를 논의할 때 전문가들은 칼로리로 열량의 공급을 따진다. 이런 점에서는 인간이나 기계나 별 차이가 없다. 전기를 꼽

장 프랑수아 밀레(Jean-Francois Millet), 〈추수 중에 휴식(Harvesters Resting)〉, 1851~ 1853년.

거나 기름을 때워 기계가 돌아가듯이 사람 또한 먹을 것을 공급해야만 활동할 수 있기 때문이다. 다만 기계와 달리 인간은 참으로 다양한 종류의 음식을 흡입해 에너지를 얻어왔다. 말하자면 기름도 좋고, 가스도 마다하지 않으며, 전기로도 작동하는 전천후 기계 같은 능력을 가진 셈이다.

세계가 비슷해지는 듯 보이지만 차이와 장벽은 여전하다. 사람들은 먹을 것을 무척 가리는 편이다. 중국인은 아침에 튀긴 요티아오(油條)를 두유에 찍어 먹으며 하루를 시작하고, 프랑스 사람들은 고린내 나는 치즈로 식사를 마쳐야 만족한다. 그만큼 식습관은 인간에게 가장 기초적이고 중요한 삶의 패턴이다. 19세기 프랑스 미식(美食) 문학의 전통을 세운 장 앙텔므 브리야 사바랭(Jean Anthelme Brillat-Savarin)은 "당신이 무엇을 먹는지 말한다면 나는 당신이 누구인지 알려줄 것"이라고 천명한 바 있다. 식사와 정체성은 이렇듯 긴밀한 관계다.

물질문명을 탐구하는 여행을 먹거리로 시작하는 것은 자연스러운 행보다. 자본주의는 인류에게 물질적 풍요를 안겨줬지만 그렇다고 먹는다는 가장 기초적이고 본능적인 행위에서 인간이 해방된 것은 아니기 때문이다. 현대 사회에서 '먹방'은 오히려 더 많은 관심을 끌고, 건강식품은 남녀노소를 불문하고 만인의 관심사로 떠올랐으며, 외식은 개인의 능력과 수준을 과시하는 수단이 되었다. 이번 첫 장에서 다루는 주식(主食)이란 두 가지 의미를 지닌다. 하나는 제일 중요한 음식이라는 뜻이고, 다른 하나는 가장 많이 먹는다는 의미다.

'역사상 최대의 사기'

긴 인류의 역사를 서술하는 《사피엔스》에서 유발 하라리(Yuval Harari)는 인간이 수렵 채취의 시대에서 농경 사회로 넘어오는 과정을 '역사상 최대의 사기'라고 표현한다. 짐승을 사냥하고 열매를 따 먹는 시대에 인간은 오히려 더 풍요로운 먹거리를 누렸기 때문이다. 반면 농사를 짓기 시작하면서 인간은 과거보다 더 많은 일을 해야 했고 먹거리의 종류나 양은 오히려 줄어들었다. 에덴동산에서 쫓겨나 땀을 흘려 노동으로 먹고살아야 하는 성경의 이야기가 인류사에 어느 정도 적용된다는 말이다.

일반적으로 사기 사건에는 사기꾼이 있고 당하는 피해자가 있다. 하라리의 이야기에서 사기꾼은 인류라는 종(種)이고 피해자는 열심히 일하는 개개인이다. 농경 사회 덕분에 인류 전체의 수는 늘어났지만 각자의 삶은 더 고달파졌다는 의미다. 이처럼 종을 위해 개인이 희생한 덕분에 인류는 문명을 꽃피울 수 있었는지 모른다. 농경 사회로 진입하면서 도시나 문자, 종교와 정치가 복합적인 양상으로 발전했기 때문이다.

지구의 인구는 최근 19세기부터 20세기에 걸쳐 폭발적으로 증가했다. 영국의 학자이자 목사였던 토머스 맬서스(Thomas Malthus)는 1798년 저서《인구론》에서 식량은 산술적으로 증가하는데, 인구는 기하학적으로 늘어난다는 법칙을 제시했다. 특단의 조치를 취하지 않는다면 인구 폭발과 식량 부족으로 수많은 사람이 굶어 죽는 기아 현상은 물론, 폭동이나 전쟁과 같은 사회적 혼란이 뒤따를 것이라고 예언했다. 실제 19세기에는 세계에서 제일 잘산다는 영국에서조차 대도시의 빈곤과 기아는 보편적인 현상이었다. 당대 혁명의 사상가 칼 마르크스(Karl Marx) 또한 수많은 실업자 도시 빈민이 '산업 예비군'을 형성함으로써 노동자와 경쟁하고 임금을 낮추는 역할을 한다고 지적했다.

크게 봐서 맬서스의 예언은 빗나갔다. 우선 인구는 그의 예상대로 무한정 기하급수적으로 증가하지는 않았다. 어느 나라나 경제 발전에 성공하면 인구 증가의 속도가 줄어들었고 심지어 일본이나 독일, 한국 등 일부는 근래 인구 감소의 현상까지 나타나고 있다. 다른 한편 기술의 발전으로 식량 생산이 크게 늘어났다. 예를 들어 21세기 초 세계 인구는 1900년에 비해, 즉 100년 만에 4배나 많아졌다. 그럼에도 현재 전 세계 식량 생산량을 인구수로 나누면 1인당 하루 2,800kcal를 제공할 수 있다. 달리 말해 총 식량 생산이 지구 인구를 넉넉히 먹여 살릴 만하다는 의미다. 물론 공정한 분배가 이뤄진다는 조건에서 말이다.

불행히도 식량 분배의 현실은 불평등하다. 선진국에서는 평균 필

요량보다 75퍼센트나 많은 열량을 섭취해 비만 문제가 심각하게
대두되고 있다. 반면 세계 인구의 12퍼센트 정도는 충분한 식량을
공급받지 못한다. 선진국 유통 과정에서 식품의 낭비가 광범위하
게 일어나고 곡식의 상당 부분이 가축 사료로 사용된다는 사실을
감안하면 불평등한 식량 분배 현실은 충분히 해결할 수 있는 문
제다. 세계 차원에서 정치적 의지만 모을 수 있다면 말이다.

21세기 현재 78억 명 인류의 배를 채우는 것은 쌀, 밀, 감자와
옥수수라는 네 종류의 주식이다. 이들은 세계 식량의 60퍼센트를
차지한다. 지리적 기원을 따진다면 쌀은 동아시아, 밀은 서아시아,
그리고 감자와 옥수수는 아메리카라는 큰 그림을 그려볼 수 있다.
지금부터 만 년 전쯤부터 인간의 농경 생활이 시작되었고 주식은
각각의 문화에 깊은 영향을 미쳤다.

밥과 빵이 불러온 문화적 경계

주식을 중심으로 21세기 세계 지도를 그린다면 아마도 '밥의 제
국'과 '빵의 세계'로 나눌 수 있을 것이다. 1980년대 한 통계에 의
하면 밥을 주로 먹는 사람들이 인류의 35퍼센트 정도로 제일 많았
다. 가장 큰 이유는 인구 대국인 중국과 인도가 밥을 선호하기 때
문이다. 밀만을 주식으로 삼는 인구는 불과 10퍼센트 수준이다.
빵을 먹는 사람들은 사실 감자나 옥수수 등 다른 주식과 혼합하는
경우가 많기 때문이다.

사람들이 전통적으로 쌀과 밀 같은 곡식을 주식으로 삼은 이유
는 명백하다. 일단 농사를 지을 때 투입된 노동에 비해서 얻을 수

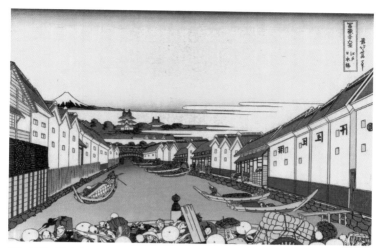
에도 시대 니혼바시에 있는 쌀 상점들.

있는 수확량이 상대적으로 많다. 또한 곡식의 영양소를 살펴보면 70~78퍼센트 정도의 탄수화물과 7~13퍼센트 정도의 단백질을 골고루 포함하는 양질의 식량이다. 놀랍게도 쌀, 밀, 옥수수, 보리, 수수, 호밀 등의 곡식은 매우 유사한 탄수화물과 단백질 분포를 보여준다. 그에 비해 감자는 2퍼센트 정도의 단백질밖에 없다.

　게다가 건조한 곡식은 장기적으로 저장할 수 있기 때문에 미래를 계획하는 삶에 결정적인 도움을 준다. 이런 측면에서도 감자는 상대적으로 경쟁력이 약하다. 물론 최근에는 패스트푸드의 튀김용 냉동 감자나 건조한 칩의 형태로 저장이 어렵다는 단점을 극복했다.

　만일 인간이 합리적이고 효율적인 동물이라면 세계화 시대에는 모두 같은 음식을 비슷하게 요리해 먹어야 할 것이다. 그러나 현실에서는 다양성이 지배한다. 예를 들어 밥이라고 다 같은 밥이 아니다. 크게 보면 한국이나 일본 사람들은 짧고 둥근 쌀로 지은 찰진 밥을 선호한다. 반면 중국이나 동남아, 인도 등지에서는 길고 향기 나는 쌀을 좋아한다. 일본인들은 동북 지역 니이가타(新潟)에서 생산한 고시히카리를 최고로 치며 쌀로만 만든 준마이(純米) 술을 으뜸으로 여긴다. 반면 난킨마이(南京米)라 부르는 중국산 긴 쌀밥은 광부들이나 먹는 싸구려로 폄하하며 캘리포니아 쌀은 화학비료를 써 오염됐다고 여긴다. 취향이야 각자의 자유지만 중국 요리에는 긴 쌀의 향미(香米)가 제격이고 인도 카레는 역시 붙지 않는 라이스가 적합하지 않겠는가. 물론 스시나 오니기리(일본식 주먹밥)를 안남미(安南米)로 만들면 부서지겠지만 말이다.

빵의 세계도 다양하기는 밥 못지않다. 유럽은 나라마다 빵이 다르다. 아마 국제적으로 가장 잘 알려진 것은 프랑스의 바게트, 이탈리아의 치아바타나 유태인의 베이글일 것이다. 사실 부드러운 치아바타를 먹던 사람이 바게트로 바꾸면 입천장이 전쟁터처럼 까진다. 바게트란 바삭한 껍질과 부드러운 속살의 조화가 매력이기 때문이다. 물론 더 고급스런 크루아상을 먹을 수도 있다. 아니면 저렴한 식빵에 채소나 햄을 넣어 샌드위치를 만드는 것도 가능하다. 인도나 서아시아에서는 난(Nan)이라는 둥근 모양의 빵이 주식이고, 여기다 반찬을 얹으면 이탈리아의 피자가 되기도 한다.

한국 사람이 막 지은 따뜻한 밥을 맛있게 여기듯 유럽인들에게 막 구운 빵은 식사의 즐거움을 선사한다. 코로나가 기승을 부린 2020년에도 프랑스 사람들은 여전히 빵집에 줄을 서서 갓 구워낸 바게트를 사다 먹곤 했다. 동전이나 카드를 수없이 주고받는 과정에서 코로나 전염이 될 수 있음에도 전혀 아랑곳하지 않는 모습이었다. 예전부터 프랑스의 비위생적인 빵집 문화를 비판해왔던 미국인들은 공장에서 잘 포장되어 나온 슈퍼마켓의 식빵을 주로 먹을 것이다. 이렇듯 주식의 지도에서도 대서양은 유럽과 미국을 나누는 문화적 경계를 이루는 셈이다.

쌀과 밀의 세계

현대 도시인에게 밥이나 빵과 같은 먹거리는 단지 기호와 선택의 문제다. 아침에는 온갖 잡곡이 들어간 시리얼을 먹고, 점심은 식빵으로 만든 샌드위치로 때운 다음, 저녁 식사는 집에서 밥을 먹을 수 있다. 하지만 역사를 살펴보면 밥과 빵의 문화는 실제 쌀과 밀의 시스템으로 각각 나뉘어져 사회를 구성하는 기본적 틀이 되었다.

논과 밭을 만들기 위해서는 땅을 일구고 개척하는 인간의 노력이 다년간 지속되어야 한다. 곡식의 농사에 필요한 관개시설을 건설하기 위해서도 집단적 협력을 통해 에너지를 투입해야만 한다. 특히 논농사는 관개시설을 건설하고 관리해야 할 뿐 아니라 일일이 모내기 작업도 거쳐야 하는 노동 집약적 활동이다. 자연 협력을 위해 마을 공동체는 물론 정치 권력의 조정 능력이 강력하게 요구되었다.

쌀의 시스템이 지배하는 인도부터 동아시아까지 시골 풍경이란 끝없이 펼쳐지는 논의 파노라마다. 산비탈에 만들어진 테라스식 논은 쌀농사의 입체적 풍경이다. 가을이 되면 쌀알이 익어가는 논이 황금빛으로 물드는 장면은 쌀 문화를 가진 나라가 공유하는 아름다움이다. 쌀의 영토에서는 짚으로 초가집 지붕도 만들고 짚신

중국 원난성의 테라스식 논.

을 엮으며 모자와 우비까지 준비한다. 한국의 돗자리나 일본의 다다미는 모두 쌀 시스템의 부산물이다.

쌀을 민족 정체성의 핵심으로 삼은 경우는 일본이 으뜸이다. 미국 위스콘신대학교의 에미코 오누키 티어니(Emiko Ohnuki-Tierney) 교수는 《자아로서의 쌀(Rice as Self)》이라는 저서에서 일본의 쌀과 정체성의 등식을 세밀하게 분석한 바 있다. 쌀알 한 톨마다 영혼이 깃들어 있다고 믿는 일본인들은 일본 땅에서 생산한 백미가 전선에서 싸우는 군인들에게 민족의 에너지를 심어줄 것이라 생각했다. 제2차 세계대전 당시 전쟁터에 일본산 쌀을 보내기 위해 국내 시민들은 수입쌀을 먹었다. 당시는 흰 쌀밥에 붉은 매실 장아찌(우메보시)를 꽂은 일장기 도시락(히노마루 벤토)이 유행할 정도였다.

밀의 세계에서도 토지와 농민과 민족을 연결하는 장치는 빈번하다. 19세기 프랑스 화가 밀레는 세계적으로 유명한 〈만종〉을 비롯해 농부들의 삶을 표현하는 다수의 작품으로 유럽 농업 강국의 문화적 면모를 아낌없이 보여줬다. 이제는 농민보다는 경운기가 더 많은 일을 담당하는 시대지만, 밀농사의 정신적 유산은 미술을 통해 세대를 뛰어넘어 전달되는 셈이다.

쌀과 밀의 차이는 문화적 정서뿐 아니라 기술 발전에 있어서도 동아시아와 유럽의 역사에 지대한 영향을 미쳤다. 쌀은 도정 과정만 거치면 바로 밥을 지어 먹는다. 반면 밀은 가루를 만들어야 빵을 구울 수 있다. 북아프리카의 쿠스쿠스는 밀을 적당히 빻아 익혀서 먹는 방식이다. 빵을 구울 정도의 밀가루를 내리려면 많은 에너지가 소모되기 때문에 유럽의 수많은 풍차와 수차는 자연의 힘을 빌려 밀가루 만드는 작업을 담당했다. 단순한 수평 또는 수직 에너지를 찧고 빻는 힘으로 전환하는 노력 속에서 많은 기계공학적 발전이 이뤄질 수 있었던 것이다. 그리고 자연 에너지를 활용하는 기술적 능력은 향후 방직이나 광산 등 다양한 분야에 적용될 수 있었다.

프렌치프라이, 감자의 '신분 상승'

극장에서의 팝콘과 패스트푸드점에서 파는 감자튀김은 약방의 감초다. 감자와 팝콘을 만드는 옥수수는 둘 다 아메리카 대륙이 원산지며 16세기 이전 구대륙에는 없었던 먹거리다. 지금은 쌀이나 밀과 함께 중요한 주식 가운데 하나가 되었지만, 오랜 기간 감자와 옥수수는 사회적 편견의 대상이 되었다. 특히 덩이줄기에 속하는 감자는 땅속에서 자라난다는 이유로 사람들이 천하게 여겼다.

위에서 지적했듯이 감자는 영양이나 보관에 있어서 곡식에 뒤

지는 것이 사실이다. 하지만 곡식이 부족할 경우 감자는 보완의 역할을 훌륭하게 수행할 수 있다. 17세기 초 유럽의 학자들은 이미 감자의 영양적 가치를 밝혀냈다. 하지만 사람들은 가축의 사료로 사용할 뿐 감자를 먹으려 하지 않았다. 어떻게 사람과 짐승이 같은 음식을 먹을 수 있겠는가.

18세기 프랑스는 곡물 가격 인상으로 빈번한 기아 현상이 발생했다. 1770년대 프랑스 정부는 고심 끝에 파리 주변 지역에 감자를 심어놓고 낮 동안만 군대를 파견해 지키도록 했다는 일화가 전해진다. 군이 지킬 만큼 소중한 음식이라고 생각한 사람들이 그제야 밤에 몰래 감자를 훔쳐 먹기 시작했고, 서서히 감자를 먹는 습관이 생겼다고 한다. 감자는 시간이 지나면서 서유럽에서 중요한 주식으로 부상하기 시작했다.

19세기가 되면 감자가 당당한 민족 식단의 멤버로 등장한다. 1813년경 당대 최고의 요리사로 활약하던 마리 앙투안 카렘(Marie-Antoine Carême)이 감자튀김을 유행시켰고, 이를 계기로 고급 요리에 감자가 등장하게 되었다. 언제부턴가 감자튀김은 미국에서 프렌치프라이로 불리기 시작했고, 미국과 프랑스 사이에 분쟁만 생기면 메뉴에서 사라지거나 이름을 바꿔야 하는 프랑스 민족의 대표 음식으로 자리매김했다. 한편 '물-프리트(Moules-Frites)'라 불리는 홍합-감자튀김의 조합은 벨기에를 상징하는 음식이기도 하다.

1845~1849년의 아일랜드 감자 기아는 이 나라의 감자에 대한 의존도를 잘 보여준다. 이 시기 감자를 공격하는 병충해로 농사가 망하자, 아일랜드는 100만여 명이 굶어 죽고 200만 명이 이민을

대니얼 맥도널드(Daniel MacDonald), 〈병충해 피해를 발견한 아일랜드 농민 가족(An Irish Peasant Family Discovering the Blight)〉, 1847년.

가는 심각한 충격을 겪어야 했다. 미국의 조 바이든(Joe Biden) 대통령도 1850년 아일랜드를 떠나 신대륙으로 이민한 조상을 두고 있다.

일부 학자는 감자가 인간에게 적절한 식품이 아니라고 여전히 주장했다. 예를 들어 19세기 독일의 철학자 루드비히 포이어바흐(Ludwig Feuerbach)는 〈인간은 그가 먹는 것: 희생의 신비(Das Geheimnis des Opfers oder Der Mensch ist, was er ißt)〉라는 논문에서 음식이 육체와 영혼의 관계를 결정한다고 보았다. 그는 감자의 대량 소비로 시민들이 정신적으로 약해졌고, 그 결과 1848년 혁명은 실패할 수밖에 없었다고 설명했다. 포이어바흐는 마르크스가 《독일 이데올로기》에서 헤겔과 함께 분석한 당대 최고의 철학가였다.

옥수수 또한 구대륙에서 그리 훌륭한 대접을 받지는 못했다. 옥수수는 서유럽보다는 동유럽에서 더 많이 식용으로 채택했고, 대서양을 중심으로 아프리카와 아메리카를 활발하게 오가는 노예의 음식으로 활용되었다. 아직까지도 옥수수는 곡식 가운데 가장 많이 가축의 사료로 활용되고 있다. 감자와 옥수수의 사례는 새로운 음식이 전파되고 수용되는 과정이 얼마나 복합적인가를 잘 보여준다. 음식은 단순히 배를 채우고 영양을 섭취하는 수단이 아니다. 음식은 예전에도 그랬고, 지금도 여전히 인간의 습관이나 생각의 지배를 받는 문화적 상징이다.

음식의 색깔이 나타내는 것

음식을 통한 차별화는 인류 역사의 상수(常數)라고 봐도 무리가 아니다. 위에서는 밥과 빵, 그리고 쌀과 밀을 통해 세계적인 큰 분류를 살펴봤지만, 조금만 세밀하게 들어가보면 그 내부적 다양성 또한 놀랍다. 같은 문명이나 나라 안에서도 지역에 따라, 그리고 계급에 따라 식습관과 정체성이 나뉘기 때문이다.

중국과 인도는 쌀의 제국의 핵심을 형성하는 대표적인 대륙 국가지만 내부는 다시 쌀과 밀의 문화로 나뉜다. 중국에서 북방 사람들은 면을 선호하고 남방 사람들은 밥을 주로 먹는 습관을 가졌다. 교자(餃子)나 포자(包子)는 물론 빵이나 다양한 면 요리는 북방의 전통이며, 사람들은 밥 대신 밀가루 음식을 먹는다. 베이징의 짜장면이나 고추잡채와 함께 나오는 꽃빵(花卷)을 생각하면 이해하기 쉽다. 남방 사람들은 주야장천(晝夜長川) 밥을 먹는데 볶음밥이 광둥 버전(Cantonese rice)으로 세계화가 된 것은 우연이 아니다.

인도 역시 전체적으로는 쌀의 영역에 속하지만, 동부 벵골 지역이 논농사의 중심을 형성하는 반면, 서북부의 건조한 라자스탄은 밀의 세계에 해당한다. 인더스 문명의 영역에 속하는 라자스탄의 음식 문화에서는 쌀을 거의 찾아보기 힘들 정도다. 중국에서 밥과 면이 음식 문화를 양분하듯 인도에서는 라이스와 난이 주식 세계를 양분하는 셈이다.

같은 나라나 지역에서도 계급에 따라 음식과의 연관성이 드러난다. 일반적으로 흰색이나 밝은색의 음식은 고급스러운 상류층의 것으로 인식되고, 검은색이나 어두운 색의 음식은 하류층의 것으로 여겼다. 동아시아에서 백미(白米)는 순수성의 상징으로 제사상에 올리는 최고급 밥이었다면, 콩밥이나 보리밥은 비천한 계층이 먹는 주식이었던 것이다.

마찬가지로 유럽에서도 빵이 흰색일수록 고급으로 여겼고, 잡곡이 섞여 갈색에 가까워질수록 서민의 음식이라고 생각했다. 영양을 따진다면 반대로 대중적인 잡곡밥과 빵이 더 건강에 좋지만, 수백 년 동안 사람들은 희고 부드러운 밥과 빵일수록 높은 사회적 지위를 드러낸다고 믿으며 살았다.

산업화 과정에서 빵을 대량 생산하기 시작하면서 가장 희고 부드러운 빵을 대중적으로 공급하려고 만든 것이 식빵이다. 역사의 아이러니는, 서민들이 누구나 흰 빵을 먹기 시작하자 부자들은 건강을 생각해 오히려 갈색 잡곡 빵으로 옮겨갔다는 점이다. 밥도 마찬가지 현상이 나타나 흰 쌀밥은 이제 대중 급식에서나 찾아볼 수 있고, 고급 식당에서는 현미나 잡곡밥을 제공하는 경향이다.

주식이 '공짜'가 된 풍요의 시대

요즘은 심지어 주식 자체가 사라지는 추세다. 적어도 풍요로운 선진 사회에서 중요한 가치는 많이 먹는 것이 아니라 잘 먹는 것이 되었다. 탄수화물이 비만의 원인이라고 생각하는 많은 사람들은 고기만 먹는 황제 다이어트를 하면서 밥·빵·면은 기피한다. 레스토랑에서도 판매하는 것은 요리지 밥이나 빵이 아니다. 유럽의 레스토랑에서 요리만 시키면 빵은 기본으로 제공되는 경우가 많다. 한국에서 설렁탕에 밥을 따로 시키지 않아도 되듯이. 이는 주식이 공짜로 주어질 만큼 풍요의 시대가 되었다는 의미일 것이다.

그럼에도 불구하고 우리의 두뇌와 정신을 지배하는 주식의 힘은 여전하다. 한국인은 어떤 횡재를 만났을 때 '이게 웬 떡'이라고 표현하지 버터나 스테이크를 찾지는 않는다. 떡이란 소중한 쌀을 빻아 만든 풍요의 상징이기 때문이다. 사실 피자와 치킨을 많이 배달시켜 먹더라도 여전히 우리는 '밥벌이'를 한다고 말하고, '철밥통'인 직장을 부러워한다. 그리고 '한솥밥'을 먹는 사람들끼리는 각별한 관계를 갖는다.

주식이 만들어준 특별한 정서의 고리는 유럽이나 미국도 유사하다. 가장(家長)은 영어로 '브레드위너(Breadwinner)', 즉 빵벌이 하는 사람이라 불리고 밥벌이를 프랑스에서는 '가뉴빵(Gagne-pain)', 즉 빵벌이라 부른다. 우리가 '먹고사는 문제'라고 부르는 것을 영어권에서는 '빵과 버터의 문제(Bread and butter issue)'라고 지칭한다. 무엇보다 가톨릭에서 빵과 포도주는 예수의 살과 피를 의미하며, 기독교 기도문에서 "우리에게 일용할 양식을 달라"는 정확히 말해 '일용할 빵(daily bread)'의 의역이다. 쌀 문화에선 "우리에게 일용할 밥을 달라"가 더 정확한 번역일 것이다.

밥과 빵이 상징하는 주식의 사례를 통해 우리는 세계를 한 바퀴 돌아보았다. 일상에서 무심코 먹던 토스트 한 점과 밥 한 그릇에 담겨 있는 다양한 의미를 역사에 비춰보면 흥미로운 의미들이 되살아난다. 주식은 세계인의 생활습관이나 언어에 깊은 영향을 남겼지만, 상대적 중요성은 점차 줄어드는 모양새다. 자본주의 풍요의 시대에는 고기나 과일, 채소와 같은 다양한 음식에 대한 수요가 늘어났기 때문이다. 주식 다음으로 살펴볼 물질문명의 주제는 고기와 생선의 세계인데, 매우 강한 금기와 차별화가 만들어진 문화 영역이다.

02

육식
고기와 생선이 상징하는 부의 세상

21세기 지구촌에는 인간이 먹기 위해 기르는 가축이 사람보다 훨씬 많다. 일례로 세계 인구는 78억 명이지만 양계장 닭만 해도 240억 마리 이상이다. 또 소, 돼지, 양, 염소, 오리 등은 각각 수억 마리를 초과하는 대표적인 가축들이다. 이들은 단백질과 지방이 듬뿍한 고기라는 식재료를 인간에게 공급할 뿐 아니라 달걀과 젖이라는 소중한 먹거리도 선사한다. 게다가 이들의 털이나 가죽은 옷이나 가방 등을 만드는 데 요긴한 재료로 활용되어 인간의 삶을 풍요롭게 만든다.

사실 가축은 근대 자본주의가 만들어지기 이전부터 사람들의 중요한 자산으로 통했다. 성경 구약만 보더라도 재산을 따질 때 가축의 수가 결정적인 요소였음을 확인할 수 있다. 유럽 언어에서 자본이나 수도를 뜻하는 캐피탈(capital)이라는 말의 근원은 라틴어로 동물의 머리를 의미하는 'caput'에서 비롯된다. 한자에서도 짐승이나 쌓는다는 의미의 축(畜) 자가 '모을 축(蓄)'으로 발전해 축적(蓄積)이나 저축(貯蓄)에 사용된다. 동서양을 막론하고 살아

피에테 아르트센(Pieter Aertsen), 〈푸줏간과 자선을 베푸는 성가족(A Meat Stall with the Holy Family Giving Alms)〉, 16세기.

있는 가축은 부패하지 않는 식량의 자연 창고인 셈이었고, 새끼를 낳아 불어나기까지 하는 자산이었던 것이다.

인간이 동물을 사냥하던 시대에서 가축(家畜)이라는 표현처럼 동물과 함께 살기 시작한 것은 1만 년 정도 이전부터다. 농사와 가축이 비슷한 시기에 시작된 셈이다. 가장 먼저 가축화된 것은 개이며, 이후 소와 돼지, 양 등이 뒤따른 것으로 보인다. 이런 변화는 인간이 수렵 채취에서 농경 사회로 오면서 동·식물의 속성을 파악한 뒤 자신에게 이롭게 활용하는 기술을 터득했다는 것을 의미한다. 이후 인류의 역사는 동물과 다양한 방법으로 관계를 맺는 과정으로 점철되어 있다. 특히 동물의 고기와 관련된 금기는 매우 오랜 기간 지속되어 현재까지 내려오면서 각 사회의 고유한 문화를 형성했다.

채식 문화와 육식 문화

아시아에서는 세상을 채식과 육식의 문화로 나누는 경향이 있다. 일례로 채식을 주로 하는 동양의 문화는 평화적인 반면, 육식이 지배하는 서양 문화는 호전적이라는 등식을 적용한다. 또 동양은 논밭을 가는 농경 사회로 분류하고, 서양은 유목민의 전통을 이어받은 사회라고 양분하기도 한다. 얼핏 그럴듯하게 들릴 수도 있지만, 알고 보면 편견이 깊숙이 심어진 도식적인 오해다. 동·서양이라는 개념 자체가 문화적인 요소이며 명확하게 구분하기는 어렵다. 예를 들어 인도는 어디에 속해야 하는가. 서양 사회인 유럽의 식민 지배를 받았기 때문에 동양으로 보지만, 사실 인도유럽 언어와 문화라는 공동의 틀을 고려하면 인도는 유럽에 더 가깝다.

앞서 주식 문화를 살펴보면서 확인했듯이, 서양의 핵심이라고 할 수 있는 유럽 사람 대부분은 채식에 속하는 빵을 주로 먹고 살았다. 200여 년 전 유럽인들의 평균 고기 소비량은 1년에 19kg에 불과했으며, 20세기가 시작하는 1900년에는 40kg으로 2배 정도 늘어났다. 물론 이 수치는 뼈와 가죽 등을 포함해 도축된 고기의 무게를 인구수로 나눈 것이다. 그리고 여기서 고기란 우리가 상상하는 부드러운 스테이크가 아니라 소금을 잔뜩 넣은 햄이나 소시지, 그리고 캔에 넣어 만든 콘비프(corned beef)의 형식이다.

콘비프에서 '콘(corns)'이란 작은 소금 덩어리를 의미하기 때문에 직역하자면 소금에 절인 쇠고기다. 17세기부터 19세기까지 콘비프를 주로 생산한 것은 가난한 아일랜드였고, 상당 기간 저장이 가능했기 때문에 긴 항해, 특히 대서양의 노예 무역에서 사용하던 식량이었다. 산업혁명을 맞아 공장에서 깡통에 콘비프를 담게 되자 저장 기간은 더 늘어났고, 전쟁터에 나가는 군인들의 식량으로 활용되었다. 19세기의 크림전쟁이나 미국 남북전쟁, 그리고 20세기 제1차와 제2차 세계대전에서 콘비프는 군인들의 대표적 먹거리로 등장했다. 콘비프는 한국에 와서 부대찌개라는 퓨전 푸드의 재료로 활용되기도 한다.

유목 문화라고 착각할 수 있는 메소포타미아 지역은 대표적인 농경 사회였으며 당대 최고의 도시 문명을 발전시켰다. 흥미로운 점은 양고기에 대한 태도의 변화다. 고대 바빌로니아 시대(기원전 24세기~기원전 6세기)에 양은 주로 젖을 짜먹고 털을 깎아 옷을 만드는 동물이었다. 양고기는 유태인이나 먹는 음식이었다. 심지어 가난한 사람들조차 양고기보다는 곡식을 선호했다고 한다. 하지만 세월이 지나 기원전 4세기가 되면서 메소포타미아 지역은 양고기를 즐기는 문화로 돌변해 오늘에 이른다. 이처럼 음식에 대한 선호는 어느 순간 급격하게 바뀌기도 한다.

동양의 중심을 형성하는 중국 역시 채식보다는 돼지고기의 문화라고 불러도 손색이 없다. 돼지의 가축화는 중국보다 실제 서남아시아가 2,000년 정도 앞섰다. 그런데 7세기 이슬람이 등장하면서 서남아시아에서는 돼지가 사라졌고, 오히려 중국에서 전성기를 맞게 되었다. 중국을 대표하는 고기는 예나 지금이나 단연 돼지다. 물론 유럽이나 미국의 고기 소비와 마찬가지로 중국도 서민들이 돼지고기를 상용하게 된 것은 최근이다. 현재 전 세계 돼지 6억 마리 가운데 절반이 중국에 있다. 반면 소를 가장 많이 보유한 나라는 브라질과 인도로 각각 2억 마리 정도를 키운다.

금기의 역사

오래전부터 사람들은 고기와 관련해서 수많은 금기를 만들어왔다. 식물과 달리 동물에서 얻는 고기는 인간의 살과 너무 비슷하기 때문일지도 모르겠다. 사람들은 야만성을 논하거나 난폭성을 지적하기 위해 '식인(食人)'이라는 살벌한 공포 용어를 사용하곤 한다. 또 먹을 것이 없는 극단적인 상황에서 등장하는 '식인'의 현실은 인간성을 포기하는 단계라고 본다. 과거 일부 인간 집단은 사망한 조상의 몸을 나눠 먹기도 했다. 가톨릭에서 빵과 포도주를 통해 예수의 살과 피를 상징적으로 공유하는 의식은 먹는다는 행위의 복합성을 잘 보여준다.

가장 철저한 금기는 육식을 아예 금지하는 일이다. 살생을 금지하는 불교는 오래전부터 가장 먼저 고기 소비를 가로막는 문화적 체계를 형성했다고 볼 수 있다. 그러나 불교를 채택한 아시아 국가들이 반드시 강력한 육식 금지의 정책을 편 것은 아니다.

불교의 지리적·문화적 토양을 제공한 힌두 문명 또한 육식보다는 채식을 장려하는 종교다. 물론 잘 알려진 바와 같이 인도에서 신성시되는 소는 식용으로 사용될 수 없다. 브라질이 현대 축산업을 발전시켜 소의 숫자에 있어 인도를 능가하기 이전까지는, '돼지 대국' 중국처럼 인도는 '소의 제국'이었다. 인도에서 소는 농사를 짓는 데 노동력 측면에서 절대적인 기여를 하며 우유나 치즈, 버터와 같은 유용한 양식도 제공한다. 한국에서 서양 음식의 대명사로 인식되는 버터를 세계에서 제일 많이 소비하는 나라는 사실 인도다. 또 인도에서 소똥은 21세기에도 여전히 광범위하게

15세기 유태인 코우셔식으로 동물을 처리하는 모습.

연료로 활용된다.

　힌두 문명에서 소를 신성시해서 먹을 수 없다면, 유태(猶太)와 이슬람 문명에서는 돼지를 불결하다고 생각해 먹지 않는다. 이처럼 신성한 것도 금기지만 더러운 것도 금기 대상이 된다. 지리적으로 서남아시아라는 같은 공간에서 오랫동안 살아온 유태인의 음식 전통이 상당 부분 이슬람에 전달된 것이다. 성경 구약은 먹어서는 안 되는 고기를 나열하는데, 대표적으로 돼지와 낙타를 들 수 있다. 유태인들은 이 금기를 여전히 지키지만 이슬람권에서는 낙타를 먹는다. 서남아시아나 북아프리카 지역을 여행하면 시장에서 낙타 고기를 파는 모습을 쉽게 찾아볼 수 있다. 이처럼 전통은 항상 선택적으로 계승하는 대상이다.

　유태인의 구약을 경전(經典)으로 삼는 것은 기독교도 마찬가지다. 하지만 유럽의 기독교는 고기와 관련된 유태교의 금기를 수용하지 않았다. 로마 제국에서 기독교가 국교로 채택되어 로마 사회의 주류가 된 것은 4~5세기의 일이다. 로마 제국 사람들은 기독교를 받아들이면서 짐승의 피를 흘려 제사를 올리는 전통은 포기했지만, 돼지를 포함한 가축을 먹는 음식 문화는 유지한 셈이다. 중세에도 기독교는 금식일이나 고기를 금한 날들이 많았지만, 돼지고기를 완전히 금지하지는 않았다. 특히 이슬람과 군사적으로 대립하는 형세 속에서 기독교인의 돼지 소비는 유태인이나 이슬람 문화와 차별화하는 하나의 수단이었다.

21세기에도 고대 종교에서 규정한 고기 관련 금기는 여전히 강한 힘을 발휘하고 있다. 힌두 중심의 인도에서 쇠고기는 여전히 금지 대상이고, 할랄(halal)이라는 명칭으로 불리는 이슬람 음식은 돼지고기를 피하는 것은 물론 다른 식품도 특별한 방식으로 처리되어야 한다. 할랄은 세계 음식 시장의 16퍼센트를 차지하며 2016년 기준 무려 2,450억 달러 규모다. 유태인의 종교적 주문을 반영하는 음식은 코우셔(kosher)라 부른다. 최근 유럽이나 미국의 다문화적 환경에서 음식, 특히 고기와 관련된 문제는 사회적으로 무척 민감한 사안으로 등장했다.

고기의 질서

우리가 사는 자본주의 사회에서 고기의 질서는 가격으로 뚜렷하게 드러난다. 한국의 경우 쇠고기가 닭고기나 돼지고기보다 비싸고, 쇠고기 중에서도 한우가 수입산보다 가격이 월등하게 높다. 물론 사람들의 취향이 바뀌기도 한다. 예전에는 지방이 골고루 퍼진

마블링 많은 등심을 선호하다가 건강한 식생활을 추구하는 사람이 늘어나면서, 최근에는 지방이 적은 안심이 인기를 끈다. 또 붉은 고기가 건강에 나쁘다는 인식이 확산되면서 생선이 선호의 대상이 되었다.

아마 다양한 고기를 즐겨 먹던 중세의 프랑스 사람들이 봤다면 다소 의아해했을 것이다. 중세 프랑스에서 고기의 질서는 비교적 단순하고 알기 쉬웠다. 사회 질서와 마찬가지로 서식지가 높을수록 고급 고기였고, 낮을수록 천한 고기로 쳤다. 당연히 공중에서 이동하는 조류가 최고의 고기였으며, 조류 중에서도 물이나 땅에서 사는 종류보다는 하늘을 나는 새고기가 훌륭하다고 여겨졌다. 그들이 21세기 한국의 전국을 뒤덮은 치킨 가게를 봤다면 놀라고 부러워했을 것이다. 물론 닭은 공중을 날아다니는 비둘기만은 못하지만 말이다.

중세 프랑스 사람들에게 물속의 생선은 땅에서 자라는 감자처럼 그다지 선호하는 대상은 아니었다. 덕분에 바다와 강, 호수에 가득한 생선은 서민들의 소중한 먹거리 기능을 할 수 있었다. 북해에서 대량 생산되는 청어는 '바다의 밀'이라 불렸다. 청어는 내장을 제거하고 훈제하거나 소금에 절이면 1년까지 보관이 가능했기 때문에, 북유럽과 남유럽을 오가는 무역선단의 중요한 상품이었다. 고대 그리스나 로마 시대에 지중해에서 활발했던 밀 무역에 이어 청어는 중세 유럽에서 식량 무역의 범위가 곡식에서 생선으로 확산되었음을 보여주는 사례다.

육지의 가축 가운데 소와 돼지는 중세부터 이미 가장 많이 소비되는 동물로 떠오른다. 유럽에서는 돼지가 식용 고기로 가장 큰

야콥 길릭(Jacob Gillig), 〈민물고기(Freshwater Fish)〉, 1684년.

기능을 해왔지만, 중세부터 밭을 가는 데 소보다는 말을 활용하면서 쇠고기도 식용으로 대량 사용되었던 것이다. 돼지는 유럽 전역에서 즐기지만 북쪽으로 갈수록 쇠고기의 소비가, 그리고 남쪽 지역으로 내려갈수록 양고기의 소비가 늘어난다.

같은 쇠고기라도 영국이나 독일에서는 잘 익힌 고기를 선호하고, 프랑스는 덜 익은 고기가 인기다. 영어의 래어(rare)는 프랑스어로 세냥(saignant), 즉 '피가 흐르는'이라는 뜻이다. 지금도 프랑스 레스토랑에서 고기를 시키면서 '잘 익혀 달라(bien cuit)'고 하면, 그럴 바에야 고기 말고 생선이나 먹지 하는 표정을 짓는다. 짐승의 종류나 요리하는 방법뿐 아니라 선호하는 부위도 제각각인데, 독일 사람들은 간을 좋아하고 프랑스인들은 뇌나 골수를 제일 먼저 찾는다. 지금도 프랑스인의 버터 소비량이 이웃 나라보다 높은 것을 보면 미식의 나라 프랑스는 기름지고 고소한 맛을 좋아하는 성향이 강한 셈이다.

개구리와 토끼

고기와 관련된 금기는 종교와 문명에 따라 인류를 거대한 단위로 분류해놓았다. 또 같은 문명권에서도 먹거리에 따라 사람과 집단을 구분하는 습관은 사라지지 않았다. 흥미로운 점은 이런 차별화 현상이 이웃 사이에 더욱 강하게 나타난다는 사실이다.

예를 들어 영국과 프랑스는 폭이 35km에 불과한 도버 해협만 건너면 도달하는 가까운 이웃이다. 영국인들은 프랑스 사람들을 '개구리 먹는 사람들'로 부른다. 양서류를 섭취하는 식습관을 빙자해 다른 민족을 폄하하고 자신들의 정체성을 강화하려는 태도다. 영국인은 개구리나 달팽이처럼 전통적 가축이나 생선이 아닌 생물을 요리해 먹는 것은 야만적인 습관이라고 보는 것이다. 반면 프랑스 사람들에게 개구리 뒷다리 요리나 달팽이 버터 구이는 대표적인 전통 식단에 속한다. 이런 인식의 차이는 적어도 백년전쟁 시기, 즉 600년 이상 거슬러 올라간다.

영국계 프랑스인 앤서니 롤레(Anthony Rowley) 교수는 《식탁의 세계사: 입의 전략(Une histoire mondiale de la table: stratégies de bouche)》이라는 저서에서 인간 집단과 먹거리의 관계를 장기간에 걸쳐 분석한 끝에 결론 부분에서 토끼의 사례를 다룬다. 그는 유럽 문명에서 토끼야말로 전형적인 '문화적 표시'의 역할을 했다고 설명한다. 고대 페니키아인들이 이베리아 반도에 도착해 보니 토끼가 하도 많아 그 지역을 이사판임(I-Saphan-Im), 즉 '토끼의 나라'라고 불렀다. 이 명칭은 이후 히스파니아, 스페인 등으로 발전했다. 스페인 출신의 하드리아누스(Hadrianvs, 76~138)가 로마 황제

로마 하드리아누스 황제의 화폐에 등장하는 토끼(브리티시뮤지엄).

로 등극하자 토끼를 새긴 화폐를 발행할 정도였다.

이때부터 토끼 고기를 먹는 습관이 점차 유럽 전역으로 퍼져나 갔다. 특히 어린 토끼 요리는 미식가들이 선호하는 식재료로 부상 했다. 하지만 19세기가 되면서 영국은 토끼를 먹는 것은 고양이를 식용으로 쓰는 것처럼 천박한 취향이라면서 반(反)토끼 유행을 주 도했다. 스페인이나 이탈리아, 프랑스 등지에서는 지금도 여전히 토끼를 먹지만 말이다. 나도 프랑스에서 고등학교를 다닐 때 급식 에 나오는 토끼 요리를 종종 먹곤 했다.

정치적인 이유로 특정 요리가 어느 날 갑자기 민족을 상징하는 음식으로 부상하기도 한다. 1867년 헝가리 사람들은 오스트리아 와 공동 제국을 형성하면서 특정 지역 요리였던 쇠고기 스튜 굴라 시(Goulash)를 마자르족의 대표 음식으로 내세웠다. 원래 17세기 부터 헝가리는 게르만인들과 마찬가지로 양배추 절임인 사워크라 우트(sauerkraut)라는 대표 음식이 있었지만, 오스트리아와 정치적 으로 연합하는 과정에서 차별성을 드러낼 필요가 있었던 것이다.

비슷한 시기인 1870년대 덴마크는 남쪽의 독일이 통일하면서 위협을 가해오자 기존에 먹던 양고기를 포기하고, 독일처럼 돼지로 만든 먹거리를 발전시켰다. 덴마크의 '민족' 음식으로 돈육 제품들을 생산하기 시작한 것이다. 덴마크산 베이컨이 영국으로 수출되자 독일 베이컨에 비해 덴마크 제품이 얼마나 우수한지 자랑으로 삼기도 했다. 실제 국제 시장에서 덴마크 베이컨의 성공은 저렴한 가격과 돼지 특유의 냄새를 제거한 무미(無味)함 덕분이었다고 한다.

19세기 오스트리아와 독일의 정치적 확장 시기에 헝가리는 게르만과 유사한 요리를 버리고 새로운 요리를 발굴해 민족 요리로 내세웠다면, 덴마크는 독일과 같은 돈육의 영역으로 들어가 더 잘 요리하거나 생산한다는 차이를 부각시킨 셈이다. 민족이 해체되거나 만들어지는 역사의 흐름에서 음식은 피아(彼我)를 구분하는 요긴한 수단으로 활용되었던 것이다.

해부에서 조립까지: 돼지의 도시, 시카고

먹거리와 관련된 다양한 이야기를 재미는 있지만 다소 가벼운 주제라고 여기면 곤란하다. 왜냐하면 현대 사회의 탄생에서 먹거리야말로 가장 첨단을 달리는 산업의 역할을 담당했기 때문이다. 주식의 선택에서 제일 중요한 기준은 영양과 보관 가능성이었다. 고기와 생선은 훈제나 절임, 발효 등 다양한 수단을 동원해 보관 기간을 늘리곤 했다.

위에서 봤듯이 캔의 발달은 고기와 생선의 장기 보관을 가능하게 만들었다. 19세기 후반이 되면 냉동 및 항해 기술이 발달해 아메리카 대륙의 아르헨티나나 미국에서 쇠고기를 실어 대서양 넘어 유럽까지 수출하는 일이 가능해졌다. 1925년에 이르면 바다에서 생선을 무더기로 잡은 뒤 곧바로 냉동시켜 시장에 대량 공급하는 기술도 발전했다. 1929~1933년 재임한 미국의 허버트 후버(Herbert Hoover) 대통령은 피시 핑거(fish finger)야말로 "세계 식량에 있어 가장 아름다운 발견"이라고 격찬할 정도였다. 이제는 고기와 생선도 장기 보관이 가능해지고, 또 잡은 즉시 냉동할 수 있는 시대가 열린 것이다.

가축을 도살한 뒤 가장 중요한 작업은 다양한 부위를 해부하는 일이다. 머리와 사지, 꼬리를 나누는 것은 물론 등심, 안심, 갈비 등을 제각각 따로 썰어내야 한다. 통조림이 제일 먼저 발달한 미국은 도살부터 해부까지 모든 과정이 한 지역의 공장으로 집중되었다. 시카고는 19세기 말 미국 전국 가축의 80퍼센트를 처리하는 고기의 중심지로 부상했다. '포코폴리스(Porcopolis)', 즉 돼지의 도시라는 별명이 붙을 정도였다. 도살장은 전기를 활용한 자동체인을 처음으로 만들어 일꾼들이 한 가지 작업에 집중할 수 있도록 했다.

현대 산업의 대명사로 불리는 자동 체인은 이처럼 도살장에서 최초로 발명되었다. 축산업에서 만들어진 생산 과정의 혁신은 담배 공장으로 전파되었고, 마침내 1908년에는 헨리 포드(Henry Ford)에 의해 자동차 산업에까지 확산되었다. 포드는 1922년 발간된 《나의 삶과 일》이라는 자서전에서 포드 생산 공정의 전반적인 아이디어를 시카고의 통조림 공장에서 얻었다고 밝혔다. 고기의

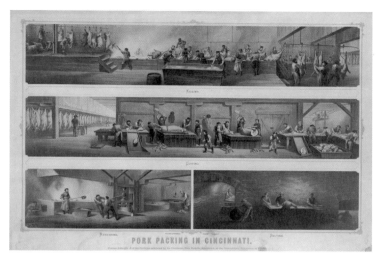
19세기 미국 신시내티의 돼지 도살장 광경.

생산 과정이 큰 덩어리의 가축을 여러 부위로 해부하는 것이었다
면, 자동차는 다양한 부품을 하나의 완성품으로 조립하는 반대의
공정이었던 셈이다.

도살장과 자동차 공장의 비교는 여기서 그치지 않는다. 자동차
조립에 들어가는 부품들은 규격화되었기 때문에 기술이 발달하면
서 로봇이 인간을 대체해 조립 과정을 주도하게 되었다. 반면 소
나 돼지는 아무리 대량 생산을 하더라도 부품이나 기계처럼 규격
에 맞게 키울 수는 없다. 이런 개별적 차이를 감안해 육안으로 뼈
와 기름과 고기를 구분하고 썰어내기 때문에 도살장 작업은 여전
히 인간의 몫이다. 2020년 코로나가 미국을 강타했을 때 우선적으
로 피해를 입었던 곳이 바로 많은 인력이 집중되었던 중서부의 도
살장들이었던 이유다.

현대 도살장에서 고급 부위를 제외한 나머지는 다진 고기

(ground meat)의 형식으로 섞어버린다. 미국에서 시작해 세계적으로 확산된 맥도널드를 비롯한 패스트푸드 대기업들은 다진 고기로 햄버거에 들어가는 패티를 생산한다. 세계 고기 소비에서 간고기가 차지하는 비중이 절반에 달한다는 통계는 육식의 산업화가 얼마만큼 진행되었는지 잘 보여준다.

깃털 없는 닭과 시험관 스테이크

음식과 관련한 인간의 유연성은 놀라울 정도다. 농경 시대에는 곡식이 주식을 형성했지만 육류를 피한 것은 아니다. 네안데르탈인이 먹는 음식의 80퍼센트가 맘모스를 비롯한 육류였다는 사실은 차치하더라도, 인간은 거대한 짐승을 쉽게 사냥할 수 있는 상황에서는 힘든 농사보다는 사냥과 고기를 선호한 듯하다. 예를 들어 13세기 인간이 처음 발을 디딘 뉴질랜드에는 모아(moa)라는 거대한 새들이 잔뜩 살았는데, 사람들의 사냥으로 멸종하고 말았다. 모아는 처음 먹어보는 고기였지만 쉽게 얻을 수 있는 식량이었기 때문이다.

19~20세기 산업혁명이 진행되면서 인간의 식습관은 밥이나 빵, 감자 등 주식의 양을 줄이고 고기의 소비를 늘리는 방향으로 점차 변화해나갔다. 경제 발전으로 생활수준이 높아지면서 육류와 생선의 소비가 늘어났기 때문이다. 유럽과 미국에서는 고기의 일상적 소비가 중산층을 넘어 노동 계급까지 확산되었다. 동아시아처럼 뒤늦게 경제 발전에 동참한 지역에서도 육류와 생선 소비는 증가했다.

뉴질랜드에 가득했던 모아 새는 인간이 잡아먹어 멸종했다.

그 결과 21세기 현재 세계 식량 생산에서 축산업은 40퍼센트나 차지한다. 매년 600억 마리의 동물이 도살당하고 있으며, 그 무게는 7억 2,000만 톤에 달한다. 돼지의 경우 일 년 소비량은 12억 마리이며 이들의 평균 수명은 6개월에 불과하다. 인류의 고기 소비가 이처럼 엄청나게 늘어나면서 제기되는 축산업의 문제는 크게 두 종류다.

하나는 환경 파괴다. 축산업은 인간이 먹을 수도 있는 곡식을 동물 사료로 사용하기 때문에 비효율적인 식량 생산법이다. 게다가 축산업은 지구 온난화를 촉진하는 다양한 공해를 발생시킴으로써 기후 변화를 부추기는 요인이다. 인류가 자손대대로 안정적인 환경을 유지하려면 육식 소비를 마냥 늘릴 수만은 없다는 의미다.

또 다른 문제는 동물 복지에 대한 인식이다. 경제적 논리에 따라 고기를 생산하다 보니 동물을 가혹한 방식으로 키우게 된 것이다. 현대의 양계장은 닭이 움직일 수도 없는 공간에서 살만 찌워 인간의 식탁으로 올라간다. 물론 고대 이집트부터 사람들은 거위에게 먹이를 강요해 간을 부어오르게 만들곤 했다. 이 전통은 프랑스에 와서 푸아그라(foie gras)라는 명칭으로 발전해 세계 미식 명단에 올랐다. 최근에는 도살장에서 동물을 죽이는 과정이 너무 잔인하다는 비판이 거세게 일자, 도살 전에 동물의 의식을 잃게 하는 등의 변화가 일고 있다. 예전에 자연스럽게 생각하던 일들이 요즘에는 동물 복지라는 새로운 도덕적 기준에 따라 평가를 받게 된 것이다.

이처럼 수천 년 전부터 종교적 금기의 대상이 되었던 동물 먹거리는 21세기에도 새로운 기술과 잣대로 인간의 식탁에 오를 때까지의 과정과 방법이 변화하고 있다. 이스라엘에서는 2002년 유전자 조작을 통해 깃털이 없는 벌거벗은(?) 닭을 만들었다는 소식이 전해지는가 하면, 환경을 생각한다면 고기 대신 단백질이 풍부한 곤충의 대량 소비를 고려해야 한다는 주장도 들린다. 연구실 같은 공장의 시험관에서 인위적으로 스테이크용 근육만을 키우는 기술도 발전 중이다. 그런가 하면 아예 고기를 포기하고 식물만을 먹자는 비건 운동도 세계적으로 새롭게 활기를 띠고 있다. 다음은 곡식과 고기를 요리하는 다양한 재료와 방식을 살펴볼 예정이다. 가장 인간적이면서 다양한 영역이라고 할 수 있다.

03

요리
먹을 것을 헤아리고 다스리는 법

21세기는 식량과 관련해 거대한 아이러니를 안고 있다. 인류의 역사가 시작된 이래 우리 시대 식량 생산량은 최대인데, 식량을 구하거나 생산하는 일에 종사하는 사람의 수는 상대적으로 가장 적다. 수렵 채취 시대의 사람들은 과실을 줍고 따거나 사냥하는 데 삶의 대부분을 할애했다. 농경 시대에도 인구 대다수가 피땀 흘려 땅을 일궈야만 입에 풀칠을 할 수 있었다. 그러다 19세기부터 본격적인 세계 자본주의 시대가 시작되면서 농부의 수는 점차 줄어들어 현재는 지구촌 노동인구의 3분의 1 정도만 농업에 종사한다. 미국은 농업 대국이지만 농업 종사자는 노동인구의 2퍼센트 미만이다.

또 다른 아이러니는 식량 생산에 직접 참여하는 사람의 수는 급격하게 줄어들었지만 음식에 대한 관심이나 일자리는 여전히 확대되고 있다는 사실이다. 산업화가 진행된 대부분의 국가에서도 식품 산업은 제일 중요한 산업이다. 식재료를 생산하는 일은 소수가 담당하지만 이를 가공하고 포장하는 일이 새롭게 부상했기 때문이다. 식품은 유통 산업의 제일 중요한 상품이기도 하다. 게다가 78억의 인류는 매일 여러 끼니를 해결해야 하는데, 농업 문화는 집에서 차려먹는 경우가 많지만 산업화가 될수록 외식 빈도가 늘어난다. 대중 급식이나 요식업이 중대한 산업으로 등장한 이유다.

전통적으로 농업은 쌀과 밀, 감자와 옥수수 같은 주식을 생산하는 일이다. 축산업은 소와 돼지를 키우고, 어업은 생선을 잡거나 기르는 일이다. 앞에서 주식과 고기의 생산 과정을 살펴봤듯이, 자급자족의 전통 사회에서 이 같은 식재료는 획득한 즉시 곧바로 부엌에 도달해 요리를 한 뒤 식탁에 올랐다. 하지만 현대 자본주의 사회는 식재료의 생산에서 소비자의 입에 도달하는 과정을 매우 길고 복잡하게 만들었다. 따라서 이번 장의 주제는 먹거리의 '무엇'을 넘어 '어떻게'와 관련된 부분이라고 할 수 있다.

요리(料理)란 다양한 재료를 활용해 헤아리고(料) 다스리는(理) 일이다. 요리의 첫 걸음은 인간이 불을 사용하면서 시작됐다. 인류의 조상은 불을 활용해 음식을 익혀 먹으면서 소화하는 일이 쉬워졌고, 그 결과 소화기의 크기와 에너지 소비를 줄일 수 있었다. 여러 차례 되새김질하는 소의 몸통을 떠올려보면 이해하기 쉽다. 소화기관의 축소는 체구를 가볍게 해 직립을 가능하게 했고, 여분의 에너지를 뇌가 더 많이 소비할 수 있게끔 만들어 두뇌의 발전을 가져왔다. 소화에 할애하던 열량을 머리에서 쓰고 또 팔과 손을 움직이는 데 동원할 수 있었던 것이다. 불에 익힌 요리, 즉 화식(火食)이 인류에게 문명의 문을 열어주는 계기가 됐다.

자본주의의 씨앗, 후추

현대 사회에서 소금과 후추는 가장 기초적인 양념이다. 일반 음식점은 물론 학교나 직장의 구내식당에도 소금과 후추는 원하는 만큼 가미할 수 있게 비치돼 있다. 그만큼 대중적이고 싸고 쉽게 구할 수 있는 양념이다. 하지만 교통이 발달하지 않았던 시절 소금과 후추는 매우 귀중한 고가의 상품이었다.

특히 후추는 15세기 유럽 사람들이 위험을 무릅쓰고 바다를 건너 원산지 인도와 동남아를 향해 모험을 떠나는 목적이 될 정도였다. 고대 마케도니아의 알렉산더 대왕(Alexandros the Great)이 아시아 원정에서 후추를 가져온 이후 유럽인들에게 후추는 값비싼 이국적 향신료의 대명사가 되었다. 소금은 귀하기는 했지만 바다가 있는 곳이라면 어디서나 생산 가능했고, 내륙에서도 소금 광산이나 교역을 통해 얻을 수 있었다. 반면 아시아에서 생산된 후추는 인도와 아라비아를 거친 후에야 유럽까지 전달되었기 때문에 비쌀 수밖에 없는 사치품이었다. 비쌀수록 좋아 보이고 그래서 수요가 늘어나는 베블런 효과(Veblen effect)를 고대와 중세 유럽의 후추에서 이미 발견할 수 있는 셈이다.

15~16세기 유럽인들이 경쟁적으로 인도 항로를 개척하는 모험에 나선 가장 큰 동기는 후추를 확보하기 위해서라고 해도 과언이 아니다. 1492년 대서양을 건너 아메리카의 카리브해 지역에 도착한 크리스토퍼 콜럼버스(Christopher Columbus)도 예외가 아니다. 불행히도 아메리카에는 후추가 없었다. 대신 매운 맛의 고추라는 식물을 요리에 활용하는 인디언들을 볼 수 있었다. '꿩 대신 닭'

16세기 후추 수출로 부를 쌓은 인도의 캘리컷항.

이라고 콜럼버스는 고추를 새로운 후추로 소개할 생각에 이름도 후추의 피미엔타(pimienta)와 유사하게 피메엔토(pimiento)라고 지었다. 단어 끝의 'a'를 'o'로 대체해 여성 명사를 남성형으로 바꿔 이해와 오해가 동시에 가능하게 만든 것이다. 요즘 한국에서 피망 (piment)으로 불리는 고추도 콜럼버스의 상업적 브랜딩의 후손인 셈이다.

인류 역사상 처음으로 지구를 한 바퀴 도는 페르디난드 마젤란(Ferdinand Magellan)의 항해는 '진짜 후추'의 덕을 톡톡히 보았다. 1519년 스페인을 출발한 마젤란의 함대는 5척의 배와 270명의 선원이 동행했는데, 항해 중에 대장 마젤란을 포함해 대부분의 선원이 목숨을 잃었고, 빅토리아호 한 척과 18명의 선원만이 살아 돌아왔다. 놀라운 점은 빅토리아호 한 척에 실어온 동남아 후추를 판 금액이 당시 기준으로 거대했던 스페인 왕실의 마젤란 함대 투자금을 모두 환수하고도 남았다는 사실이다. 그것은 마치 우주탐사선 5대를 쏘아 올린 뒤 한 대만 귀환했고, 거기에 우주 광물을 실어 돌아왔는데도 투자금을 모두 회수한 것과 같은 이치다.

동남아와 남아시아의 후추를 비롯한 다양한 향신료는 16~18세기의 유럽 세력이 주도하는 세계 무역의 핵심 상품이었다. 당시에는 화물선도 나무로 만든 범선이었을 뿐 아니라 장거리를 항해하는 무역이었기 때문에 상품은 가벼운 고가품이어야 했다. 향신료는 이런 점에서 안성맞춤이었다. 따라서 향신료 생산의 중심이었던 인도와 인도네시아 지역을 각각 식민지로 차지한 영국과 네덜란드가 자본주의 발전을 주도한 것은 우연이 아니다.

초기 상업 자본주의의 첨병이라고 할 수 있는 영국과 네덜란드의 동인도주식회사는 모두 인도와 인도네시아의 후추라는 주요 상품을 성장의 밑천으로 발전했다. 후추와 더불어 계피와 육두구, 정향 등 아시아의 향신료는 유럽 자본의 축적과 사회의 변화를 이끄는 자본주의 동력의 씨앗으로 작용했다고 말해도 과언이 아니다. 나중에 살펴보겠지만 향신료를 실어 나르는 배의 밑창에는 중국과 일본의 도자기를 넣어 무게 중심을 잡았고, 그 위에 인도의 천과 옷을 얹어 유럽으로 가져갔다.

향과 맛의 대결

마젤란이 지구를 한 바퀴 돌면서 만들어놓은 항로를 통해 후추는 세계를 연결했다. 지구촌 사람들이 동일한 양념으로 통일되는 네트워크가 만들어진 셈이다. 콜럼버스가 기발하게 명명한 고추 또한 이 후추의 그물을 활용해서 세계 진출을 도모하게 된다. 스페인과 포르투갈 선박들이 아메리카의 매운 고추를 유럽으로 가져가 시장을 형성하려고 시도한 것이다. 하지만 고추는 유럽에서 별 인기를 끌지 못했다.

　유럽 요리에서는 일반적으로 양념을 두 종류로 나눈다. 향을 내는 아로마(aromates)형과 맛을 바꾸는 스파이스(épices)형이다. 후추가 아로마 쪽이라면, 고추는 스파이스 쪽에 가깝다. 콜럼버스의 유사성을 강조한 상업적 브랜딩에도 불구하고 이 두 양념은 성격이 전혀 다른 셈이다. 구매력이 높은 유럽에 고추를 판매하는 데 실패한 무역상들은 세계 다른 지역으로 눈을 돌리게 되었다. 그런데 매운 고추를 받아들이는 지역의 분포는 무척 흥미롭다.

　멕시코 살사 소스에서 확인할 수 있듯이 아메리카는 매운 음식을 즐긴다. 아메리카는 고추의 원산지라서 그렇다 치더라도 아프리카 또한 다양한 음식을 만들어 매운 고추 소스를 더해 즐기는 문화다. 포르투갈의 신부들은 고추를 일본에 전달했다. 그런데 정작 일본보다는 이웃의 한반도가 매운 고추를 적극 수용해 김치라는 민족 음식을 탄생시켰다.

　아시아의 요리 대국 중국과 인도의 태도도 대조적이다. 인도는 후추의 원산지지만 후추보다 고추가 잔뜩 들어간 카레를 민족 음식으로 발전시켰다. 반면 중국은 인도에 비해 고추 수용에 미온적이었다. 물론 중국도 내륙 지역은 매운 음식으로 유명하다. 사천 사람은 "매운 것을 두려워하지 않(不怕辣)"고, 후난 사람은 "매운 것도 두려워하지 않(辣不怕)"으며, 귀주인은 "안 매울까 두려워할(怕不辣)" 정도이기 때문이다.

　이처럼 지구의 무역 그물이 형성되고 여기에 아메리카의 신(新) 작물이 조합을 이루면서 공급이 수요를 창출하는 자본주의 시대가 열렸다. 주식의 세계에서 감자의 운명은 이미 살펴본 바 있다. 고

이탈리아 남부 칼라브리아 지방에서 판매하는 '바이아그라—고추'.

추는 향신료에 속하는 비교적 신분이 명확한 작물이었다. 하지만 토마토는 채소인지 과일인지 알 수 없는 신기한 존재였다. 채소라고 여긴 사람들은 가지처럼 요리해 먹었고, 과일로 생각한 사람들은 멜론처럼 생으로 먹곤 했다. 17세기 말 스페인에서는 기근이 닥치면 토마토를 감자처럼 주식으로 먹기도 했다.

18세기에 스페인과 이탈리아에서는 토마토로 소스를 만들기 시작했지만, 정작 토마토의 화려한 시대가 열린 것은 19세기다. 이탈리아에서는 토마토 주스가 전국적인 인기를 끌기 시작하면서 민족 정체성에 뿌리를 내리게 되었다. 이탈리아 왕비의 이름을 딴 마르게리타 피자는 국기처럼 적색(토마토), 녹색(루콜라), 백색(모차렐라 치즈)의 조합으로 만들어진다. 1880~1890년대에는 식품 산업에서 토마토 소스를 대량 생산하면서 파스타와 피자의 대중화에 기여했다.

대서양 건너편 미국에서는 1820년대 토마토를 활용한 케첩이 등장했다. 다양한 조미료를 섞어 토마토 원래의 맛은 찾아보기 어려운 케첩은 유리나 금속 통 안에 넣어 몇 년이라도 보관이 가능하다는 특징을 장점으로 내세웠다. 19세기 미국에서 서부를 개발하고 남북전쟁을 치르는 과정에서 케첩은 요긴한 조미료로 부상했고, 미국 정체성의 한 부분을 차지하게 되었다. 심지어 1906년에는 케첩의 조리법과 명칭을 보호하는 법까지 제정됨으로써 동부 보스턴부터 서부의 샌프란시스코까지 아메리카 대륙에서 맛의 통일이 이뤄졌다.

테이블과 민주주의

먹거리에 관한 '어떻게'라는 질문에 향신료는 '맛있게'라는 문명적 해답을 제공한 셈이다. 인간의 생존과 직결된 먹는 문제는 당연히 사회적 위계질서나 정치적 권력과 밀접한 관계를 맺어왔다. 힘을 가진 높은 사람일수록 높고 넓은 자리에서 자유로운 자세로 귀한 음식을 많이 먹을 수 있었다.

중세 유럽에서 왕은 눕거나 커다란 의자에 앉아 식사를 하는 동안 왕족은 작은 의자에서 식사에 동참했고, 귀족이라도 등받이 없는 의자에 간신히 앉아 식탁 모퉁이를 차지할 수 있었다. 서브하는 고기의 양도 왕족이 왕의 절반, 귀족은 왕족의 절반 하는 식으로 점점 줄었다. 귀족이라도 왕의 4분의 1밖에 얻어먹지 못하는 셈이다. 왕의 혼인과 같은 나라의 잔치라도 벌어지면 백성은 식탁에 앉지는 못해도 먼발치에서 행사를 구경한 뒤 남은 음식을 받아먹을 수 있었다.

식탁을 둘러싼 자리의 배치와 음식의 분배는 현대 사회에서도

루이스 파레 이 알카사르(Luis Paret y Alcázar), 〈카를로스 3세의 궁정식사(Charles III Dining before the Court)〉, 1775년. 왕족과 귀족은 먹지 못하고 선 채로 왕의 식사에 동반하는 역할만 수행했다.

남자 주인이다. 이런 습관이 '레이디 퍼스트' 문화의 반영인지, 아니면 원시적 남성 권력의 잔재인지는 조금 애매하다.

인류에게 민주주의의 모델을 제공한 고대 그리스 도시 국가는 식사의 평등을 매우 중요하게 여겼다. '시시티아(Syssitia)'라고 불리던 시민의 공동 식사는 공개적으로 같은 자리에서 같은 음식을 먹는다는 점에서 평등을 실천하는 초석이었다. 스파르타와 같이 평등을 특별히 중시하는 국가에서 모든 시민이 빠짐없이 소박한 식사 의식에 동참하는 것은 의무 사항이었다. 미리 집에서 몰래 먹고 오다가 걸리기라도 하면 큰일이었다.

그리스의 민주적 도시 국가와는 달리 로마 제국에 와서는 오히려 사치스러운 삶의 방식이 유행했다. 목욕을 즐긴 뒤 누워서 식사와 음주를 즐겼던 로마인들은 화려한 잔치를 벌여 개인의 부를 자랑하면서 나눠주는 일을 즐겼다. 이때 냅킨이 등장하는데, 손님들이 남은 음식을 냅킨에 담아갈 수 있도록 제공한 배려였다고 한다.

중세와 근세의 유럽은 민주적인 사회였던 그리스보다는 불평등한 로마의 습관을 계승해 발전시킨 셈이다. 하지만 역사는 돌고 돌아 프랑스 대혁명과 함께 잠자던 민주주의가 깨어나면서 공동 식사의 전통도 부활했다. 프랑스에서 만들어진 대중이 참여하는 '공화국 연회'는 그리스 시시타아의 근대판이다. 일례로 1900년 파리에서 열린 만국박람회 당시 프랑스 지방단체장 2만 3,000명이 참여하는 대규모 공화국 연회가 열렸다. 구소련이나 중국에서 혁명 이후 추진된 공산 사회의 공동 식사나 급식도 그리스 전통이 먼 훗날 재현된 것이라고 볼 수 있다.

미식의 사슬

프랑스 대혁명 이후에 유행한 공화국 연회는 함께 식사함으로써 시민들의 공동체 의식을 드높이는 고대 그리스의 전통을 계승한 것이다. 심지어 스파르타는 개인적 식사를 이기적 일탈로 비난할 정도였다. 하지만 프랑스 혁명의 특징은 공동 식사와 동시에 레스토랑이라는 개인적 식사의 공간이 확산되는 데 기여했다는 점이다.

파리에 처음 레스토랑이라는 전문적이고 상업적인 식사 공간이 만들어진 것은 18세기다. 초기의 레스토랑이란 쇠고기 뼈를 비롯해 다양한 부위를 넣어 끓인 곰탕을 쇠약한 사람들에게 제공하는 곳이었다. 이후 점차 다양한 요리를 팔기 시작했고, 프랑스 대혁명의 해인 1789년에는 파리에 100여 군데 레스토랑이 영업을 하게 되었다.

혁명으로 왕족과 귀족들이 대거 외국으로 도망가자 그들을 위해 음식을 만들던 요리사들이 레스토랑을 차리면서 요리를 위한 근대적인 전문 공간이 뿌리를 내리게 된다. 그 결과 1800년이 되면서 파리의 레스토랑 수는 600개로 늘어난다. 혁명이라는 정치적 변화가 일궈

코르동 블뢰(푸른 리본이라는 의미)의 기원을 제공한 생테냥(Duc de Saint-Aignan) 공작. 코르동 블뢰는 원래 16세기에 만들어진 귀족 성심기사단(Order of Holy Spirit)의 상징이었는데, 고급 요리의 상징으로 19세기에 도용한 것이다.

낸 경제적이고 문화적인 혁신인 셈이다. 명문가에서 실력을 발휘하던 요리사들은 이제 경제력을 가진 시민들, 즉 부르주아를 대상으로 귀족 같은 밥상을 차려 판매하기 시작했다.

프랑스가 미식의 세계 중심으로 자리 잡게 되는 계기다. 물론 훌륭한 요리사와 지갑이 두터운 고객만으로 미식의 세계가 완성되는 것은 아니다. 19세기 프랑스에서는 미식 문학이 꽃을 피운다. 미술이나 음악에 대한 평론이 예술의 가치를 드높이는 데 중요한 역할을 하듯, 요리 평가에 문학적 능력을 동원함으로써 혀와 두뇌의 쾌락이 공명하는 세계를 구성하는 것이다. 예를 들어 프랑스의 미식평론가 그리모 드 라 레니에르(Grimod de La Reyniere, 1758~1838)는 요리사의 소스란 "화가의 마지막 붓 터치"와 같다면

서 동양의 화룡점정을 연상케 했다.

미식의 사슬에는 요리 학교나 레시피 책의 등장도 중요한 단계로 작용한다. 19세기 프랑스 요리사 마리 앙투안 카렘(Marie-Antoine Carême)의 레시피 책에는 무려 78가지의 소스 제조법이 담겨 있다. 코르동 블뢰(Cordon Bleu)라는 요리 잡지사는 1895년 요리 학교를 개설했고, 현재 국제적 명성을 누리며 20여 개국에서 2만여 명의 요리사를 양성하는 기관으로 발전했다.

미식의 지도를 만들기 시작한 것 또한 1900년 프랑스의 타이어 회사인 미슐랭이다. 〈미슐랭 가이드(Guide Michelin)〉는 처음에는 타이어를 구매하는 고객에게 공짜로 제공하는 도로와 레스토랑에 대한 정보 책자였다. 하지만 1920년대부터는 판매용으로 제작되었고 레스토랑 수준에 따라 별을 나눠줄 정도의 권위를 확보하게 된다. 코르동 블뢰처럼 〈미슐랭 가이드〉도 이제 세계 지도를 별표로 채울 정도로 지구촌을 포괄하는 활동 범위를 갖게 되었다. 상호 시너지를 강하게 발휘하는 요리와 미식의 세계적 사슬이 완성된 셈이다.

프랑스와 미국의 음식 문화

프랑스와 미국은 19~20세기 매우 대조적인 음식과 요리의 세상을 만들어 세계에 모델로 제시하게 되었다. 프랑스가 미식의 사슬을 완성하는 동안 미국은 대중적 음식의 체인을 만들어 수출하는 데 성공했다. 코르동 블뢰와 미슐랭의 나라 프랑스에 맞서 미국은 켄터키 프라이드 치킨(KFC)과 맥도날드라는 글로벌 브랜드로 대항한다.

프랑스가 요리를 예술로 승화시키는 고급화에서 첨단을 달린다면, 미국은 음식의 산업화 분야에서 가장 성공적인 주자다. 사회학자 조지 리처(George Ritzer)의 저서 《맥도날드 그리고 맥도날드화》는 이 체인점이 현대 사회의 핵심을 상징하고 대표한다고 설명한다. 모든 것을 예측,

맥도날드의 획일성을 비판하자 현지화의 일환으로 출시한 맥바게트, 2020년.

계산, 통제 가능하게 효율적으로 규격화함으로써, 저렴한 가격에 끼니를 때울 수 있는 위생적이고 친화적인 대중 공간을 창출해냈기 때문이다.

2019년 현재 맥도날드는 3만 6,000개의 점포를 전 세계 100개국 이상에서 운영하고 있다. 영국의 경제 전문지 〈이코노미스트〉는 세계 각국의 물가를 비교하기 위해 맥도날드의 인기 햄버거 빅맥 지수를 개발했을 정도다. 뉴욕이나 서울, 런던이나 뭄바이의 빅맥은 매우 유사하기 때문에 지역별로 가격을 비교할 경우 꽤 정확하게 각 나라의 물가 수준을 나타낼 수 있다는 가정이다.

맛보다 영양과 위생을 중시하는 미국의 전통은 뚜렷한 역사적 계보를 갖는다. 1860대 미국 필라델피아의 실베스터 그레이엄(Sylvester Graham) 목사는 술이나 고기, 향신료 등은 건강에 나쁘

다며 음식의 첫 번째 조건은 맛이 아니라 위생이라고 강조했다. 1870년대 미국의 영양학자들 또한 칼로리의 개념을 본격 음식에 도입하면서 맛을 중시할 필요는 없으며 미래에는 인공 단백질만 섭취하면 시간을 절약할 수 있는 식사가 가능하다고 선전했다. 패스트푸드가 만개할 수 있는 문화적 토대가 이미 19세기에 만들어진 셈이다.

프랑스와 미국의 대립은 서구 음식 문화의 공통 유산인 치즈에서 쉽게 발견된다. 샌드위치나 햄버거에 들어가는 미국의 치즈는 아무런 냄새가 나지 않는 사각형의 균일한 노란색 치즈다. 반면 프랑스 치즈는 소젖은 물론 염소젖도 활용하고 종류도 지역마다 달라 수백 가지인 데다 대부분 고린내를 풍기는 것으로 유명하다. 위생과 영양의 미국 치즈와 맛과 향의 프랑스 치즈는 이처럼 확연하게 다르다.

유럽 안에서도 음식 문화는 남부 지중해 지역이 프랑스에 가깝고 북부의 영국, 독일, 스칸디나비아 등은 미국과 유사하다. 남쪽에서 빵-올리브기름-포도주의 조합이 지배한다면, 북쪽은 햄-버터-맥주의 콤비네이션으로 대립각을 형성한다. 게다가 15세기 종교 개혁부터는 식탐을 죄악시하는 프로테스탄트 금욕 문화가 북부를 지배하면서 남북 대립은 더 강화되었다.

세계적 차원에서 본다면 미국식 음식 문화보다는 프랑스식 미식의 전통이 더 강세를 보인다. 중국이나 인도 등 인구 대국들은 여전히 향신료를 즐겨 사용하며 지역적 다양성과 특색 있는 요리를 선호하기 때문이다. 물론 대량 산업 생산과 맛의 규격화를 주도하는 미국식 음식 문화의 확장성을 무시할 수는 없다.

요리의 미래

이해를 돕기 위해 미국과 프랑스를 대조적으로 소개했지만 사실 고급화와 대중화는 어느 사회나 공존하는 현대의 경향이다. 일례로 1804년 통조림을 처음 개발한 것은 미국이 아니라 프랑스의 니콜라 아페르(Nicolas Appert)라는 요리사였다. 세계적으로 유명한 루이 파스퇴르(Louis Pasteur)도 프랑스 학자다. 살균을 통한 대중적 식품 생산의 길을 여는 데 프랑스는 적어도 미국만큼 기여한 셈이다.

2017년 세계 자본주의에서 식품 산업의 비중은 자동차 산업 규모의 2배에 달했다. 이 분야에서 세계를 지배하는 10대 기업은 모두 미국과 유럽이 독차지한다. 미국 쪽에는 마르스, 크래프트 하인즈, 몬델레즈, 코카콜라, 펩시콜라가 있고, 유럽 쪽에는 네슬레, 유니레버, 다논, 하이네켄, 에이비인베브 등이 있다.

크래프트 하인즈는 위에서 봤듯이 토마토케첩으로 미국인의 입맛을 통일해 성장한 기업이다. 10대 기업에는 못 들어도 미국의 켈로그는 위에서 언급한 그레이엄 목사의 제자인 존 하비 켈로그(John Harvey Kellogg) 박사가 요양원 환자들을 위해 콘플레이크를 개발하면서 1920년대 만든 회사다. 땅콩버터나 초콜릿, 껌 등 미국식 군것질은 제2차 세계대전 당시 미군을 통해 전 세계에 전파되었다.

1867년 분유의 생산으로 출범한 네슬레는 스위스 기업이고, 영국의 유니레버는 마가린과 비누로 성장한 일상용품 제조 업체다. 프랑스의 다논은 우유나 야쿠르트 등 유제품으로 유명한 다국적 기업이다. 흥미롭게도 코카와 펩시라는 미국의 음료 기업은 소다수 전문 업체이고, 유럽의 하이네켄과 에이비인베브는 맥주 업체다. 금욕적 미국과 관용적 유럽이 대비되는 그림이다. 세계 자본주의 경쟁에서 중국이 G2의 자리까지 부상했지만 아직 식품 분야에서는 뚜렷한 대표 주자를 발견하기 어렵다.

음식과 요리의 미래는 어느 방향으로 나아갈 것인가. 대량 생산과 규격화가 지배하는 식품 산업의 경향은 피할 수 없을 것으로 보인다. 지구에 생존하는 동식물의 종만 줄어드는 것이 아니라 인간 사회 음식과 요리의 다양성 또한 대량 생산으로 사라지는 추세다. 전업주부는 사라지고 여성도 대부분 직장을 가진 현대 사회에서 외식과 공동 식사가 늘어나는 만큼 가족이나 친지와 함께하는 식사는 줄어들고 있다. 심지어 사무실에서 식사를 대충 때우거나 군것질로 대신하는 사람들도 늘어나는 흐름이다.

오죽하면 요리를 천천히 만들어서 여유를 갖고 즐기자는 슬로푸드 운동이 1989년에 파리에서 선포되었겠는가. 프랑스는 가족이나 친구들이 모여 전식, 본식, 후식은 물론 아페리티프(식전 술)와 디제스티프(식후 술)를 즐기는 '프랑스 미식'을 2010년 유네스코의 인류 무형 자산에 등재하는 데 성공했다. 21세기에도 여전히 프랑스에는 미국식 패스트푸드점보다는 일본이나 중국 식당이 더 많다는 통계는 음식 문화의 산업화에 대한 일부 사회의 저항이 만만치 않다는 사실을 증명한다.

한국은 이 맛의 세계 대전에서 어디에 위치하는 것일까. 냉장고를 가득 채우는 지독한 향의 김치를 매일 먹는 민족은 어지러울 정도의 고린내 나는 치즈를 먹는 프랑스에 가까울 것이다. 반면

라면과 햇반의 성공을 보면 한국은 미국에 가까울 수도 있다는 생각이 든다. 한국을 비롯한 일본과 중국 등 동아시아의 요리에 대한 선호도는 미국과 유럽이 지배하는 요리와 식품 산업의 무대를 어느 쪽으로든 크게 기울게 할 것이다.

04

음료
입안을 가득 채운 자본주의의 맛

자본주의는 인간의 입속에서 잉태되어 성장해왔다고 할 수 있다. 예컨대 후추는 아시아와 유럽의 원거리 무역을 이끈 동력이자 세계 시장을 통합한 향신료였으며, 유럽에서 무역 자본을 축적하게끔 만들어준 자본주의의 양념이었다.

요리의 영역에서 후추가 자본주의를 상징하는 역할을 담당한다면, 음료 분야는 훨씬 더 많은 종류의 상징이 있다. 16세기부터 19세기까지 자본주의가 서유럽을 중심으로 서서히 부상하는 기간에 초콜릿, 커피, 차의 3대 음료는 경제 발전의 원동력이었다. 이후 19세기부터 등장한 콜라와 같은 소다 음료수는 먼저 미국을 점령한 뒤 세계를 지배하게 되었다.

그렇다면 음료와 자본주의 발전의 밀접한 관계는 어떻게 설명할 수 있을까. 인간이 생존하는 데 어떤 면에서 음료는 요리보다 더 중요한 요소라고 할 수 있다. 단식(斷食)만 보더라도 물과 염분이 공급되면 상당 기간 생존이 가능하다. 따라서 인류에게 음료를 통한 수분 섭취는 필수적이지만 마시는 방법이나 내용물은 다양하다. 일례로 갈증을 느낄 때 맹물을 마실 수도 있고, 차나 커피를 즐길 수도 있으며, 과일 주스나 뜨거운 국물을 먹을 수도 있다. 이처럼 음료는 재료도 섭취법도 다양하다는 개방성 덕분에 소비 산업으로 발전하는 과정에서 자본주의의 중심에 자리 잡을 수 있었다.

인간이 문명의 길로 들어서기 이전에 수분을 흡수하는 방식은 동물과 그리 다르지 않았다. 맑고 깨끗한 자연의 물을 마시는 방식이었을 것이다. 인류의 문명이 시작되면서 등장한 수분 섭취 방법은 크게 술과 국 두 종류다. 술에 대해서는 다음 장에서 따로 다룰 것이다. 국은 화식(火食)의 대표적인 방법으로 음식과 물을 동시에 섭취하는 매우 효율적인 문명의 지혜다.

우리는 요리의 발전을 살펴보면서 프랑스어로 레스토랑의 뜻은 원래 건강 곰탕이라는 사실을 확인했다. 유럽 문명도 자본주의가 발달하기 전에는 음식 재료를 물에 넣고 끓여서 먹는 방식이 매우 보편적이었다. 국을 끓이는 것은 물과 재료를 모두 소독하는 현명한 조리 과정이기 때문이다. 하지만 근대화는 모든 분야에서 분업화의 진행으로 특징지어진다. 음식도 근대의 태동과 함께 음(飮)과 식(食)으로 나뉘어 서서히 각자의 길을 걷기 시작했다. 즉 음과 식을 섞어놓은 국에서 탈피해, 포크로 요리 한 입 먹고 잔으로 음료 한 모금 마시는 방식으로 진화한 것이다.

매운 카카오를 달콤한 초콜릿으로

유럽 상업 자본주의의 발전은 16세기부터 유럽인들이 큰 배를 타고 세계를 누비며 신기한 상품들을 유럽 시장에 공급하는 무역을 통해 이뤄졌다. 교통이 발달하지 않았던 시절이었기 때문에 험난한 대양을 건너 무역을 하는 상품은 높은 가치를 지녀야 했고, 대중화도 가능한 상품이어야 했다.

이런 점에서 요리에 사용하는 향신료는 적절한 무역 상품이었다. 또 따뜻한 음료를 만드는 재료인 카카오와 커피, 그리고 차가 유럽 무역의 대표적인 상품으로 떠오른 것도 같은 이유다. 이들 상품은 원산지가 각각 아메리카, 아라비아, 중국 등 이국적인 이미지를 보일 뿐 아니라 음료의 재료였기 때문에 고가품에 속하는 상품이었다. 요리한 뒤 비싼 향신료를 뿌리듯 물을 끓여 고가의 재료만 조금 첨가하면 새로운 상품으로 탄생할 수 있는 잠재력을 가졌다.

콜럼버스의 아메리카 진출로 유럽에 제일 먼저 전해진 것은 카카오다. 카카오 콩은 균질적인 모양이었기에 인디언 사회에서는 화폐로도 사용되었다고 한다. 아메리카 대륙의 원주민들은 값비싼 카카오를 다양한 요리로 만들어 먹었다. 주로 과일이나 옥수수, 버섯 등과 함께 먹었고 특히 매운 고추와 섞어 먹곤 했는데, 매콤하고 쌉쌀한 맛의 음식을 상상하면 될 것 같다. 하지만 고추의 유럽 진출 실패에서 발견할 수 있듯이 유럽인들은 매운맛을 그리 선호하지 않았다.

카카오가 유럽 시장에서 판로를 찾게 된 것은 멕시코 지역의 한 수녀원에서 카카오를 설탕과 버무려 달콤하게 만든 이후라고 전해진다. 수녀원의 미식 실험 덕분에 오늘날 인류가 달콤한 초콜릿을 즐기고 있는지도 모른다. 종교 기관에서 열심히 간식을 개발한 덕분에 자본주의 상인들도 카카오를 유럽에 수출하면서 빠르게

폴 가바르니(Paul Gavarni, 1804~1866), 〈초콜릿 파는 여인(Woman Chocolate)〉.

피에트로 롱기(Pietro Longhi, 1701~1785) 〈아침의 초콜릿(The Morning Chocolate)〉.

성장할 수 있었다.

16세기 스페인 제국의 카를로스 5세(Charles V)는 궁정의 귀족들에게 카카오를 따뜻한 물에 섞어 맛보게 했는데, 쓴맛 때문에 초기에는 인기를 얻지는 못했다. 하지만 17세기가 되면서 스페인에서 프랑스, 이탈리아나 네덜란드를 거쳐 영국에 이르기까지 달콤하고 따뜻한 초콜릿 음료가 전파된다. 쓴 카카오는 그 자체로는 인기가 없었는데, 가공 상품인 단맛의 초콜릿이 귀족 사이에서 인기를 끌기 시작한 것이다. 물론 18세기 유럽 음료 시장에서 초콜릿은 커피나 차보다 2~3배 정도 비쌌기 때문에 대중화에는 실패했다.

초콜릿이 세계 자본주의에서 두각을 드러내는 것은 사실 19세기에 음료에서 벗어나 고체의 간식으로 돌변하면서부터다. 스위스는

19세기 초콜릿 산업에서 급속하게 부상했다. 특히 쉬샤르, 린트, 토블러로네, 네슬레 등의 브랜드들이 경쟁적으로 고체 밀크 초콜릿을 어린이 간식으로 개발해 대중화를 이끌었다. 간편하게 휴대할 수 있는 초콜릿은 군인들에게도 유용한 식량으로 전파되었고, 미군을 통해 세계 각지에 퍼져나갔다. 초콜릿이 인기를 끌면서 카카오의 재배지도 아메리카에서 동남아나 아프리카 등지로 넓어졌다.

정신 수양의 음료, 커피

커피는 에티오피아가 원산지인데 버터 형식의 고체로 만들어 먹었기에 음식에 가까웠다. 아메리카 원주민들이 카카오를 먹던 방식과 비슷했다. 커피는 에티오피아에서 아라비아반도의 예멘 지역으로 전해졌고, 그곳으로부터 이슬람 문명권으로 확산했다. 아라비아에서 커피는 볶은 뒤 갈아서 끓는 물에 넣는 방식이었다.

커피는 카페인의 작용으로 정신을 맑게 해주는 효능이 있다. 따라서 정신 수양을 하는 이슬람 신비주의자 수피(sufi)들은 밤샘 기도를 드리기 위해 커피를 복용하곤 했다. 수녀들이 초콜릿을 개발했다면, 이슬람의 수피들이 커피 음료의 탄생에 결정적으로 봉사한 셈이다. 기도를 위해 마시는 각성 음료에 대해 이슬람 안에서는 허용 여부를 놓고 논쟁이 붙었는데, 이때부터는 일반인들도 커피를 즐겨 마시기 시작했다.

15세기 이슬람의 수도 메카나 국제적 대도시 카이로에는 커피를 마시는 전문 공간들이 생겨난다. 16세기가 되면서 이슬람 세계에서 급부상한 오토만 제국의 수도 이스탄불에도 첫 카페들이 개

18세기 이집트 카이로의 커피숍. 처음에 이슬람 신비주의자들이 애용하던 커피는 이제 대중적 음료가 됐다.

점한다. 다음 세기인 17세기에는 유럽에도 커피를 즐기는 문화가 전해지고, 대도시를 중심으로 카페가 등장한다.

지중해 국가인 이탈리아는 커피가 유럽에 도입되는 데 중추적인 역할을 했다. 우선 커피를 준비하는 과정에서 필터를 사용했다. 끓는 물을 커피 가루 위에 내려 먹고 찌꺼기는 필터에 남도록 하는 방식을 개발한 것이다. 지금까지 이어지는 커피 제조 방식이다. 이탈리아는 또한 카페를 화려하게 장식해 모임과 사교의 장소로 발전시켰다.

영국에서도 커피하우스들이 17세기에 본격적으로 생겨나기 시작했는데, 정치적 불안을 조장하는 장소라 해서 한동안 폐쇄된 적도 있다. 그도 그럴 것이 사람들이 실내에 자유롭게 모여 커피 한 잔 마시면서 정치를 토론하는 공적인 공간이 처음으로 제공된 셈이었기 때문이다.

카페가 본격적으로 발달해 사회 제도로 자리 잡은 것은 프랑스다. 특히 프랑스의 수도 파리의 경우 1720년 이미 380개의 카페가 영업하고 있었고, 18세기 말에는 그 수가 600개에 달했다. 18세기 프랑스 계몽주의를 대표하는 지식인들은 정신을 잠들게 하는 포도주가 아니라, 카페에서 정신을 맑게 해주는 커피를 마시며 열띤 토론을 벌였다. 커피라는 음료는 프랑스에서 지식이나 예술, 그리고 혁명과 긴밀한 역사적 연결고리를 맺게 된 것이다.

커피는 또 귀족이나 부호, 지식인의 음료일 뿐 아니라 시간이 지나면서 대중적 음료로 자리매김했다. 이미 1727년 악성 바흐(J. S. Bach)는 커피에 지나친 열정을 가진 딸의 버릇을 고쳐보려는 아버지를 주제로 커피 칸타타를 작곡할 정도였다. 다시 말해 독일의 라이프치히와 같은 도시까지 커피의 유행이 젊은이들 사이에서 뿌리내리기 시작했다는 의미다.

커피에 관한 세계적인 유행은 21세기까지 계속돼 지금도 미국과 중국은 커피를 두고 치열한 경쟁을 벌이고 있다. 불과 20여 년 전만 해도 중국에서 커피를 마시는 사람은 극소수에 불과했다. 하지만 오늘날 인구 14억의 거대한 중국 시장을 놓고 미국의 세계적 공룡 기업 스타벅스와 중국 현지 브랜드인 러킨(Luckin, 瑞幸) 커피가 다투고 있다. 2020년에는 중국에 4,200개의 매장을 가진 스타벅스를 러킨이 추월해 4,500여 개의 매장을 보유하게 되었다.

아편전쟁의 이면, 차

커피가 현대에 자본주의적 시장 전쟁을 초래했다면 차는 세계사에 길이 남을 두 전쟁과 긴밀하게 연결되어 있다. 미국에서 독립전쟁을 촉발한 1773년 보스턴 티 파티(Boston Tea Party)는 식민지 미국의 차 수입과 관련된 분쟁이 그 원인이었다. 영국 정부는 동인도주식회사(East India Company, EIC)에 차에 대한 관세 특혜를

Americans throwing the Cargoes of the Tea Ships into the River, at Boston

보스턴 티 파티. 차 수입 관세로 인해 영국과 식민지 미국 사이에 발생한 분쟁.

주면서 미국 시장 진출을 쉽게 만들어줬는데, 이 정책이 현지 상인들의 반발을 불러일으켰다. 티 파티, 즉 '차 잔치'는 21세기에도 미국 정치에서 풀뿌리 민주주의 저항 운동의 의미를 띠게 되었다.

차 무역은 1840년대 영국과 중국이 벌인 아편전쟁의 직접적인 원인이기도 하다. 차는 18세기 영국 해외 무역에서 독보적으로 중요한 위치를 차지했다. 1718년부터 동인도주식회사는 모든 선박에 최대한 많은 차를 실어 영국으로 가져오라고 명했다. 실제 차는 1760~1797년 사이 영국 동인도주식회사의 화물 가운데 80퍼센트를 차지할 정도로 영국 해외 무역에서 가장 중요한 수입품이었다.

반면 세계 시장에 거의 독점적으로 차를 공급하는 중국과의 무역에서 영국의 상품은 별 관심을 끌지 못했다. 영국이 차를 확보하기 위해서는 국제적으로 통용되는 금과 은을 사용하거나, 식민지 인도에서 확보할 수 있는 아편과 같은 마약을 활용할 수 있었다. 영국이 일으킨 아편전쟁은 결국 중국으로부터 차를 손쉽게 확보하기 위한 수단이었다.

음료인 커피와 사회 문화로서 카페가 뿌리내린 곳이 대표적으로 프랑스라면, 차는 영국에서 문화적 입지를 다지면서 민족 음료로 부상했다. 차에 관한 문화가 영국에서 놀라울 정도로 발달한 이유는 다양하다. 우선 영국의 동인도주식회사는 활발한 광고 캠페인을 통해 대중의 호기심을 자극했고, 프로테스탄트 교회들은 금주 운동을 적극적으로 벌임으로써 음료 소비를 술에서 차로 유도했다. '티 타임'이라는 표현이 잘 보여주듯 영국에서 차를 마시는 일은 일상의 한 부분으로 정착했고, 영국의 차 소비량은 19세기 초반 1만 2,000톤에서 1880년대 8만 9,000톤으로 폭증했다.

커피가 유럽에 도달하기 전 아랍 문명에서 발달했듯이 차는 중국 문화의 정수에 속한다. 특히 7~9세기 당나라 시기가 되면 차는 중국 전국에 차관(茶館)이 생길 정도로 보편화, 대중화되었다. 하지만 차가 세계적으로 확산하는 것은 커피와 마찬가지로 유럽 문명의 필터를 거친 뒤다.

영국은 중국의 차를 영국 문화로 흡수해 전 세계에 전파하는 선봉장 역할을 담당했다. 생산의 측면에서 영국은 식민지 인도를 기반으로 차 재배를 촉진했다. 1870년대는 영국에서 중국의 차가 50퍼센트의 비중을 차지했지만, 1900년이 되면 인도산이 90퍼센트에 달해 거의 독점적 지위를 확보한다. 소비의 측면에서도 지중해 지역에 차 문화를 주도적으로 확산시킨 나라는 영국이다. 특히 북아프리카 지역에 녹차를 확산시키는 데 결정적인 역할을 한 장본인은 영국 상인들이었다.

차와 설탕의 시너지

설탕은 중세에 아랍인들을 통해 유럽으로 전해졌다. 12~13세기 서남아시아 원정에서 십자군은 설탕 맛을 들였고, 베네치아와 제노바 상인들은 설탕을 유럽에 전파하는 데 결정적인 역할을 했다. 유럽에서는 시칠리아섬이나 스페인에서 사탕수수를 재배하기 시작했다. 당시만 해도 설탕은 워낙 귀했기 때문에 약품으로 취급되었고, 음식에는 아주 조금씩만 첨가하는 향신료에 속했다.

유럽인들의 세계 진출이 활발해지던 15세기부터 설탕은 유럽 자본주의 발전에 핵심적인 산업으로 자리 잡는다. 해외 진출에 선두를 달리던 포르투갈과 스페인은 대서양의 따뜻한 기후의 섬들을 식민지로 삼아 사탕수수 재배에 돌입했다. 마데이라나 카나리아 제도, 상투메 등 아열대 또는 열대 지역에 식민지를 만들더니 신대륙 아메리카에서도 사탕수수를 재배해 초기에 주요 산업으로 부상시켰다.

영국과 프랑스가 사탕수수 재배를 촉진하면서 카리브 지역의 작은 섬들은 유럽 자본주의의 실험 농장으로 떠올랐다. 유럽의 자본과 아메리카의 기후와 농토, 그리고 아프리카의 노예 노동이 결합해 사탕수수의 대량 생산에 성공했기 때문이다. 포르투갈의 식민지였던 브라질도 사탕수수 재배에 적극적으로 나섰다.

시드니 민츠(Sidney Mintz)의 고전적 연구를 담은 저서 《설탕과 권력》에서 볼 수 있듯이 설탕의 이야기는 자본주의 발전의 전형인 모델이다. 아랍 지역으로부터 수입하던 고가의 작물을 유럽인들이 점차 직접 대량 생산함으로써 수요가 공급을 초래하는 단계로

영국의 카리브 식민지 앤티가섬의 사탕수수 농장.

시작한다. 생산이 늘어난 다음에는 역으로 생산이 소비를 자극하는 단계가 이어진다.

설탕과 3대 식민 음료의 만남은 설탕의 소비를 대폭 증가시켰다. 앞서 봤듯이 카카오는 설탕과 조합해 초콜릿으로 발전했고, 커피와 차는 설탕을 넣음으로써 매력적인 음료로 새롭게 태어났다. 설탕의 높은 가격이 생산을 자극하다가, 대량 생산으로 가격이 낮아지면서 다시 대량 소비를 자극하는 자본주의의 전형적 발전 양식이 설탕을 통해 완성된 셈이다.

근대 자본주의의 조국이라고 할 수 있는 영국은 전 국민을 단맛에 길들인 대표적인 나라다. 동인도주식회사가 중국으로부터 도입한 차에 서인도 제도에서 생산한 설탕을 듬뿍 타 마시면서 영국의 민족 음료가 탄생했다.

티 타임에는 차와 함께 설탕이 가득 담긴 파이나 케이크를 간식으로 먹으면서 영국인들의 설탕 소비는 대폭 늘어났다. 사탕수수에서 설탕을 정제하고 남은 찌꺼기 재료로는 럼(Rhum)주를 만들었다. 그리고 이 럼주를 영국 정부가 해군에 보급함으로써 음료를 통한 군산복합체가 일찍이 만들어졌다.

나폴레옹(Napoléon)이 영국과 전쟁을 벌이던 시기에 영국이 해상 봉쇄 전략을 펼쳐 사탕수수 수입이 어려워지자 프랑스는 사탕무를 대신 심어 키우기 시작했다. 실제 사탕무를 통한 설탕 생산 기술은 17세기에 이미 알려졌지만, 사탕수수 재배업자들의 로비로 실현되지 못하고 있었다. 자본주의 초기부터 공급업자들의 영향력으로 자유로운 경쟁이 막히는 일은 다반사였다는 사실을 알 수 있다.

19세기 말이 되면서 설탕은 영국과 미국에서 식단의 중요한 영양 공급원으로 자리 잡게 된다. 특히 노동 계급에서 비싸고 구하기 어려운 고기 소비는 가장(家長)이 거의 독점했고 여성과 아동은 단맛의 차를 통해 열량을 획득했다. 이 과정에서 영국의 설탕 소비는 1인당 40kg에 달하고, 미국은 30kg까지 늘어났다. 프랑스나 독일이 15kg 정도를 소비했으니 자본주의 본고장의 단맛 선호 수준을 알 수 있다.

소다수의 발명과 폭발적 인기

자본주의 역사에서 차와 설탕이 융합되어 만들어진 영국과 미국의 달콤한 음료 소비 습관은 21세기까지 이어진다고 볼 수 있다. 시원한 탄산음료는 따뜻하게 마시는 초콜릿, 커피, 차의 계보를 자연스럽게 이어받았다. 물을 끓여 마시는 따뜻한 음료에 비해 찬

음료의 발전은 제한적이었다. 위생 상태를 확보하기가 그만큼 어려웠기 때문일 것이다.

차갑게 마시는 음료의 역사에서 독보적인 존재는 시큼한 맛의 과일 레몬을 넣어 만든 레모네이드다. 13~14세기 이집트 카이로에서는 카타르미자트(qatarmizat)라고 불리는 레모네이드를 사람들이 즐겨 마셨다. 아랍인들은 따뜻한 커피와 시원한 레모네이드를 모두 유럽에 전달해준 셈이다. 그들은 또 장미향이 나는 물을 만들어 마시기도 했다. 레모네이드가 프랑스에서도 인기를 끌자 루이 14세는 레모네이드 회사에 판매 독점권을 내주면서 국가가 음료 사업 관리에 나서기도 했다. 당시 레모네이드 통을 등에 짊어진 판매원들은 파리 시내를 누비며 음료수를 팔았다.

이슬람 문명에서 서유럽으로 전해진 시원한 음료의 전통은 18세기 말 탄산음료로 한 단계 진화한다. 맥주에서 우연히 주변의 물통으로 가스가 들어가는 것을 보게 된 영국 리즈의 조지프 프리스틀리(Joseph Priestley)는 다년간의 연구 끝에 물에다 가스를 주입하는 방법을 개발해 왕립협회에서 발표했다. 그러자 독일 출신의 보석상 야콥 슈웨프(Jacob Schweppe)는 영국 런던으로 와서 슈웹스(Schweppes)라는 음료 회사를 차렸다. 물에 갖은 향신료를 섞은 뒤 가스를 투입해 제작된 탄산음료를 탄생시킨 것이다.

19세기에는 탄산음료가 다양한 종류의 실험 과정을 거치게 된다. 예를 들어 진토닉 칵테일을 만들 때 사용하는 토닉 워터는 영국의 식민지 인도에서 풍토병을 방지하기 위해 키니네 성분을 탄산 물에 투입한 결과다.

20세기 자본주의의 상징으로 부상하는 코카콜라 또한 실제 프

1888년 코카콜라 시음권.

랑스에서 그 기원을 찾아야 한다. 1863년 페루에서 수입한 코카 잎을 보르도 포도주에 섞어 탄산을 주입해 판매하기 시작한 것은 프랑스이기 때문이다. 한국의 주당들이 한때 즐겨 마시던 포도주와 탄산음료를 섞은 '드라큘라주'가 코카콜라의 기원인 셈이다.

프랑스의 코카 포도주는 미국으로 와서 무알코올 음료로 돌변한다. 1886년 미국 애틀랜타에는 금주령이 내려져 있었기에 약사 존 펨버튼(John Pemberton)은 코카 포도주에서 술 성분을 빼고 코카콜라라는 음료로 변형시켜 시장에 내놓았다. 알코올 성분이 빠지면서 이를 대신한 것은 설탕을 잔뜩 넣은 단맛이다. 20세기에 들어서자 펩시콜라가 부상하면서 코카와 펩시 사이에는 세계 시장을 놓고 대전이 벌어지게 되었다.

콜라만큼 세계인의 입맛을 단숨에 사로잡으면서 지구촌을 점령해버린 음료는 찾아보기 어렵다. 이런 점에서 자본주의 세계화의 상징이라고 불러도 손색이 없을 것이다. 똑같은 공식을 사용해 만든 완벽하게 인위적인 검은 색의 톡 쏘는 음료수가 유리나 깡통으로 만든 일정한 용기에 담겨 모든 대륙의 산골 마을 가게까지 침투하는 데 성공했으니 말이다.

생수 바(Bar)의 등장

물론 똑같은 상품을 소비한다고 다양한 인류 문화가 똑같아지는 것은 아니다. 각자의 문화에 따라서 상품을 소비하는 방식은 다르기 때문이다. 이런 측면에서 콜라는 무척 흥미로운 관찰 대상이다. 1980년 남아프리카의 영화 〈부시맨〉은 하늘에서 떨어진 콜라병을 두고 아프리카 부시맨 부족이 '신들의 식기'라고 생각하면서 벌어지는 재미난 이야기를 다루고 있다.

콜라라는 음료를 아예 모르는 원시적 삶의 부족까지는 아니더라도 똑같은 음료의 소비 방식은 사회마다 다르다. 19세기 미국에서 등장한 소다 샘(soda fountain)이라는 표현이 잘 보여주듯 콜라는 대량 소비의 대상이다. 용기가 클 뿐 아니라 패스트푸드점에서는 무한 리필이 가능한 곳도 많다. 19세기 영국의 대중은 달고 따뜻한 차로 허기를 달랬지만, 20세기 미국의 대중은 넘치는 소다수 소비로 비만의 문제를 얻게 되었다.

같은 서양이라도 유럽의 음료 소비 방식은 미국과 완전히 다르다. 미국인들은 식사하면서 단맛의 차나 커피, 탄산음료를 함께 마시곤 한다. 하지만 유럽 사람들은 식사할 때는 물이나 술을 마시지 단맛의 음료수는 피한다. 짠맛의 음식과 단맛의 음료를 섞어 먹지 않는다는 습관 때문이다.

콜라와 함께 미국이 세계에 퍼뜨린 음료 습관 가운데 하나는 과일 주스의 소비다. 심각한 건강 문제를 초래하는 소다수와 달리 과일 주스는 비타민이 함유돼 건강에 좋다는 인식으로 지금까지 세계적으로 확산 일로에 있다. 소비 방식도 공장의 대량 생산에서 차츰 소규모로 신선하게 직접 짜 마시는 방식으로 진화하는 중이다.

20세기 후반부터 유럽에서 본격적으로 나타난 경향은 순수한 물로의 회귀 현상이다. 건강에 대한 인식이 변화하면서 술의 소비가 줄어들고 단맛의 소다수를 피하는 경향이 생겼기 때문이다. 물이 생체의 자연적 균형을 되찾아준다는 광고가 사람들에게 어필하기 시작한 것이다.

프랑스의 생수 브랜드 에비앙의 경우 알프스산맥에서 흘러나오는 천연수가 건강에 좋은 것은 물론 아이들 성장에 특히 도움을 준다는 이미지를 퍼뜨렸다. 어린이를 키우는 가정에서 열심히 생수를 사서 분유를 타는 모습은 서유럽에 빠르게 확산했다. 21세기가 되면 우유보다 물값이 비싸지는 기현상도 나타나고 지구 반대편 중국의 부자들이 유럽의 물을 공수해 마시는 초현실적 현상들이 발생한다. 파리에는 다양한 지역과 브랜드의 물을 파는 생수바가 생기기도 했다.

다양한 형태의 음료 소비 방식이 가져온 가장 심각한 부작용은 환경에 미치는 악영향이다. 특히 생수나 주스의 경우 재활용이 가능한 유리보다 대부분 플라스틱 용기를 사용하기 때문이다. 인간이 깨끗하고 건강한 음료를 추구할수록 지구의 지하수가 고갈되면서 자연이 쓰레기로 뒤덮히는 불행한 결과를 낳게 되었다. 대량 소비로 특징지을 수 있는 음료에 이어 다음은 부가가치가 특별히 높고 중독성까지 강한 기호품인 술이나 담배, 마약 등으로 이야기를 이어갈 것이다.

05

술과 담배
자본주의 속 평생 고객을 만드는 기호품

술과 담배는 서로 무척 자연스러운 짝을 이룬다. 술 한잔 걸치고 나면 담배 생각이 절로 나고, 담배로 목이 칼칼해지면 술이 다시 생각나는 시너지 효과가 대단하다. 그래서 금연에 성공하려면 술자리를 피하고, 금주를 하려면 담배도 포기하라고 권한다. 물론 담배는 술뿐 아니라 커피나 차와 같은 음료와도 잘 어울린다. 술, 커피, 차, 담배 등을 모두 기호품이라 부르는 이유는 영양 공급 기능보다는 다양한 맛과 향기, 분위기와 기분을 느끼기 위한 수단이기 때문이다.

기호품 가운데 술과 담배를 특별하게 묶어주는 성격은 강한 중독성이다. 실제 정신의학에서는 심한 의존과 금단 증상이 나타나는 술과 담배를 마약과 같은 범주로 분류한다. 물론 놀라운 자제력을 발휘하는 사람이라면 술이나 담배를 아주 가끔 즐길 수도 있다. 하지만 술과 담배에 익숙해지면 일상의 한 부분이 되기 쉽다. 한번 애용하다 보면 몹시 벗어나기 어려운 습관이 되기 때문이다. '담배를 끊은 사람과는 상종하지 말라'는 말이 통용될 정도다. 담배와 술은 대량 생산과 소비를 통해 성장하는 자본주의의 논리가 만개할 수 있는 적절한 조건을 구비한 셈이다. 일단 소비자가 되면 장기간에 걸쳐 충성하는 고객이 되기 때문이다.

기호품, 즉 '즐기고(嗜) 좋아하는(好) 물건(品)'이라는 표현이 잘 보여주듯이, 담배와 술의 소비는 전형적인 문화 현상이다. 생존하기 위해 인간의 신체에 영양을 공급하는 주식이나 고기하고는 근본적으로 다르다. 물론 곡식이나 육류 등 전통적인 식량에 속하는 분야에서도 다양한 요리를 통해 문화의 차이를 확인할 수 있었다. 술과 담배는 요리보다도 더 큰 차별성을 만들어냈고, 찬성과 반대의 사회적 대립을 초래했다. 21세기 초 주류와 담배 산업은 여전히 자본주의의 중요한 축을 형성하고 있음에도 불구하고 이제 흡연과 음주의 전성시대는 저물어가는 모습이다.

예수의 피를 상징하는 포도주

술은 인류 문명과 맥을 함께한다고 말할 수 있을 정도로 오랜 역사를 자랑한다. 예를 들어 포도주에 대한 고고학적 흔적은 이란 지역에서 기원전 5,400여 년 전까지 거슬러 올라갈 수 있을 정도다. 인간이 수렵 채집 단계에서 농경 문화로 진화하면서 이미 술이 등장한다고 볼 수 있는 셈이다. 이란에서 그리 멀지 않은 메소포타미아 지역의 고대 기록인 《길가메시 서사시》에서도 종교 의식에서 포도주를 사용하는 장면을 그린다.

메소포타미아 지역의 화려한 문명인 바빌로니아는 포도주와 맥주가 사이좋게 공존했던 것으로 보인다. 곡식을 재료로 사용해 만

안젤름 포이어바흐(Anselm Feuerbach), 〈플라톤의 심포지엄(Plato's Symposium)〉, 1874년. 고대 그리스의 포도주 문화를 엿볼 수 있다.

든 빵과 맥주는 바빌로니아 문명의 상징이었다고 말해도 좋을 정도다. 고대 도시 바빌론에서는 맥주를 제조하고 판매하는 사업이 번성해 여러 사람이 모여 공동으로 투자하는 동업의 대상이 되었다는 자료도 있다.

고대 이집트 또한 맥주와 포도주를 동시에 즐기는 사회였다. 여기서는 두 종류의 술이 약간 다른 용도로 사용되었다. 종교와 관련된 의식에서는 포도주를 주로 활용했다면, 보통 사람들은 일상에서 맥주를 더 자주 소비했다. 포도주는 곡식으로 만든 맥주보다 훨씬 복잡한 과정을 거쳐서 생산된다. 포도나무를 키워 과실을 얻는 과정도 더 길고, 술로 제조하는 방식도 한결 복잡하다. 신에게 바치는 술이니 필사적인 노력과 정성이 담기는 것은 자연스러운 일이다.

포도주는 고대 그리스를 통해 본격적으로 문명의 아이콘으로 등장했다. 현대 사회에서 학회 모임을 지칭하는 '심포지엄'이라는 단어는 원래 고대 그리스에서는 연회라는 뜻이다. 심포지엄을 직역한다면 '술을 함께 마시는 잔치'를 의미한다. 그리스인들은 도시 국가의 시민이 한자리에 모여 아폴로 신을 찬양하는 노래를 부르고 포도주를 마셨다. 당시 사람들은 노래를 부르거나 발언을 하지 않고 술만 마시는 행위는 천박하다고 생각했다.

그리스에서는 나이에 따라 음주법도 다르게 적용되었다. 예를 들어 18세 미만의 청소년은 술을 마실 권리가 없었다. 또 마흔을 넘은 성인들만 취할 정도로 술을 마실 권리를 가졌다. 음주와 종교를 결부함으로써 절도 있는 행동을 요구하면서 경험을 축적하는 과정에서 점차 주법을 익힐 수 있도록 사회적인 장치를 마련했다고 볼 수 있다.

지중해를 지배한 고대 그리스와 로마 문명은 포도주를 유럽의 정체성에 뿌리내리게 하는 역할을 톡톡히 담당했다. 포도주는 원래 그리스 로마의 다신 종교와 결합했었지만, 이후 기독교에서 예수의 피를 상징함으로써 종교 의식에 필수적이며 신성시되는 술로 부상했다. 그리스와 로마 시대의 포도주는 지중해를 오가는 배에 실리는 활발한 무역 상품이었다. 초기에는 암포라(amphora)라고 불리는 항아리에 담아 교역의 대상이 되었고, 2세기부터는 나무통에 넣어 사고파는 상품이었다.

그리스 로마 시대를 거치면서 유럽에서는 포도주를 주로 마시는 남부와 맥주 중심의 북부로 갈리게 되었다. 포도나무는 지중해 지역의 기후에서는 잘 자라지만 북유럽에서 재배하기는 불가능하기 때문이다. 중세가 되면 포도주를 마시는 프랑스와 맥주를 즐기는 영국이라는 술의 정체성이 확고하게 만들어진다.

21세기 술의 지도

전 세계에 자본주의가 발달한 21세기에도 술의 지도를 그려보면 명확한 문화적 경계들이 눈에 띈다. 고대 그리스와 로마의 지중해 문명을 계승한 데다 가톨릭 문화의 삼각 중심지인 프랑스-이탈리아-스페인은 여전히 포도주 세계의 핵심이다. 반면 독일과 체코, 네덜란드와 벨기에, 영국과 아일랜드는 지금도 맥주의 본고장이다. 맥주 문화는 그리스 로마 문명과 대립하면서 성장한 게르만 민족들의 영역이라고 할 수 있다.

러시아나 폴란드, 스칸디나비아 지역은 보드카를 애호하는 곳으로 세계적인 명성을 누리고 있다. 보드카는 향이 거의 없는 편이라 알코올 중독자들이 가장 즐겨 마시는 술 가운데 하나다. 스코틀랜드는 위스키로 특화해 스카치(Scotch)가 위스키와 동의어가 되었을 정도다. 프랑스는 포도주뿐 아니라 증류주 부문에서도 코냑(Cognac)과 아르마냐크(Armagnac)로 고급 주류의 세계에서 독보적인 위상을 차지하고 있다.

유럽인들이 세계에 진출하면서 유럽의 술도 영역을 넓혀갔다. 지중해와 비슷한 온화한 기후의 지역에는 어김없이 포도 재배와 포도주 생산이 증가했다. 남아프리카와 호주, 캘리포니아 등은 대표적인 포도주 생산 지역으로 부상했다. 유럽인들이 열대 지역에 진출하면서 사탕수수를 활용한 럼주나 진(Gin)도 개발되었다. 영국과 독일계 이민이 많았던 미국에서는 맥주와 위스키가 유행하는 편이다.

동아시아 또한 전통적 술의 소비가 지배하는 지역이다. 중국은 독한 백주를 주로 마시며, 일본은 쌀로 빚은 사케가 사람들의 사랑을 받는다. 한국은 근대화 과정에서 소주라는 술을 개발해 대량 소비하는 특수한 경우다. 애주가가 많은 한국은 술의 개방성 측면에서는 세계 최고로 보인다. 국산 전통주나 막걸리는 물론, 소주라는 근대 민족 술도 마시고 세계 각지에서 수입한 다양한 술도 마다하지 않는다. 위스키와 보드카, 포도주와 맥주가 넘쳐나는 한국은 술의 국제 경연장이다.

하지만 자국에서 생산하는 술의 다양성 측면에서는 한국도 프랑스를 따라가기는 어려울 것 같다. 프랑스는 포도주를 구분할 때 포도 품종이 아니라 생산 지역을 따진다. 미국이나 호주 등 신대륙의 포도주가 품종(샤르도네, 시라즈, 메를로, 카베르네 소비뇽 등)을 중심으로 생산된다면, 구대륙 유럽은 지역성을 강조하기 때문이다. 따라서 프랑스의 포도주는 보르도나 부르고뉴, 샴페인 등 생산 지역 이름으로 불리고, 해당 지역의 기후와 문화를 포함한 특수 상품으로 인식된다.

프랑스의 북부 지역은 포도 재배가 어렵기에 사과나 배로 술을 만든다. 사과로 만든 술은 시드르(cidre), 배로 만든 술은 푸아레(poiré)라 부른다. 시드르는 영어 '사이다'의 어원이다. 실제 사과주는 알코올 농도가 5도 정도로 약한 편이며, 톡 쏘는 가스가 있어 가볍게 마실 수 있는 술이다. 노르망디나 브르타뉴 지역에서 대량 소비하며 프랑스 빈대떡이라 할 수 있는 크레프와 함께 먹는다.

프랑스는 또 아페리티프라 불리는 식전 술과 디제스티프라는 식후 술을 개발했다. 식사 전에는 식욕을 돋기 위해 술을 마시고, 식사를 마친 뒤에는 소화를 위해 또 다른 술을 마시는 것이다. 본격적인 식사는 당연히 포도주를 동반하기 마련이다. 이렇게 시작부터 끝까지 다양한 술을 마시는 프랑스 특유의 식사에서 맑은 정신을 유지하기는 쉽지 않다.

음주 권장한 프랑스 vs 금주령 미국

러시아나 동유럽에 선두의 자리를 내주기 전까지 프랑스는 아주 오랜 기간 세계에서 술을 가장 많이 마시는 나라였다. 1961년 15세 이상 프랑스 사람은 일 년에 평균 26리터의 알코올을 소비할 정도로 술을 좋아했다. 알코올 농도 5도의 맥주로 환산하면, 520리터에 달하는 엄청난 양이다.

프랑스는 당시 아기 우유에도 술을 조금 섞어주는 일이 드물지 않았고, 젖을 뗀 어린아이에게 뱃속의 벌레를 없앤다며 독주를 주기도 했다. 1950년대 브르타뉴 지방에서는 80퍼센트가 넘는 아이들이 학교 식당에서 점심을 먹으면서 사과주를 마신다는 조사가 있을 정도였다. 교육부가 학교 급식에서 14세 미만 학생들에게 술을 주는 것을 금지한 것은 1956년에서였다.

그 시대 프랑스 사회가 술에 대해 얼마나 관대했는지는 1959년이 돼서야 음주 운전을 금지하는 법이 제정되었다는 사실에서도 확인할 수 있다. 법 제정 이전에는 사고가 나더라도 술을 마셨다는 사실이 운전자의 책임을 경감해주는 요인이었다. 1960년대 최고치를 기록한 프랑스의 술 소비는 이후 계속 감소해 21세기 현재 절반 정도로 줄었다.

중세 시기 가톨릭 신학자 토마스 아퀴나스(Thomas Aquinas)의

프랑수아 루이 자크(François Louis Jaques), 〈술집에 있는 프리부르 농민들(Paysans fribougeois au bistrot)〉, 1923년. 북유럽의 맥주 문화를 엿볼 수 있다.

음주에 관한 입장은 이런 점에서 흥미롭다. 13세기에 그는 술에 취해서는 곤란하지만 몇 가지 경우에는 용서받을 수 있다고 말했다. 술을 마시면서 그렇게 독한 술인지 몰랐을 경우, 그리고 자신이 술에 그토록 약한지 몰랐을 경우가 그것이다.

종교 개혁 이후 개신교는 술에 대해 가톨릭보다 훨씬 엄격한 입장을 가졌다. 술의 소비는 방탕과 타락을 의미했고 인간을 악의 세계로 이끄는 유혹으로 규정했다. 개신교 중에서도 가장 극단적인 청교도는 미국 사회의 뿌리를 형성하면서 미국의 음식 문화는 요리에 이어 술의 영역에서도 프랑스와 대립하는 모델로 떠올랐다.

미국은 헌법을 통해 술의 생산과 유통을 금지한 적이 있다. 이슬람은 명확한 금기 사항들이 적시된 종교지만, 미국처럼 기본적으로 자유로운 민주 국가가 금주령을 결정했다는 사실은 놀라운 일이다. 그 배경을 살펴보면 19세기 미국 사회에서는 금주를 권장하는 종교 및 사회 운동이 활발했다. 그래도 인류의 뿌리 깊은 습관을 고치는 것은 어려운 일이었다. 하지만 1914년 제1차 세계대전이 발생하자 금주 운동은 결정적 계기를 맞았다.

당시 미국에서 맥주 제조업은 주로 독일계 이민자들의 사업이었다. 때마침 세계대전을 통해 독일과 전쟁을 벌이게 되면서 독일계의 양조 산업도 적으로 규정하는 일이 수월해졌기 때문이다. 또 1913년 소득세법이 통과되면서 연방 정부의 수입이 늘어나 주류세 의존도도 줄게 되었다. 금주를 시행하기 위한 정서적, 재정적 조건이 무르익은 셈이다.

전쟁이 끝나면서 1919년 제정된 연방 수정헌법 18조는 술의 제조와 유통을 금지했다. 하지만 소비를 불법화한 것은 아니었다. 따라서 부자들은 미리 술을 잔뜩 사들여 쟁여놓고 마실 수 있었다. 또 불법 제조와 유통이 범죄 조직과 결부되면서 마피아가 부상하는 기회를 제공했다. 또 과실주나 교회에서 사용하는 술에 대한 느슨한 규정으로 포도 재배와 포도주 산업이 급격하게 부상하는 결과도 낳았다. 금주령은 결국 해제될 수밖에 없었고, 그 결과는 아이러니였다. 독일계 맥주 업계를 일시적으로 탄압하면서 캘리포니아 와인 산업의 성장을 가져왔기 때문이다.

극단적 금주령은 사라졌으나 미국 사회의 청교도적 전통은 여전히 일상에서 쉽게 찾아볼 수 있다. 술에 취한 사람을 비난하는 시각은 일반적이며 지금도 많은 지역에서 주말에는 술을 구매하기 어려운 상황이다. 유타주는 식당에서의 주류 판매도 금지되어 있을 정도다. 알코올 중독에서 벗어나기 위한 '익명의 알코올 중독자(Alcoholics Anonymous, A.A)' 운동도 미국에서 시작해 전 세계로 확산했다.

담배가 세운 나라, 미국

구대륙에서 술이 문명의 역사와 함께 발전해왔다면, 담배는 15세기 콜럼버스 이후에 지구촌 곳곳으로 확산해나갔다. 물론 아메리카 대륙의 인디언들은 아주 오래전부터 담배를 즐겨왔다. 그들에게 담배는 신이 인간에게 내려준 선물이었고, 신의 세계와 소통할 수 있는 수단이었다. 여러 부족이 모여 동시에 담뱃대에 불을 붙여 피우는 평화의 칼루메트(calumet)는 흡연의 신성함과 화합의 기능을 보여주는 상징적 의식이다.

유럽 사람들은 처음에는 흡연을 야만인들의 습관으로 치부해버렸지만, 새로운 행위에 호기심을 느끼는 애호가들이 점차 늘어나기 시작했다. 연기를 들이마셨다가 내뿜는 행위야말로 가장 인간적이고 문화적인 일이다. 동물은 절대 그런 해괴한 행동을 하지 않는다. 자연적, 또는 생물학적 필요가 전혀 없는 순수하게 즐기는 행동이라는 점에서 인간이 문화를 추구하는 행위의 정점에 있다 해도 과언이 아니다.

신세계의 새로운 습관을 구세계에 전파하는 데 기여한 일등 공신은 상인들이다. 16세기 스페인과 포르투갈의 탐험가부터 19세기 사이비 의사들까지 담배는 인간이 아는 거의 모든 병을 치료하는 만병통치약처럼 선전되었다. 특히 놀라운 점은 18세기 유럽에서 담배 관장(灌腸)이 유행했다는 사실이다. 맥이 빠진 사람에게 원기를 불어넣기 위해 풀무를 이용해 항문에 담배 연기를 삽입하는 충격적

1859년 출판된 담배 관련 서적의 삽화. 〈흡연 클럽(A Smoking Club)〉.

18세기 중국의 아편 흡연을 묘사한 작품. 아편과 담배는 근대 자본주의의 상징이었다.

인 치료법도 등장했다. 결과적으로 별 효과가 없다 보니 영국인들 표현 중에 허풍이나 거짓말로 사람을 속인다고 할 때 '항문에 연기를 넣는다(to blow smoke up one's ass)'라는 말이 생겨났다.

자본주의의 역사에서 공급과 수요의 역사적 시너지는 놀라운 위력을 발휘한다. 담배도 예외가 아니다. 유럽에서 담배에 대한 다양한 수요가 늘어나는 시기에 아메리카의 담배 생산이 증가하기 시작했다. 특히 영국인들이 정착한 버지니아에서는 담배 재배와 수출이 주요 산업으로 부상했다. 유럽에서 점점 담배 수요가 늘어나면서 아메리카의 담배 농사는 버지니아 지역에서 이웃 매릴랜드, 캐롤라이나, 펜실베이니아 등지로 확산했다.

담배 농사가 활황을 맞으면서 큰 농장을 중심으로 대량 생산 체제가 자리를 잡았다. 이 과정에서 흑인 노예의 수요도 폭발적으로 증가했다. 대서양 경제 체제에서 담배는 카리브해의 사탕수수에 이어 아프리카의 노예를 빨아들이는 역할을 담당한 것이다. 북아메리카 영국의 식민지에는 대규모 농장주들이 신대륙의 귀족으로 성장했고, 담배를 수출할 때 영국 국왕에게 바치는 세금에 점점 불만을 품게 되었다.

미국의 독립전쟁이 보스턴에서 차의 수입에 대한 관세 문제로 발발했음은 잘 알려진 바다. 그러나 독립전쟁을 장기적으로 지속하면서 영국과 대립할 수 있었던 신생 국가 미국의 경제적 기반은 담배에 있었다. 미국의 초대 대통령 조지 워싱턴(George Washington)을 비롯해 3대 대통령 토머스 제퍼슨(Thomas Jefferson) 등 독립 운동의 주요 지도자가 버지니아의 담배 농장주였다는 사실에서 이를 명백하게 확인할 수 있다. 미국 독립전쟁에서 1780~1781년의 기간을 '담배 전쟁' 시기라고 부르는 이유도 영국이 신대륙의 독립 운동 세력들이 가진 재정적 기반을 파괴하기 위해 미국의 담배를 불태워버리는 전략을 폈기 때문이다.

피우고, 마시고, 씹어라

흡연이라는 표현이 보여주듯, 우리에게 담배는 연기를 피워서 들이마시는 대상이다. 하지만 담배를 사용하는 방식은 역사적으로 무척 다양했고 문화적 차이를 드러내는 표식으로 작동하기도 했다. 예를 들어 유럽의 귀족이나 부호들은 담배를 코로 마시기를 즐겠다. 요즘 영화에서 보면 코카인 가루를 코로 흡입하는 방식과 같다. 연기가 없고 직접 몸 안으로 침투하기 때문에 성질이 급한 사람들에게 잘 어울렸을 것이다. 루브르 박물관에 가면 이런 담배를 넣어 다니던, 보석이 박힌 호화로운 담뱃갑들을 감상할 수 있다.

유럽의 귀족은 여유롭게 담뱃갑을 꺼내 자랑하며 작은 은스푼으로 담배 가루를 살짝 꺼내 코로 마시는 취미를 즐길 수 있었다. 토끼 발처럼 생긴 도구로 수염이나 입가에 묻은 담배 가루를 살살 터는 일도 마다하지 않았다. 하지만 일하는 사람들의 나라 미국에서는 기호품인 담배 따위에 팔과 손을 희생할 수는 없었다. 그래서 껌처럼 씹는 담배가 유행했다.

영국으로부터 독립한 미국인들은 19세기 내내 담배를 씹으며 민족의 정체성을 드러냈다. 민주적 미국에 대해 찬사를 아끼지 않았던 프랑스의 알렉시 드 토크빌(Alexis de Tocqueville)을 비롯해 많은 유럽 사람들은 미국인들의 담배 씹는 습관을 경멸했다. 짙은 색 침이 계속 흘러서 수염이나 옷을 더럽혔고, 아무 곳에나 침을 뱉는 습관이 일상이었기 때문이다. 타구(唾具)라는 침을 뱉는 그릇이 있었지만 모든 사람이 성공적으로 겨냥하지는 못했다.

물론 미국에서도 경제적, 시간적 여유가 있는 사람들은 시가(Cigar)라 불리는 엽궐련(葉卷煙)을 피웠다. 시가는 다루기가 담배 가루보다 간단했고 연기에서 나오는 향기가 고급스러웠지만, 한 번에 피우기에는 부담되는 양이었다. 게다가 수제 제조 과정 때문에 대량 생산이 쉽지 않았다. 담배의 대중 시대를 연 것은 지궐련(紙卷煙)이다. 지궐련은 유럽에서 먼저 유행했고 시가레트(cigarettes)라는 단어 또한 프랑스 말이지만, 대중적 유행은 1880

년대 미국에서 대량 생산되면서 시작됐다.

미국의 제임스 본색(James Bonsack)이 발명한 지궐련 제조 기계는 수십만 개피의 담배를 균질적으로 쏟아내는 기염을 토했다. 미국 담배 회사들의 지궐련 생산량은 1885년 900만 개에서 2년 뒤 6,000만 개로 폭발적으로 늘

제2차 세계대전 당시 전방으로 카멜 담배를 보내자는 광고.

어났다. 지궐련과 함께 일상을 지배하게 된 것은 성냥이었다. 매번 손쉽게 담배에 불을 붙이는 장치인 성냥은 필수품이 되었고 성냥갑은 휴대용 광고 매체로 등장하면서 현대 사회의 광고 시대를 열었다.

미국은 지궐련을 통해 세계 시장을 연기로 가득 채웠다. 특히 제1차 세계대전을 거치면서 수많은 미국인이 담배에 중독되었다. 정부는 담배를 총알만큼 중요한 군인들의 보급품으로 생각했고 YMCA나 구세군, 적십자 등의 기관은 후방에서 담배를 모아 전선으로 보내는 일을 담당했다. "연기를 피워 독일 황제를 몰아내자/ 우리 병사들이 담뱃불을 붙일 때/ 독일 병사들은 생명줄이 끊기네" 라고 외치면서 흡연을 장려했던 셈이다. 전쟁 기간에 미국의 1인당 평균 지궐련 소비량은 134개에서 310개로 대폭 늘어났다.

전쟁이 끝난 뒤 1920년대가 되자 담배 산업은 새 시대의 주인 공인 여성을 겨냥하기 시작했다. 마치 담배를 피우는 것이 남녀평 등의 지름길이라도 되는 듯 부추겼다. 그 결과 1923년 지궐련 흡 연자 가운데 여성은 6퍼센트 정도에 불과했지만, 1929년에는 2배 인 12퍼센트로 늘어났다. 같은 시기 지궐련은 엽궐련과 씹는 담배 등을 제치고 담배 그 자체를 대표하는 지위에 올랐다. 속도가 지 배하는 시대의 담배, 대량 소비의 평등 시대에 알맞은 담배로 지 궐련이 권좌를 차지한 셈이다.

술과 담배는 사탄의 쌍둥이

자본주의의 본고장 미국 사회의 아이러니는 술과 담배에서 모두 드러난다. 한편에서는 엄청난 소비 시장을 발전시키면서 다른 한 편에서는 금주와 금연 운동이 가장 활발하게 일어나는 사회이기 때문이다. 19세기 전반기에 술과 담배를 '사탄의 쌍둥이'라고 여 기는 종교적 운동이 미국에서 일어났다.

제1차 세계대전 이후 헌법 수정을 통한 금주령이 술에 대한 철 퇴를 내리쳤다면 1964년 미국 정부의 〈흡연과 건강〉 보고서는 담 배의 악영향에 대한 종합 진단이라고 할 수 있다. 이 보고서는 담 배가 호흡기 질환은 물론 폐암을 비롯해 후두암, 구강암, 식도암, 담배 약시, 위궤양 등 다양한 질병을 초래하는 원인이라고 밝혔다.

이때부터 지금까지 반세기의 흐름은 몇 가지 특징으로 구분된 다. 우선 미국을 비롯한 선진국에서는 범사회적으로 금연을 추구 한다. 초기에 필터 담배처럼 건강상 피해를 줄이려는 담배 산업의 시도가 있었으나 건강을 중시하는 소비자들의 움직임을 막을 수는 없었다. 흡연이 가능한 장소는 점차 축소되었고 흡연자는 '거리 두기의 대상'으로 격리되었다.

반면 금연을 장려하고 지원하는 산업이 새로운 비즈니스로 부상했다. 담배 성분 가운데 니코틴이 중독의 원인이라는 사실을 파악해 금연 과정에서 니코틴만을 공급하는 패치나 껌 등이 유행하게 된 것이다. 연기 없이 니코틴만을 공급하는 전자 담배도 금연의 한 방안으로 출시되었다.

선진국에서 금연이 일반화되자 담배 산업은 개발도상국을 대상으로 활발한 광고를 하면서 시장을 침투하고 있다. 중국이나 인도와 같은 인구 대국들은 여전히 거대한 담배 시장을 형성하고 있으며, 경제 발전의 결과로 담배 소비 인구가 늘어나는 추세다. 이들 개도국의 담배 수요가 선진국의 감소를 충당할 수 있을지는 두고 볼 일이다.

술과 담배가 합법적 마약으로 일단 대중적으로 확산한 뒤 지금은 후퇴하는 단계에 돌입했다면, 일부 불법 마약은 최근 합법화되는 경향을 보인다. 예를 들어 기호품으로서의(recreational) 마리화나 재배와 생산, 유통, 소비 등을 상당수 선진국에서 부분적으로 인정하고 있다. 또 최근 미국 사회는 많은 사람이 마약성 진통제인 오피오이드(Opioid) 스캔들로 생명을 잃었다. 의사들이 처방하는 중독성 강한 약품의 남용이 대중의 생명을 위협하게 된 사례다. 건강을 위협하는 사탄의 유혹은 시대를 막론하고 사방에서 솟아오르는 셈이다. 끊임없는 혁신이라는 자본주의의 법칙을 확인시켜주면서 말이다.

06

재료
물질이 정신을 낳은 획기적인 변화

도구의 사용은 인간과 짐승을 구분하는 중요한 기준이다. 네발로 땅을 딛고 이동하는 짐승은 기껏해야 입을 사용할 수밖에 없다. 반면 두 발로 걸어 다니는 사람은 자유로운 두 손으로 다양한 도구를 만들어 활용하는 능력을 발달시켜왔다. 손으로 목적에 따라 원하는 모양의 도구를 만들면서 인간은 생각의 영역을 넓히기 시작했다. 처음에는 특정한 물질을 사용해 모양을 바꾸다가 차츰 소재를 다양화시키고 또 섞어서 새로운 물질을 개발해 도구를 제작하면서 인간은 호모 파베르(Homo faber, 도구를 사용하는 사람)로 거듭났다. 이처럼 물질을 다루는 활동이 두뇌의 발달과 상호작용을 일으키면서 인류의 문명은 싹이 트기 시작했다.

인간의 정신이 물질을 지배하고 통제하면서 위대한 문명의 세계를 만들어냈다는 신화와는 다른 이야기다. 미국의 건축학 교수 크리스토퍼 바트(Christopher Bardt)는 근저 《물질과 사고(Material and Mind)》에서 물질과 정신의 세계를 구분해서 보지 말고 시너지를 일으키는 양날의 검으로 이해해야 한다고 주장한다.

인간의 행동이란 결국 정신과 물질의 결합이라고 볼 수 있다. 문명을 탄생시킨 문자도 물질에 정신을 새기면서 만들어졌기 때문이다. 바트는 메소포타미아의 문자가 발달하는 과정에서 진흙의 역할을 강조한다. 원뿔은 곡식의 일정한 양을 나타내고, 타원은 기름 항아리를 의미하는 등 사람들은 진흙으로 다양한 모양의 토큰을 빚어 사물을 표기하기 시작했다. 그러다 점차 추상화의 과정을 거친 뒤 결국 점토판에 상징과 숫자를 표기하는 문자를 만들게 되었다는 설명이다.

인간의 삶에서 도구가 얼마나 중요한지는 석기 · 청동기 · 철기 등 도구의 재료에 따라 인류 문명을 구분한다는 사실에서도 확인할 수 있다. 유연한 진흙이 글자를 만들기에 적합했다면 돌이나 금속은 단단한 무기와 기구에 적절했을 것이다. 현대인은 용도에 따라 사용하는 도구의 재료를 선택한다고 생각한다. 하지만 인류의 실제 역사는 돌에서 구리로, 그리고 철로 재료에 따라 도구가 형성되고 뒤이어 문화가 만들어졌다고 보는 것이 정확하다.

도구를 사용하는 인간의 발전사는 결국 재료에 의해 크게 좌우되는 역사다. 인류 초기를 지배하는 돌, 구리, 철 등을 넘어 비단이나 종이, 유리의 개발은 문명의 역사에서 획기적인 변화를 낳았다. 19세기부터 본격적으로 세계로 확산한 산업혁명은 알루미늄이나 플라스틱, 고무 등 재료 분야에서 신천지를 열었고, 자본주의란 물질의 다양성이 폭발하는 재료 팽창의 결과라고 불러도 손색이 없을 정도다.

나무는 문명의 대들보

재료의 역사를 살펴보면 자연이 풍부하게 제공하는 물질로부터 도구의 발전이 진행되었음을 알 수 있다. 원숭이조차 나뭇가지를 장난치거나 구멍을 파고 휘젓기 위한 기본적인 도구로 사용하며, 돌을 이용해 견과류를 깨어 먹기도 한다. 돌과 나무는 인류가 처음으로 사용한 자연의 재료였다고 봐도 큰 무리는 없을 것이다. 나무는 돌만큼 단단하지는 않지만 쉽게 다룰 수 있는 적당하게 연한 재료다.

건축에서 돌과 나무는 동서양의 대조적인 문화 차이를 보여준다. 바빌로니아나 페르시아, 이집트부터 그리스까지 거대한 신전과 건축물은 단단한 돌이 재료다. 이집트의 피라미드나 그리스 아테네의 아크로폴리스, 로마의 콜로세움은 석조 건축이기에 21세기까지 굳건히 살아남아 웅장함을 자랑한다. 시간의 흐름을 멈추지는 못해도 세월을 극복하는 끈질긴 힘을 마음껏 드러내는 셈이다.

한반도를 비롯해 중국과 일본 등 동아시아는 돌을 활용하지만 동시에 나무가 건축의 뼈대를 형성한다. 기둥과 들보는 기본으로 나무다. 바닥도 돌이나 타일보다는 나무를 까는 마루가 대세다. 차가운 느낌의 돌에 비해 나무는 부드럽고 따뜻하다. 나무를 많이 사용하는 동아시아에서 종이가 발명되어 발전한 것도 우연이 아닐 수 있다. 나무의 단점은 돌보다 쉽게 훼손되고 화재의 위험에 취약하다는 점이다.

석기 · 청동기 · 철기의 시대 구분은 고고학에서 나온 분류법이다. 달리 말해 인류가 남긴 자취를 분석하는 과정에서 등장한 시

18세기에 지어진 목조 건물, 러시아 카렐리아 지역의 키지 교회(Kizhi Pogost).

대 구분이라는 말이다. 만일 나무로 만든 도구가 썩거나 불타 사라지지 않았더라면 목기 시대가 한 부분을 차지할지도 모른다. 어떤 면에서 나무는 시대를 초월해 인류와 함께한 문명의 대들보라 할 수 있다.

나무 중심의 동양과 돌을 주축으로 하는 서양을 구분하는 것도 너무나 도식적이다. 눈에 띄는 건축물만 기준으로 삼은 구분이기 때문이다. 동아시아를 가로지르는 만리장성은 돌로 쌓은 인류 최대의 축조물이다. 또 이집트의 피라미드는 돌로 만들었으나 목재 바퀴와 기구, 배가 없었다면 세워지지 못했을 것이다. 15세기 이후 유럽이 세계를 누비는 대항해 시대를 연 것도 나무로 만든 선박 없이는 불가능했다.

재레드 다이아몬드(Jared Diamond)는 인류 문명과 환경의 관계를 고민한 역작《문명의 붕괴》에서 남태평양 이스터섬의 운명을 소개한다. 21세기 세계인의 뇌리에 이스터섬이란 수십 톤에 달하는 거대한 마우이(Maui) 석상으로 새겨져 있다. 중국의 만리장성과 이

이스터섬의 마우이 석상. 자원 고갈을 일으켜 문명의 붕괴를 낳았다.

집트의 피라미드가 우리의 정신세계를 지배하듯 이스터섬은 돌로 만든 마우이가 상징이다. 이 놀라운 석상은 자신들의 신화 속 영웅이자 신인 마우이를 부족들이 경쟁적으로 세운 풍요의 상징이었다. 충분한 식량 생산으로 석상 건설에 많은 인력이 동원될 수 있어야 가능한 일이기 때문이다.

그런데 1000~1600년 사이 600여 년 동안 꾸준히 발전했던 이스터섬의 문명은 17세기 갑자기 붕괴해버렸다. 당시 거대한 돌은 나무를 사용해 이동했을 것이다. 따라서 부족 간 경쟁심에 석상을 부지기수로 세우는 과도한 문명 게임으로 섬의 나무를 모두 소멸시켜 사회가 무너지는 결과를 초래한 것이다. 지리적으로 고립된 이스터섬은 마침내 땔감도, 배를 만들 수 있는 나무도 없는 상황에서 문명이 붕괴된 전형을 보여주게 되었다. 나무는 돌처럼 가시적 피조물로 드러나지 않더라도 이 모든 문명의 형성을 가능하게 만들었던 기본 물질이고 재료였다.

하이테크 상품 도자기

자연이 인간에게 선사한 재료 중에는 돌과 나무만큼 유용한 흙이 존재한다. 위에서 봤듯이 메소포타미아 사람들은 흙으로 토큰을 만들어 문자로 발전시켰으며 벽돌을 제작해 건축에 사용했다. 흙은 물에 섞으면 빚기 좋은 재료로 변하고 마르면 단단해지는 변화무쌍의 카멜레온 재료라 할 만했다. 티그리스강과 유프라테스강 사이에 있는 메소포타미아는 숲이 드물어 목재는 귀했으나 진흙만큼은 지천에 널려 있었다. 게다가 기후가 건조해 진흙으로 만든 벽돌이 녹아내릴 위험도 적었다.

　비단 이곳뿐 아니라 진흙은 세계 어디서나 토기를 만드는 재료로 각광받았다. 인간의 두 손이 처음에는 물을 마시거나 음식을 담는 식기의 역할을 했을 테지만 점차 흙으로 그릇과 주전자, 항아리 등을 빚어내기 시작하면서 야만의 삶에서 문명의 길로 들어선 것이다. 토기는 열을 가하면 단단해진다. 다양한 형태를 만들거나 무늬를 그려 넣기는 나무보다도 쉬운데 구워내면 돌처럼 딱딱해지는 재료를 인간은 손에 넣었다.

　사실 흙과 금속의 공통점은 가열을 통해 재료의 성질을 바꾸거나 새로운 재료를 만들 수 있다는 점이다. 예를 들어 청동기 시대가 철기에 앞서 등장한 중요한 이유는 구리의 녹는 온도(950도)가 철이 녹는 온도(1,500도)보다 낮기 때문이다. 청동은 구리와 주석을 섞어 더 강하게 만든 결과다. 일반 토기와 도자기의 차이도 굽는 온도가 좌우한다. 도자기의 경우 도기는 1,200~1,300도에서 굽고, 자기는 1,300~1,500도까지 온도를 높여야 만들 수 있다.

유럽인들이 즐겨 찾던 16세기 명나라 시기의 청자.

토기는 물과 공기가 통과하는 숨 쉬는 용기라면, 도자기는 유약을 칠해 고온에서 구워냄으로써 방수 효과를 얻는다. 빛깔이나 소리, 두께와 모양을 조절할 수 있는 도자기는 그야말로 인간이 처음 만들어낸 첨단 기술의 결정체라 해도 과장이 아니다. 역사적으로 중국은 도자기에서 타의 추종을 불허하는 선진국이었다. 이미 고대부터 중국의 도자기는 그 아름다움과 품질이 높은 단계에 도달했고 서역과의 교류를 통해 발전을 거듭했다. 예를 들어 흰색과 청색이 어우러진 중국 특유의 청자는 페르시아로부터 코발트블루 색채를 가미하는 기술이 도입되면서 개발된 결과물이다.

세계의 바다를 누비며 16세기에 국제 무역의 네트워크를 만들기 시작한 유럽 사람들이 중국에서 가장 눈독을 들인 상품은 다름 아닌 도자기였다. 유럽과 아시아를 오가는 선박은 바닥에 중국 도자기를 잔뜩 실어 배의 중심을 잡고 도자기 안에는 후추를 가득 넣어 운반하곤 했다. 중국 도자기에 동남아 후추를 뿌린 음식을 즐기는 일이 유럽 귀족과 부호의 사치로 부상했다.

송나라 때부터 도자기의 수도로 명성을 떨치던 중국 장시성의 징더전(景德鎭)은 급기야 세계의 도자기를 공급하는 공장으로 부상했다. 급증하는 유럽의 수요를 충족시키기 위해 징더전은 생산의 대량화에 착수했다. 동산을 이용해 도자기를 굽는 가마를 만들 정도로 수요가 늘어났다. 게다가 유럽 고객들은 도자기에 성경 이야기나 그리스 신화 등 특정 디자인이나 그림을 그려 달라 요구했고, 중국인들은 신기한 무늬를 그려가며 고객의 주문 생산에 임했다. 주문자 상표 부착(OEM)까지는 아니더라도 구매자가 원하는 디자인 제조가 이미 16세기에 등장한 셈이다.

도자기 시장이 얼마나 돈벌이가 되었는지 유럽은 징더전에 산업 스파이도 파견했다. 포교를 위해 중국에 들어간 예수회 신부들은 징더전까지 진출해 하이테크 산업의 비밀을 캐내기 위해 정보를 수집한 뒤 정기적으로 유럽에 보고하곤 했다. 하지만 유구한 전통의 제조법을 단기간에 파악하기란 쉽지 않았다.

임진왜란은 도공 전쟁?

같은 동아시아 문화를 공유하는 일본조차 중국이나 한반도의 도자기 전통을 모방하기는 쉽지 않았다. 하물며 가톨릭 신부가 아무리 징더전에 체류한다 한들 도자기의 비밀을 독파하기는 어려웠다. 기술만 들여오기가 힘들다는 사실을 잘 아는 일본은 아예 도공(陶工)들을 생포해가서 도자기를 만들도록 했다.

유홍준의 《나의 문화유산답사기 일본편1 규슈》에서는 임진왜란을 통해 일본이 잡아간 조선의 도공들이 일본 도자기 문화 발전에 얼마나 결정적인 역할을 담당했는지 상세하게 소개한다. 특히 일본의 영주들은 우수한 품질의 도자기 생산을 위한 경쟁이 붙으면서 조선에서 천대받던 도공들을 특별 대접했다. 이스터섬의 석상 경쟁은 문명의 붕괴를 가져왔으나 도쿠가와 일본의 다기(茶器) 경쟁은 발전을 낳은 듯하다.

중국에서 왕조가 바뀌는 명·청 교체기 때 정치적 변화로 인해 대외 무역이 중단되자 유럽인들은 도자기 수요를 일본에서 충당할 수밖에 없었다. 서양 역사 서적에서 임진왜란을 '도공 전쟁(Potter's War)'이라고 부르는 이유다. 마치 한반도 도공을 납치하는 것이 전쟁의 목적이라도 되었다는 듯이 말이다. 물론 전쟁이 없었다면 일본의 도자기 생산도 불가능했을 것이고 그러면 유럽인들은 도자기 수입이 끊기는 고통을 감내해야 했을 것이다.

유럽에서 도자기의 인기가 얼마나 대단했는지는 18세기가 되면서 주요 국가에서 직접 도자기 산업을 육성하는 데 앞장섰다는 사실에서도 확인할 수 있다. 일본과의 무역을 독점하면서 발전한 네덜란드는 델프트에서 도자기 산업을 발전시켰고, 독일 지역의 작센에서는 마이센이 도자기 중심으로 성장했다. 프랑스에서는 리모주라는 도시에서 도자기 제조에 나서 본격적인 유럽 경쟁 시대를 알렸다.

특히 영국의 웨지우드사는 산업혁명의 파도를 타고 도자기 생산의 기계화를 통해 대량 생산의 규모를 확대했다. 증기기관을 활용해 도자기 생산 도정은 더욱 효율적으로 돌변했다. 게다가 웨지우드사는 당시 폼페이 유적 탐사를 비롯한 그리스 로마 문명의 고고학적 재발견이라는 시대적 유행을 포착해 유럽 고대사를 도자기 디자인에 반영하는 유럽화 전략을 폈다. 중국 기술을 도입해 생산 과정을 현대화하고 디자인까지 유럽화함으로써 도자기는 이제 영국의 대표 상품으로 다시 태어났다. 19~20세기가 되면 도자기는 영국을 위시한 유럽의 명품으로 자리 잡는다. 도자기 무역의 방향도 동에서 서가 아니라 유럽에서 동아시아로 향한다.

그릇, 접시, 항아리, 꽃병 등 식기나 생활용품을 중심으로 개발되어 자본주의 시대 무역을 지배한 도자기는 21세기에도 중요한 재료로 적용의 영역을 넓혀왔다.

고대 그리스 문양을 넣은 18세기 말 영국 웨지우드의 도자기.

예를 들어 현대 세계의 어디서나 볼 수 있는 화장실이나 욕실에서 변기나 욕조의 재료로 도자기는 약방의 감초와 같다. 고온에도 녹아내리지 않는 성격 덕분에 최첨단 기계나 제품에도 다양하게 활용되며 우주선이나 로켓에서도 빼놓을 수 없다고 한다. 실제 재료공학에서도 세라믹은 금속이나 유리, 고무 등과 함께 재료의 커다란 종류 가운데 하나로 꼽힌다.

세계를 하나의 그물로 엮은 철로

흙으로 만드는 용기가 토기에서 도자기로 발전 과정을 거쳤듯이 금속도 청동에서 철로 진화했다. 기본적인 기술 발전의 핵심은 온도를 높이는 데 있었다. 뜨거운 불로 구워냄으로써 토기가 도기와 자기로 다시 태어나듯 강한 화력은 구리뿐 아니라 철까지 녹여 더욱 탄탄한 재료를 만드는 기초가 되었다.

그러나 흙과 금속에는 큰 차이점도 있다. 일례로 토기가 도자기로 진화하면서 점차 특수한 재질의 흙을 구해야만 했다. 더 높은 기술과 더 희귀한 재료를 조합해야 훌륭한 도자기가 탄생하는 것이다. 그러나 금속은 청동에서 철로 진화하면서 오히려 재료를 더 풍부하게 얻을 수 있었다. 지구상에 구리의 분포는 제한적인 데 반해 철광석은 어디서나 얻을 수 있는 재료였다. 철기 문화가 지역을 불문하고 고루 발달할 수 있는 조건인 셈이다.

철로 만든 무기는 인류 역사의 운명을 결정짓는 중요한 요인이었다. 앞서 언급한 재레드 다이아몬드의 대표적인 명작의 제목도 《총 균 쇠》다. 철은 총과 쇠를 만드는 재료다. 창이나 칼, 화살과 갑옷, 마차 등 전통 무기는 물론 총과 대포, 전함과 탱크 같은 현대 무기까지 철을 다루는 기술은 첨단 무기를 제조하는 힘이 되었다.

특히 쇠와 화약을 결합한 총으로 요약되는 근대식 무기는 서구가 세계를 지배하는 데 결정적으로 기여했다. 16세기부터 시작되는 대항해 시대에 유럽인들의 세계 지배는 대포를 장착한 범선과 총을 보유한 군사력이 바탕이었다. 19세기에 강철로 만든 군함과 20세기 육지의 무적 탱크 또한 서구 군사력의 획기적인 우위를 보장했다.

아름다운 도자기를 만들기 위한 노력처럼 강한 철을 생산하기 위한 집념은 영국의 산업혁명 과정에서 꽃을 피웠다. 철강의 생산량이 폭발적으로 증가하기 시작한 것이다. 게다가 19세기 이후 기술 발전도 이어졌다. 일례로 녹이 슬지 않는 스테인리스의 개발은 권총을 만드는 과정에서 얻어낸 비법이다. 금속의 다양한 조합은

프랑스 화가 페르낭 레제(Fernand Leger), 〈철도 교차로(Railway Crossing)〉, 1919년.

끊임없이 새로운 재료들을 탄생시켰다. 스테인리스에 이어 가벼운 알루미늄의 활용은 항공 산업 발전의 핵심이다.

무엇보다 철은 지구촌 곳곳을 하나로 묶어주는 그물의 역할을 한다. 1830년 영국의 맨체스터와 리버풀을 연결하면서 시작한 증기 기관차와 철도의 역사는 21세기 현재까지 200여 년 가까이 현재 진행형이다. 각 나라에서 주요 도시를 연결하면서 시작된 네트워크는 시간이 지나면서 대륙을 횡단하는 규모로 성장했고, 대륙과 대륙이 이어지면서 물리적으로 세계를 하나로 묶었다. 영국과 프랑스 사이의 도버해협에는 1994년 해저 터널이 개통되면서 철로가 바다를 가로지르기에 이르렀다.

철강 산업은 한 나라 현대 산업의 능력을 가늠하는 척도가 되었을 정도다. 19세기 중반 영국은 세계 철강의 절반 이상을 생산하는 압도적 지배 세력이었다. 독일과 미국이 19세기 후반 영국을 따라잡았고 20세기가 되면서 일본이나 소련이 도전장을 내밀었다. 21세기 현재는 세계 철강 생산의 절반은 중국이 차지하는 시대가 되었다. 물가 수준을 대략 비교하기 위해 맥도날드의 빅맥 가격을 기준으로 하듯이 산업 능력을 얼추 가늠하려면 철강 생산량을 통해 살펴볼 수 있다.

완전히 새로운 재료, 플라스틱

자연에서 얻을 수 있는 돌이나 나무, 여기서 더 나아가 흙이나 철을 '요리'해 만들어낸 재료들은 인간의 삶을 풍요롭게 만들어줬다. 19세기가 되면 사람들은 화학 분야의 발전을 통해 완전히 새로운 재료를 탄생시키는 단계까지 발전한다. 우리가 흔히 플라스틱이라고 부르는 재료를 생각할 수 있다.

전통적으로 상아를 사용해 만들던 안경테, 틀니, 피아노 건반, 칼 손잡이 등은 19세기 후반이 되면서 인간이 발명한 셀룰로이드로 자유자재로 대체하게 되었다. 화공학의 발전이 수많은 코끼리의 생명을 구해준 셈이다. 사진이나 영화를 찍는 필름도 화학 공정을 통해 생산한 재료를 사용한다. 사진의 시대를 풍미했던 미국의 대기업 이스트먼 코닥은 셀룰로이드 필름으로 세계를 제패했다. 필름이 이미지를 장기간 보관하는 데 결정적이었듯 1950년대 등장한 폴리염화비닐의 레코드판은 음악을 대중화시킨 일등 공신이었다.

인류는 애초에 점토판이나 동물 뼈 등에 글을 쓰기 시작했다.

또 가죽이나 종이를 활용해 기록을 남기고 책을 만들곤 했다. 하지만 산업혁명 이후에는 화학 재료로 살아 숨 쉬는 이미지와 음악을 보존하고 되살리는 경지까지 도달한 것이다. 《세계사를 바꾼 12가지 신소재》라는 책에서 사토 겐타로(佐藤 健太郎)는 레코드판이라는 기록 매체의 등장으로 종이에 곡을 쓰는 작곡가의 시대는 가고, 생동감 넘치는 연주가 음악을 지배하는 시대로 돌변했다고 분석했다. 이처럼 새로운 재료와 기술이 물질을 활용하는 영역의 지평을 넓히면서 사회를 변화시키는 현상이 다양하게 나타났다.

유럽 언어에서 플라스틱은 원래 조형이 가능한 성질을 의미한다. 진흙처럼 물로 반죽해 새로운 모양을 만들 수 있을 때 진흙이 '플라스틱하다'고 표현한다. 플라스티시티(Plasticity)란 바로 이런 성격을 뜻한다. 조각을 플라스틱 예술이라고 부르는 이유다. 각종 용기나 비닐 등을 만드는 폴리에틸렌은 대표적인 플라스틱 재료다.

20세기는 사실 플라스틱의 세기라고 불러도 좋을 정도로 플라스틱이 지구를 뒤덮었다. 비닐봉지는 일상에서 빼놓을 수 없는 필수품이 된 지 오래고 페트병도 삶의 동반자로 성장했다. 플라스틱이 사라진 삶을 상상해보면 역설적으로 우리가 얼마나 플라스틱에 의존하는 생활 방식을 발전시켜왔는지 알 수 있다.

문제는 플라스틱으로 인한 환경오염이 심각한 지경에 이르렀다는 점이다. 특히 바다로 흘러 들어가는 플라스틱은 이미 돌이키기 어려울 정도로 지구를 더럽게 만들었으며, 2050년이 되면 지구의 바다는 미세 플라스틱의 양이 해양 물고기보다 더 많아질 것으로 예상된다.

400여 년 전 이스터섬의 문명은 숲과 목재의 부족으로 종말을 맞았는데, 지금의 지구는 인간들이 만들어낸 새로운 소재가 넘쳐나 생태계가 대혼란을 겪는 상황에 도달했다. 실제 인간이 사용하는 재료들을 정확하게 따져 정리해보면 90퍼센트가 넘는 대부분이 20세기 이후 새롭게 개발됐거나 기존의 재료를 섞어서 만들어 낸 결과물이다.

재료가 지배하는 세계

돌이나 나무를 철이나 유리라는 재료와 비교하면 문명의 발달을 느낄 수 있다. 건축에서 철과 유리는 현대 건물의 상징이 아니던가. 21세기에도 여전히 대도시의 마천루는 돌이나 나무가 아닌 강철과 유리, 그리고 시멘트를 재료로 짓곤 한다. 그러나 철이나 유리도 플라스틱과 견주어보면 오래됐다는 느낌이다. 플라스틱은 불과 100여 년 전에도 찾아보기 어려운 재료였기 때문이다.

그래도 플라스틱은 손으로 만지고 두들겨볼 수 있는 구체적인 재료다. 반면 반도체는 피부에 와 닿지 않는다. 트랜지스터를 가능하게 만든 반도체라는 재료는 사실 20세기 후반부터 인류의 거대한 정보산업혁명을 가능하게 만든 주인공이다. 점차 작은 트랜지스터와 칩에 정보를 담을 수 있는 기술이 발전하면서 인간의 정보 처리 및 저장 능력은 폭발적으로 증가했다.

지금은 종이에서 필름이나 테이프 정도가 아니라 상상하기 어려운 규모의 정보를 인간의 손바닥 안 스마트폰에서 다루는 기술도 가능하다. 앞으로 세계를 주도하는 산업은 철강보다는 실리콘밸리에서 활동하는 정보통신(IT) 분야라고 할 수 있다.

파리 루브르 박물관의 피라미드. 고대 이집트의 석조 피라미드를 유리와 철강으로 재건한 모습.

실리콘은 반도체를 통해 전자 산업과 정보통신 영역에서 유용하게 쓰이지만 동시에 화학 산업의 상품으로 인체에까지 침투하고 있다. 각종 성형에 동원되는 실리콘은 동양인의 코를 높여주기도 하고 빈약한 가슴을 봉긋 세워주기도 한다. 실리콘뿐 아니라 티타늄과 같은 신소재 덕분에 사람들은 치아 임플란트를 통해 노후까지 맛있는 음식을 고루 씹어 먹을 수 있게 되었다.

앞으로 스마트폰과 같은 기능은 점점 인간의 몸 안으로 파고들 예정이다. 이미 실리콘과 티타늄을 넘어 인공관절, 심장박동기, 혈관 확장 등을 통해 인간과 기계의 명확했던 경계가 서서히 흐려지는 추세다. 앞으로는 인공신장처럼 밖에서 돌리던 기계를 점차 인간의 몸 안으로 투입할 가능성이 크다. 또 인간의 수명도 도구와 기계의 도움으로 점점 늘어날 예정이다.

인간이 도구를 사용하기 시작했을 때부터 재료는 호모 사피엔스의 지구살이 여정을 동반하면서 자신의 고유한 성격을 인류의 문화에 깊게 새겨놓았다. 인간의 지혜와 정신이 물질을 지배했다는 신화와는 달리 현실과 역사는 인간이 물질과 타협하고 협력한 결과임을 보여준다. 자본주의는 인간과 물질의 관계를 더욱 긴밀하면서 다양하게 발전시켰다.

철도를 통해 세계를 하나로 묶었고 해저 케이블을 통해 정보의 실시간 공유를 가능하게 만들었다. 교통과 통신으로 하나가 된 인류는 플라스틱과 비닐의 세상으로 다시 통일되었다. 쇼핑을 하면서 플라스틱 카드로 계산한 뒤 비닐봉지에 담아 집에 오고, 페트병에 콜라를 마시며, 일회용 접시와 식기를 쓰고 버리는 패턴이 세계를 지배한다. 그리고 점점 복합적으로 발전하는 새로운 소재들은 기발한 용도의 상품들로 개발되며 심지어 인간과 기계, 정신과 도구의 경계마저 흐리고 있다. 앞으로도 재료의 발전은 더 많은 상품과 가능성을 인류에 안겨줄 것이다.

07

의류
활동 영역을 넓힌 인류의 지구 점령기

인간과 동물 사이에 눈에 띄게 드러나는 차이는 피부에 있다. 동물은 두꺼운 가죽과 털로 덮여 있으나 사람은 부드럽고 취약한 살갗에 털도 거의 없는 편이다. 만일 인간이 동물처럼 나체로 자연에서 생활해야 한다면 추위를 피해 따뜻한 지역에서만 살 수 있을 것이다. 한반도의 기후만 해도 인간이 옷 없이 겨울을 나는 것은 상상하기 어렵다.

초기 인류는 땡볕에서도 땀을 흘려 체온을 일정하게 유지하기 위해 피부를 얇게 진화시켰다. 땀으로 체온을 조절하는 뛰어난 능력 덕분에 인간은 장기간 걷거나 달릴 수 있으며 노동에 몰두할 수도 있다. 사람은 치타만큼 빨리 달리지는 못해도 40km가 넘는 장거리 마라톤의 거리를 뛰는 능력을 키울 수 있다. 게다가 도구가 문명의 세계를 열었듯이 옷은 인류의 날개가 되었다. 목적에 따라 입고 벗을 수 있는 다양한 종류의 옷을 통해 인간은 기후 변화에 수시로 대처하는 맞춤형 피부를 장착하게 된 셈이다.

옷은 강추위가 기승을 부리는 시베리아부터 강렬한 태양이 내리쬐는 사막까지 인간의 활동 영역을 확장해줬다. 장기간 자연에 적응해야 하는 동물과 달리 인간은 의복을 통해 '전천후 카멜레온'으로 새롭게 태어났다. 추우면 껴입고 더우면 벗어버림으로써 북극곰과 열대 기린의 환경에서 모두 생존하면서 지구촌 곳곳에 문명을 탄생시켰다.

옷은 또 처음 만들어질 때부터 생리적 기능을 넘어 문화적 의미를 담고 있었다. 성경 창세기 3장 21절에는 하느님이 인간을 에덴동산에서 추방하면서 아담과 이브에게 가죽옷을 만들어 입혔다는 내용이 있다. 인간이 선과 악을 알게 되면서 알몸을 가리는 문화적 도구로서 의류가 등장하는 셈이다.

이처럼 의류는 출발부터 기능과 문화가 공존하는 복합 영역에서 탄생했다. 이번 장에선 의류를 만드는 재료를 중점적으로 다루면서 인간과 '인공 피부'의 관계를 살펴본다. 성경에 처음으로 등장하는 옷이 가죽으로 만들어졌듯이 실제 사람이 수렵 채집 시대에 쉽게 구해 입을 수 있는 옷은 동물의 가죽과 털이었다.

비단, 인류를 통일한 최초의 사치품

주식에서 쌀과 밀의 문화가 나뉘듯 의류 소재에서도 비교적 뚜렷하게 문화적 영역이 드러난다. 비단은 중국에서 개발되어 전 세계로 퍼져나갔다. 실크로드란 비단길을 뜻하는데, 중국에서 시작해 중앙아시아를 거쳐 아라비아, 유럽으로 뻗어나가는 고대 교역의 통로를 지목한다. 21세기 중국의 지도자 시진핑(習近平)이 추진하는 일대일로 사업이 현대판 실크로드로 불릴 정도로 비단과 중국 문화는 하나로 인식된다. 한국에서도 '비단 장수 왕서방'이라는 표현이 있을 정도다.

중국의 민족 신화에서도 시조 복희씨(伏羲氏)는 누에고치에서 명주실을 뽑아내는 기술을 사람들에게 전해준 것으로 알려졌다. 이는 비단이 화려하고 아름다운 천일 뿐 아니라 중국 민족 정체성의 핵심이라는 것을 의미한다. 비단은 일본의 가장 오래된 역사책 《일본서기(日本書紀)》에도 등장한다. 주요 농작물을 언급하는 가운데 명주실은 신의 머리에서 나온다고 기술하고 있다. 서양 성경의 가죽옷처럼 동양에서는 비단이 신과 인간을 연결하는 의미의 천인 셈이다.

주지하다시피 명주실을 만들어내는 누에는 뽕나무 잎을 먹고 자란다. 비단의 주성분은 피브로인이라는 이름의 단백질이다. 누에는 섭취한 단백질의 60~70퍼센트까지 명주실로 만들어낸다고 한다. 말하자면 누에는 자연이 보유하는 효율 만점의 제사(製絲) 기계라 해도 틀리지 않는다. 고대 중국인들이 자연의 누에를 활용해 실을 만들고, 그 실로 비단을 엮어내는 발명에 성공한 것은 문명사적으로 엄청난 혁신이었다.

비단을 만드는 명주실은 매우 얇다. 그만큼 정교하게 천을 짤 수 있다. 부드럽고 반짝이며 화려한 비단은 보는 사람을 황홀하게 만든다. 피브로인은 천연 방부제를 포함하는 천이라고도 불린다. 또 가벼워 무역에도 적합한 상품이다.

역사적으로 중국 최초의 비단은 저장성에서 발견됐는데 4,700여 년 전의 것으로 추정된다. 중국에서 생산된 비단은 점차 다른 지역으로 팔려나가 이미 고대 로마에도 비단이 전파되었다. 로마

12세기에 그려진 송나라 작품, 비단을 검토하는 여인들.

의 초대 황제 아우구스투스(Augustus)는 비단 값의 급등 현상을 목격하고 비단 착용을 금지할 정도였다. 중국에서 로마까지 고대 세계는 이미 비단으로 연결되어 있었던 모양새다.

유럽 지역에서 직접 실크 생산에 나선 것은 상업 자본주의가 발달하던 16세기다. 베네치아나 피렌체 등 이탈리아 도시 국가들은 고부가가치 산업인 실크 생산을 위해 기술을 도입했고, 이런 현상은 프랑스의 리옹 등을 거쳐 유럽으로 확산했다. 프랑스나 이탈리아 명품 산업이 21세기까지 유지하고 있는 고급 실크 상품 생산의 전통은 이때부터 만들어졌다.

일본이 메이지 유신 이후에 산업화를 추진하는 과정에서는 중국이 아닌 프랑스로 건너가 고급 실크 생산 기술을 배워왔을 정도로, 산업혁명 과정에서 비단 산업의 주도권은 유럽으로 넘어가버렸다. 일본 자본주의의 아버지로 불리는 시부사와 에이이치(渋沢栄一)는 직접 프랑스에 가서 최신 제사 공장을 참관한 뒤 그 모델을 따라 일본의 비단 산업을 진흥했다. 그 결과 일본 총 밭 면적의 4분의 1은 뽕나무가 차지하게 되었고, 심지어 1922년 일본 수출의 절반 정도가 생사(生絲)였다.

모직으로 싹튼 유럽 자본주의

중국에서 출발한 비단이 실크로드를 통해 유럽으로 전파되었다가 다시 일본으로 돌아오는 세계화의 경로를 그렸다면, 모직은 유럽에서 발전한 전통적인 천이다. 모직의 재료가 되는 털은 동물에서 얻는데, 양의 긴 털이 실로 짜기 적합해 대표적으로 사용된다. 모직 기술은 이미 고대부터 서아시아에서 유럽으로 전해졌다.

비단이 화려함의 상징이었다면 모직은 추운 날씨에 따뜻함을 선사하는 소재였다. 물론 두꺼운 가죽이나 털이 추위를 이기는 데는 더 적합했겠으나 모직은 가죽이 줄 수 없는 색다른 촉감과 부드러움을 선사했다. 모직은 유럽에서 중세 무역이 발달하고 자본주의의 맹아가 싹트는 데 결정적으로 기여했다.

프랑스 역사학자 페르낭 브로델(Fernand Braudel)에 의하면 유럽에서는 이미 13세기에 모직 생산을 위한 도농(都農) 간 협력 체제가 만들어졌다. 영국의 푸팅 아웃 시스템(Putting-out system)은 사업가가 농가에 재료를 공급한 뒤 농가에서 천을 짜면 구매하는 방식을 말한다. 영국이나 스페인 지역이 양을 키워 양털을 공급하는 주요 기지였다면 이탈리아와 네덜란드는 집중적으로 모직을 생산하는 지역으로 성장했다. 이런 시스템은 도농 간 협력을 촉진하는 것은 물론 유럽 차원의 국제적 분업 체계를 만들어냈다.

이탈리아의 피렌체는 특히 모직 산업의 중심으로 부상했다. 피렌체의 유명한 메디치(Medici) 가문이 성장할 수 있었던 것은 바로 모직 산업과 은행업 덕분이었다. 피렌체의 모직 산업 노동자들의 조합 아르테 데라 라나(Arte della Lana)는 전성기에 3만 명 이상의 회원을 가졌고, 피렌체 인구의 3분의 1 정도가 모직 산업에 간접적으로 관여할 정도로 이 도시의 주요 산업이었다. 이들은 또 피렌체 정치를 좌우할 정도로 강력한 조직이었기에 1378년 노동자들의 치옴피(Ciompi)의 난을 주도한 바 있다. 말하자면 근대 사회주의 운동의 전형을 제공했던 셈이다.

모든 산업의 발전은 네트워크를 통해 이뤄진다. 비단을 대량 만들려면 국토가 뽕나무밭으로 변하듯 모직은 양의 축산이 필수다. 유럽에서는 모직 산업이 발전하면서 기존의 농토에서 농민을 쫓아내고 대신 양을 기르는 일이 빈번해졌다. 영국의 사상가 토머스 모어(Thomas More)의 저작 《유토피아》에 등장하는 양들이 인간을 잡아먹는 이야기는 바로 자본의 논리가 생존의 터전을 잠식하는 현상을 표현한 결과다.

모직 산업의 발전은 또 해양 문명을 발전시키는 기폭제가 됐다. 모직을 염색하는 데는 명반(明礬)이라는 매염제가 필요한데, 주로 지중해 남동부에서 생산된다. 따라서 명반을 대량으로 영국이

양이 나무에서 자라는 모습을 그린 14세기 그림. 면을 표현하는 방식을 엿볼 수 있다.

나 네덜란드까지 운반하기 위해 14세기 이탈리아의 제노바 상인들은 1,000톤급의 대형 범선을 개발했다. 규모가 기존의 200~300톤급 배보다 4배 정도 늘어난 것이다.

양의 목축은 영국의 제국주의를 통해 호주와 뉴질랜드라는 거대한 지역을 삼켜버렸다. 유럽에서 시작된 양털 생산의 필요가 대양주를 뒤덮게 되었다. 제노바 상인들이 개발한 거대한 배는 국제무역을 넘어 세계를 누비는 군함이자 상선으로 발돋움했다. 지구적 자본주의 네트워크 형성에 모직 산업이 기초를 제공했다고 볼수 있다.

면화, 나무에서 자라는 양

중국의 비단과 유럽의 모직이 자연스러운 조합을 이룬다면 면은 인도를 대표하는 소재다. 실제 면은 아메리카의 페루 지역이나 동아프리카에서 독립적으로 개발되기도 했다. 하지만 세계를 하나로 묶는 면의 확산은 인도에서 시작했다. 인더스 문명은 제일 먼저 면직을 개발해냈고 면은 인도에서 아라비아를 거쳐 유럽으로 전파되었다.

유럽 언어에서 면은 아랍어 쿠툰(qutun)을 따라 영어나 프랑스어의 코튼이나 꼬똥(cotton), 스페인어의 알고돈(algodón) 등으로 전해졌다. 독일어에서는 면을 바움볼러(Baumwolle), 즉 '양털의 나무'라고 부른다. 양털로 모직을 만들 듯 면화는 양이 나무에서 자란다는 생각을 반영한 표현이다.

다른 천과 비교해 면은 뛰어난 장점을 많이 갖고 있다. 면은 비단이나 모직보다 흡수력이 탁월하다. 속옷이 주로 면으로 만들어지는 중요한 이유다. 또 빨래하기가 수월하기에 실용적이고 경제적이다. 대중이 면에 매력을 느낄 수밖에 없는 배경이다. 또 염색이 쉬워 화려한 색상을 담는 데도 적합하다. 용도도 다양해서 단순한 손수건부터 최고급 드레스까지 모두 면으로 제작할 수 있다.

면화를 생산할 수 있는 지역은 양모와 비교했을 때 한정적이다. 양은 덥거나 추운 지역을 가리지 않고 키울 수 있으나, 면화는 남반구 35도에서 북반구 37도 사이의 열대 또는 아열대 지역에서 주로 재배할 수 있다. 게다가 면은 면화 재배와 수확 과정이 노동 집약적이고 면직을 만드는 생산 단계에서도 많은 노동력이 투입돼야 한다. 이런 특징을 볼 때 기후가 따뜻하고 인구가 많은 인도가 세계 면직의 중심으로 부상한 것은 자연스러운 일이다.

16세기 유럽 세력이 큰 배를 타고 세계의 바다를 누비기 시작하면서 제일 먼저 혜택을 누린 것은, 인도의 면직물처럼 경쟁력을 가진 상품을 생산하는 곳이었다. 세계 자본주의 네트워크가 서서히 만들어지는 초기에 유럽인들이 가장 선호했던 상품은 인도네시아의 후추나 중국의 도자기지만, 인도의 면직물 또한 빼놓을 수 없었다.

일본의 영주 다이묘와 태국의 왕실, 페르시아 귀족부터 유럽의 부르주아 등 전 세계는 유럽 배들이 실어 나르는 인도 면직물에 열광했다. 21세기에 프랑스나 이탈리아의 명품을 사려고 전 세계 부자들이 몰려들듯이 16~18세기 인도는 가장 아름답고 화려한 천과 옷을 수출했다.

인도 북동부의 벵갈은 얇은 모슬린(Muslin)을 전문적으로 생산

18세기 얇은 모슬린 천으로 만든 옷을 입은 벵골 다카 지역의 여인.

했고, 동부 해안 코로만델에서는 캘리코(Calico)나 친츠(Chintz)를
만들었으며, 서부 수라트에서는 다양하고 저렴한 면제품을 생산
해 수출했다. 태평양의 일본부터 대서양의 유럽까지 세계 각지에
서 쇄도하는 다양한 취향과 주문에 인도 산업은 재빠르게 적응하
며 호응했다. 유럽이 주도하는 네트워크가 인도의 면화 재배와 면
직 산업을 크게 자극하는 모습이었다.

산업혁명의 꽃, 면직 산업

비단이 중국의 한나라와 로마제국을 연결하면서 세계를 처음으로
통일한 사치품이었다면 면은 최초의 세계적인 대중 소비 상품이
었던 셈이다. 이미 1000~1900년 사이 면을 생산하는 산업은 세계
에서 가장 많은 노동력을 동원하는 최대 산업이었다. 중국이나 일
본은 물론 아라비아 지역의 모술과 바스라, 심지어 아프리카의 팀

북투까지 면으로 천을 짜는 일은 대규모 산업을 형성했다.

유럽도 중세의 십자군 원정 때 서아시아에서 면을 접한 뒤 터키나 시리아 등의 지역에서 면 재료를 수입했다. 이탈리아 북부의 밀라노, 볼로냐, 베로나 등지는 면직 산업이 조성됐고 베네치아는 면 원료의 유럽 창고 역할을 담당했다. 서아시아의 원료가 베네치아를 거쳐 이탈리아와 유럽의 다른 도시로 퍼져나갔다.

모직 산업에서 형성된 푸팅 아웃 시스템을 면직 산업도 도용해 도농 협력이 이뤄졌다. 독일 남부 아우크스부르크에서 한스 푸거(Hans Fugger)는 1367년 면직 산업에 뛰어들어 유럽 자본가의 전형으로 부상했다. 독일의 도시 울름(Ulm)에는 2,000여 명이 전문적으로 면직 산업에 종사했고 주변 농촌에는 1만 8,000여 명이 면을 짜는 노동에 동원되었다.

하지만 16세기 지중해에서 오토만 제국이 부상하면서 유럽의 면직 산업에 심각한 충격이 가해졌다. 새 제국은 유럽으로의 면화 수출을 금지하고 현지의 직물 산업을 장려했기 때문이다. 게다가 질도 우수하고 가격 경쟁력도 갖춘 인도의 상품이 대서양을 통해 유럽으로 대량 도입되면서 유럽 산업은 잠식당했다.

영국은 아시아의 선진 상품을 대거 수입해 유럽에 판매하는 역할을 담당하면서 동시에 자국에서 이들을 모방해 따라잡으려는 노력도 게을리하지 않았다. 도자기 분야에서 중국의 기술을 수입해 결국 추월하는 데 성공했듯이 면직 산업도 뛰어난 능력을 발휘해 성공적으로 육성했다. 특히 영국은 미국을 통해 새로운 면화 공급선을 확보했다. 18세기 말 영국은 미국이라는 식민지를 잃었지만, 19세기 미국 남부에서 면화 생산이 폭발적으로 증가하면서

1820년대 영국의 대규모 면직 회사인 매코널앤드컴퍼니(McConnel and Company)의 맨체스터 공장.

거대한 원자재 창고를 얻은 셈이 되었다. 노예 무역으로 인한 국제적 비난이나 흑백 갈등으로 일어나는 정치적 문제는 독립한 미국으로 넘기고 영국은 값싼 원자재만 확보하게 된 것이다.

19세기 중반이 되면 미국의 면화를 영국에서 천과 옷으로 만드는 거대한 글로벌 분업 체계가 자리를 잡는다. 18세기까지 세계 면직물의 고장은 인도였고 중국이 뒤를 따르는 모양이었다. 이후 불과 100여 년 만에 대서양을 중심으로 미국 남부와 영국의 조합이 인도와 중국을 대체해버렸다. 영국의 대표적 산업 도시 맨체스터는 세계 면직 산업의 중심으로 떠올랐다.

산업혁명에서 등장한 공장이라는 근대의 장소는 면직 산업에서 만들어졌다. 증기기관을 통해 면화에서 실을 뽑아내는 작업과 실로 천을 짜는 작업은 공장의 대명사가 되었고, 인도에서 수레바퀴를 돌리는 마하트마 간디(Mahatma Gandhi)의 모습은 전통 사회의 상징이 되었다. 1860년 면을 기계로 뽑아내는 세계의 면 스핀들(spindle) 가운데 3분의 2가 영국 공장에 있을 정도로 산업 집중도는 높아졌다.

면화 재배와 면직 산업은 미국과 영국에서 다른 지역으로 점차 확산하면서 세계로 발을 뻗어나갔다. 면직, 모직 등 이른바 섬유 산업은 산업화를 이행하는 모든 국가의 통과의례와 같은 역할을 했다. 면직 산업은 영국에서 독일이나 미국, 일본으로 전해졌고, 다시 한국과 중국을 거쳐 베트남이나 터키 등으로 옮겨갔다. 마치 지구 산업화의 리트머스 테스트라도 되는 듯이 말이다.

부의 상징이 된 가죽과 밍크

비단이나 모, 면 등은 인류 문명의 발전을 상징하기에 모자람이 없다. 누에와 양털, 식물 등 재료의 원천은 다양하나 기본으로 실을 짜내 씨줄과 날줄로 천을 만드는 생산의 과정은 유사하다. 동물을 잡아 가죽을 벗겨내 여러 용도로 사용하던 원시 시대의 기초적인 작업보다 한 단계 높은 문화 수준이다.

사냥으로부터 곧바로 가죽을 얻을 수 있는 방식에 비해 비단과 모, 면직은 인간의 집약된 노동이 필요하다. 자본주의가 시작되기 이전부터 천을 화폐처럼 사용하게 된 이유다. 중국, 인도, 유럽 등 다양한 문명에서 천은 물건을 교환하는 과정에서 하나의 기준을 제공했고, 심지어 국가가 세금을 거둘 때도 요긴한 가치의 저장고로 활용되었다.

직조는 남녀를 구분하는 중요한 역할을 담당했다. 예를 들어 중국에서 남자는 밭을 갈고 여자는 길쌈하는 남경여직(男耕女織)의 분업 구조는 전통 사회의 골격을 형성했다. 인도나 유럽에서도 직조에 노동을 제공하는 인력은 대부분 여성이었다. 푸팅 아웃 시스템에서 가내 수공업을 주로 여성이 담당했기 때문이다.

유럽은 가장 오랫동안 가죽과 모피를 의류의 중요한 소재로 사용했다. 중국과 인도 등 아시아에서 비단과 면이 고급 의류를 상징하게 된 이후에도 유럽은 중세까지 귀족과 부르주아들이 가죽과 모피를 즐겼기 때문이다. 중국에서 가죽과 모피는 북방 유목민들의 상징이었고 인도에서도 동물의 가죽은 더러운 오염을 의미했다.

유럽에서는 중세 후기부터 모직 산업의 부상과 함께 가죽에 대한 선호는 서서히 수그러들었다. 유럽에서도 가죽은 부자들의 신발이나 모자, 가방 등으로 용도가 제한되었다. 목도리나 모자 등에서 모피를 사용하는 것은 서양에 남아 있는 전통의 흔적이라고 할 수 있다. 17세기부터는 북아메리카로부터 윤기가 흐르고 부드러운 밍크가 시장에 등장하면서 고급 의류 소재로 모피가 다시 유행을 이끌기 시작했다.

동인도주식회사가 영국과 네덜란드의 인도양 진출을 주도한 세력이었다면, 허드슨베이주식회사(Hudson's Bay Company, HBC)는 영국의 캐나다 개발을 이끈 자본주의와 식민주의의 불도저였다. 인도양의 후추가 무더운 지역에서 나오는 고가 상품이었다면 북극 지역의 밍크는 혹한의 땅이 주는 노다지였던 셈이다.

19세기 말이 되면 유럽은 아메리카의 밍크를 유럽으로 수입해 대량 양식하기에 이르고 20세기 유럽은 세계 밍크 시장을 주도하는 세력으로 다시 태어났다. 누에가 명주실을 생산하듯 철장의 밍크는 열심히 모피 생산을 위해 삶을 바치게 된 것이다. 21세기에 나타나는 흥미로운 현상은 모피의 주요 소비 시장이 유럽이나 미

국이 아니라 중국과 한국 등 동아시아로 옮겨왔다는 사실이다. 서
방에서 동물 보호 단체의 캠페인이 모피 소비를 위축시키는 동안
경제 발전에 성공한 동아시아가 부의 표상으로 모피를 착용하는
행렬에 대거 나섰기 때문이다.

비단보다 아름다우며 강철보다 강한 섬유

일반 재료의 영역에서 나무나 돌, 철을 넘어 플라스틱이라는 완전
히 새로운 인공 소재가 등장했듯이, 옷의 재료로 합성 섬유가 부
상한 것은 20세기의 대표적 현상이다. 페트병에 담긴 물이나 음료
를 마시는 일이 일상이 되었듯이 합성 섬유는 기존의 천을 대신하
며 인간을 감싸기 시작한 것이다.

합성 섬유를 개발해 의류에 도입한 것은 미국의 화학 분야 대기
업 뒤퐁(Dupont)사다. 1930년대 일명 나일론을 개발한 뒤 시장에
내놓으면서 인간의 의류 소재는 획기적인 변화의 시대에 돌입했
다. 가벼우면서도 질기고, 화려한 색상에 구겨지지도 않아 사람들
의 인기를 끌기에 안성맞춤이었다. 게다가 가격도 저렴해 나일론
의 인기는 가히 폭발적이었다.

'석탄과 공기와 물로 만들어진 거미줄보다 가늘고 비단보다 아
름다우며 강철보다 강한 섬유', 나일론을 소개하는 문구다. 그야말
로 의류계의 기적이었던 셈이다. 스타킹은 나일론의 성공을 가장
대표적으로 상징한다. 유럽과 미국의 여성들은 원래 면이나 모직,
비단 등으로 만든 스타킹을 신었다. 그러나 면이나 모직은 두꺼웠
고 비단은 비쌌다.

제2차 세계대전 후 미국에서 일어난 스타킹 반란. 전쟁 동안 살 수 없었던 스타킹을 다시 판매하자 백화점 앞에 줄을 선 여인들의 모습.

　제1차 세계대전 이후 1920년대 적극적으로 사회 활동을 하는 여성이 늘어나고 치마 길이가 짧아지면서 스타킹이 대유행하게 되었다. 이런 와중에 저렴하면서도 아름다운 나일론 스타킹이 등장했으니 일종의 혁명이 일어난 셈이다. 1940년 미국이 제2차 세계대전에 참전하면서 뒤퐁사는 스타킹 생산을 중단하고 군복이나 낙하산 등 군수물자 생산에 전념했다. 전쟁이 끝난 1945~1946년, 뒤퐁사의 스타킹 공급량이 기대에 미치지 못하자 미국 각지에서 여성들의 불만이 터져 일명 '스타킹 반란(Stocking riots)'이 일어날 정도였다. 스타킹과 하이힐은 20세기 후반기 여성을 상징하게 되었다. 1960년 대가 되자 짧은 치마가 대유행하면서 스타킹과 가터벨트의 시대는 가고 팬티형 스타킹(pantyhose)의 시대가 도래했다. 이처럼 옷은 기능성이 최소화되면서 몸을 드러내는 문화적 기호로 변해갔다.

　물론 기능성도 끊임없이 혁신을 거듭하면서 점점 편리한 복합 천들이 등장했다. 21세기 옷을 살펴보면 한 종류의 천으로 만든 경우가 드물 정도다. 면과 모직, 비단과 합성 섬유를 다양하게 조합해 보온 효과를 늘리거나 모양새를 살리고, 방수 기능이나 신축성을 조절하는 것이 가능해졌다. 의류 소재 분야에서도 자본주의 혁신의 리듬은 점점 빨라지고 있다.

수천 년 전 인류가 누에고치를 관찰하면서 비단을 발명해냈듯이 21세기 인간도 새로운 소재를 개발하기 위해 노력하고 있다. 일례로 거미줄은 무척 단단해 방탄 천을 만들 수 있으나 거미들은 동족끼리 잡아먹는 습성이 있어 양식하기가 어렵다고 한다. 인간은 급기야 생명공학을 통해 거미의 유전자를 누에나방에 이식함으로써 강력한 실을 생산하려고 노력하는 중이다.

또 동물을 보호하면서도 밍크를 즐길 수 있도록 식물과 합성소재로 만든 인공 밍크 목도리나 코트도 등장했다. 인간의 다양한 취향과 성향을 반영하기 위한 노력이다. 이 정도로 빠른 혁신의 리듬이라면 타인의 눈에 보이지 않는 투명인간을 탄생시키는 옷의 개발도 불가능하지는 않을 것 같다.

08

패션
창조적 파괴의 아이콘

조지프 슘페터(Joseph Schumpeter)는 자본주의를 창조적 파괴를 통한 혁신 과정이라고 말했다. 새로운 상품이 등장하면서 기존의 물건은 무용지물이 되고 그 자리를 신제품이 대신하는 현상을 정확하게 지적한 셈이다. 일례로 자본주의 사회에 사는 우리는 끊임없이 새로운 옷을 사댄다. 그리고 옷장이 꽉 차면 헌 옷을 버린다. 옷이 헐거나 바래지 않았는데도 말이다. 그저 유행이 지났기 때문에, 또는 더 둘 만한 공간이 없기 때문에….

그렇다면 유행이란 대체 누가 어디서 만들어내는 것일까. 시장에서 일어나는 현상이 대부분 그렇듯이 유행이란 수요와 공급의 만남이다. 인류의 패션을 지배하는 공급의 메카는 단연 프랑스 파리다. 적어도 18세기부터 파리는 유럽의 패션을 주도해왔고, 21세기에도 여전히 세계 패션의 수도로 부족함이 없다.

수요는 조금 더 복합적이고 대중적인 현상이다. 전통적으로 유행을 주도한 수요의 주인공은 왕실과 귀족이었다. 패션이라는 분야가 만들어진 19세기에 수요의 중심은 부르주아라 불리는 부자들이었다. 그러다 20세기를 거쳐 현재까지 대중의 시대가 점차 확산하면서 다양한 주인공을 중심으로 유행이 전개되었다. 이제는 사회 구조나 현상을 반영하는 문화가 수요를 결정하는 중요한 요인이라고 볼 수 있다.

21세기 현재 인류는 매년 800억 벌의 옷을 구매한다. 1인당 10벌에 해당하는 수치인데, 산 옷은 평균 35일씩 입는 셈이다. 예전처럼 옷을 대대로 물려주지는 못하더라도 멀쩡한 옷이 쓰레기로 돌변하는 소비의 메커니즘이 작동한다. 게다가 의류는 제조하는 과정에서 지구의 물을 많이 소비하는 산업이며, 세탁하는 데 쓰이는 물의 양을 고려하면 엄청난 자원이 낭비되고 있다.

21세기 세계적 자본주의는 대량 소비의 시대이자 획일적 패션으로 지구를 통일하는 데 성공했다. 티셔츠와 청바지, 그리고 운동화는 이제 세계인의 유니폼이 되었다. 물론 나라마다 지역마다 전통 복장이 여전히 존재하고 계층이나 직업에 따라 옷의 문화도 다르다. 하지만 유럽과 미국에서 만들어진 패션의 기준이 세계를 명령하며 지구촌을 지배하는 구조가 존재하게 되었다.

패션 전통, 왜 프랑스 파리인가?

남성, 여성을 불문하고 양복 상의의 소매에는 단추가 여러 개 달려 있다. 와이셔츠라면 소매를 여닫는 기능이라도 있으나 겉옷은 그런 용도도 없다. 옷에 있는 단추는 중세 시대 갑옷의 유산이다. 원래 소매의 단추는 손을 보호하는 장갑을 전사들의 상의에 연결하는 장치였다. 중세 이후 이 기능은 사라졌지만 천 년이 지나도

현대 예술과 명품 산업의 융합을 상징하는 파리의 루이뷔통 재단 건물.

소매 단추는 여전히 살아남았으니 대단한 생존력이다.

이 사례에서 볼 수 있듯이 한번 만들어진 전통은 질긴 관성을 갖게 된다. 처음 전통을 만드는 과정은 어렵더라도 일단 전문성과 명성을 통해 우뚝 서는 데 성공하면 그때부터는 많은 기득권을 누리기도 한다. 유럽 역사에서 영국과 프랑스는 중세 시기 가장 먼저 강한 국가를 세웠고, 런던과 파리라고 하는 수도에 권력과 부를 집중한 나라다.

특히 프랑스는 루이 14세(Louis XIV) 시기 파리 근교 베르사유에 당대 최고의 궁전을 건립해 전국의 귀족을 모아놓고 문화와 예술을 즐기는 삶의 패턴을 만들었다. 원나라 수도에 고려의 왕자가 인질로 잡혀 있듯 프랑스 각지의 봉건 귀족은 베르사유에 묶인 인질인 셈이었다. 연회는 일상적으로 열렸고 자존심이 강한 귀족들은 사치스러운 복장과 치장으로 경쟁했다. 18세기부터 베르사유는 자연스레 유럽 각지 왕실과 귀족의 유행을 생산하는 실험실로 부상했다.

물론 영국도 중앙 권력의 형성은 프랑스 못지않았다. 런던이 파리와 경쟁할 수 있는 조건을 갖췄다는 의미다. 그러나 런던은 두 가지 측면에서 크게 달랐다. 우선 영국은 1689년 명예혁명 이후 의회가 예산을 통제하는 민주적 제도가 강화되면서 왕실이 프랑스처럼 사치를 할 수 없는 구조로 변했다. 게다가 청렴하고 검소한 삶을 강조하는 프로테스탄트 문화가 뿌리를 내리면서 사치를 죄악시하는 의식도 강했다. 민주 제도와 개신교 문화가 영국 런던의 사치를 향한 에너지를 차단했고 패션의 발전도 제약을 받게 되었다.

프로테스탄트 문화가 유럽 각국의 전통에 얼마나 영향을 미쳤는가는 스위스를 통해서도 알 수 있다. 스위스 제네바 지역은 원래 보석 세공으로 명성을 떨치던 지역이었다. 그러나 프로테스탄트 종파 가운데도 극단적 성향을 보인 칼뱅주의가 제네바를 지배하게 되면서 사치를 의미하는 보석 치장은 금지되었다. 시장을 잃은 제네바 보석 장인들이 기존의 능력을 살려 시계 제작으로 돌아선 이유다.

종교 혁명의 우여곡절로 시계 산업의 메카로 부상한 스위스는 수백 년째 그 위상을 유지하고 있다. 미국이나 일본이 한때 스위스에 도전장을 내민 적이 있으나 알프스 시계 산업의 전통을 무너뜨리기에는 역부족이었다. '스위스 메이드(Swiss Made)'는 여전히 시계 품질의 보증수표로 세계 각지에서 통할 정도다.

프랑스는 영국 명예혁명보다 100년 뒤인 1789년 대혁명을 경험했다. 프랑스에도 왕족과 귀족의 특권을 철폐하는 민주주의의 바람이 분 것이다. 하지만 이때는 파리가 이미 유럽의 유행과 패션을 좌우하는 중심지로 부상한 이후다. 게다가 19세기 나폴레옹의 제국과 왕정의 복귀로 사치의 전통은 계속될 수 있었다. 예를 들어 나폴레옹 1세의 부인 조제핀 드 보아르네(Joséphine de Beauharnais)나 나폴레옹 3세의 부인 외제니 드 몽티조(Eugénie de Montijo)는 파리를 넘어 프랑스 전국과 유럽 전역의 유행을 주도하는 대표적인 아이콘으로 활약했다.

19세기 자본주의와 패션의 탄생

영어는 패션(fashion)과 패드(fad)를 구분한다. 둘 다 유행이라는 의미를 지니나 패션이 따라 할 만한 가치를 지닌 고상한 스타일을 지칭한다면, 패드는 금방 떠올랐다 사라지는 변덕에 가깝다. 반면 프랑스어에서 모드(mode)는 이 두 의미를 다 포함한다. 시대에 따라 유행이 변하고 사람들이 그 유행을 따르는 일이 무척 자연스럽고 당연하다는 의미를 내포한다. 혁신의 일상화를 품고 있는 개념인 셈이다.

슘페터의 기업가가 창조적 파괴의 주인공이라면 패션을 주도하는 것은 디자이너다. 아마 역사가 기억하는 디자이너의 계보를 따라 올라가면 비운의 프랑스 여왕 마리 앙투아네트(Marie Antoinette)의 의상을 담당했던 로즈 베르탱(Rose Bertin, 1747~1813)이라는 여인을 찾을 수 있다.

베르탱은 왕족의 취향에 맞춰 의상을 제작하는 재봉사의 역할에 만족하지 않고 자신의 이름을 내걸고 파리에 의상실을 열었다. 1770~1780년대에 베르탱은 유럽 왕실과 귀족들이 즐겨 입는 대

엘리자베스 루이즈 비제 르브룅(Élisabeth Vigée Le Brun), 〈마리 앙투아네트와 아이들(Marie Antoinette and her Children)〉, 1789년. 베르탱의 드레스를 입고 있는 모습.

피에르 데지레 기유메(Pierre Desire Guillemet), 〈유제니 황후(Empress Eugénie)〉, 1856년. 워스의 드레스를 입고 있는 모습.

류 차원의 패션을 만들었다. 손님이 옷 가격을 흥정하려 들면 베르탱은 "당신은 그림을 파는 화가에게 캔버스와 물감 값만 내냐"고 따지곤 했다. 디자이너의 예술적 부가가치를 주장한 것이다.

오스트리아 공주로 태어나 프랑스 왕실로 시집온 앙투아네트는 파리의 패션을 유럽에 널리 퍼뜨리는 데 결정적으로 기여했다. 마찬가지로 파리를 패션의 수도로 정착시킨 것은 찰스 프레드릭 워스(Charles Frederick Worth, 1825~1895)라는 영국인이었다. 그는 1860년대 프랑스 황제 나폴레옹 3세의 부인 외제니의 옷을 만들면서 명성을 떨치기 시작했다.

화가가 작품에 이름을 써넣는 것처럼 워스는 옷에 상표를 붙인 최초의 디자이너다. 프랑스어로 옷에 붙이는 브랜드를 그리프(Griffe)라고 하는데, 야수의 발톱을 의미한다. 사자가 먹이를 할퀴

듯 디자이너는 작품에 흔적을 남긴다는 뜻이리라. 워스는 또 죽은 인형인 마네킹을 거부하고 살아서 활보하는 모델을 처음으로 패션계에 도입했다. 연극처럼 관객이 구경하는 패션쇼의 시대가 열린 것이다.

무엇보다 워스는 패션을 혁신의 장으로 규정했다. 매년 두 차례에 걸쳐 패션쇼를 열어 새로운 유행을 제시하고 나선 것이다. 19세기 유럽은 산업혁명이 한창이었지만 어느 산업도 계절마다 새로운 상품을 시장에 내놓지는 못했다. 이런 점에서 패션이야말로 '가차 없는 자본주의' 시대의 서막이었다고 할 수 있다. 일 년에 두 번 찾아오는 패션쇼의 시즌은 20세기 마이크로칩의 밀도가 정기적으로 2배씩 증가한다는 무어의 법칙을 연상케 한다. 또 쉴 새 없이 '신상'을 내놓아야 하는 21세기 스마트폰 모델의 경쟁을 떠올리게도 한다.

20세기 들어 워스의 패션쇼 리듬은 점차 배가되었다. 고급 패션을 의미하는 '오트 쿠튀르(Haute couture)'에 1970년대부터 기성복(Prêt-à-porter) 쇼까지 늘어났고, 파리를 넘어 적어도 런던, 뉴욕, 밀라노까지 쇼를 벌여야 하는 지옥의 행군이 되었다. 일 년에 두 번씩 강제되었던 창작의 리듬은 이제 디자이너들을 불도저처럼 압박하는 메커니즘으로 돌변했다.

현대 여성의 부상과 샤넬의 시대

베르탱이나 워스는 패션의 역사가들이나 기리는 개척자들이다. 하지만 샤넬은 현재까지 여전히 세계인을 꿈꾸게 하는 살아 있는 '발톱(상표)'이다. 코코 샤넬(Coco Chanel, 1883~1971)은 남성이 지배하는 시대에 자신의 길을 개척한 강한 여성 디자이너로 성공한 것은 물론 현대 여성을 상징하는 디자인을 보편적으로 확산시켰다.

샤넬은 20세기 구조적 변화의 쓰나미에 영리하게 편승한 천재 디자이너다. 그녀가 디자이너로 활동하기 시작한 시기는 제1차 세계대전과 교묘하게 겹친다. 남성이 전쟁터에 나간 사이 여성이 공장과 사회를 돌릴 수밖에 없는 상황이었다. 남성이 바라보고 감상하는 대상으로서의 여성이 아니라 활동하고 일하는 여성의 시대가 열린 것이다.

고급 패션에서 주로 사용하는 천은 실크나 벨벳 등 비싼 제품이었다. 그러나 전쟁 통에 고급 천을 구하는 일은 거의 불가능했다. 임기응변으로 샤넬은 저렴한 저지(Jersey) 천을 사용해 드레스를 만들었다. 게다가 샤넬이 처음으로 부티크를 연 곳은 파리가 아니라 해변 휴양지 도빌(1913)과 비아리츠(1915)다. 해변은 산책과 스포츠를 즐기는 환경이었다. 정장 차림의 파티 문화와는 다른 환경이라는 뜻이다. 당연히 육체 활동에 편리한 옷을 만들 수밖에 없었다.

이런 시대 상황을 반영한 샤넬 패션은 여성을 코르셋으로부터 해방해준 것으로 유명하다. 치마를 치켜올려주는 거추장스러운 장치는 모두 사라지고 치마의 길이도 발목 위로 올라가 활동하기 좋게 짧아졌으며 디자인도 단순하게 변화시켰다. 이처럼 현대 여성의 복장 스타일은 샤넬과 함께 등장했다고 해도 과언이 아니다.

전쟁 시대 만들어진 사회 변화의 물결은 1920년대 더욱 세차게 몰아쳤다. 머리를 소년처럼 짧게 깎고 남녀 구분이 사라지는 '갸

1920년대 갸르손느 스타일의 여성들이 춤추는 모습.

르손느(Garçonne)'의 유행이 이 시대를 지배했다. 갸르송(Garçon)
은 소년을 뜻하며 갸르손느란 '소년 같은 소녀'라는 말이다. 1922
년 프랑스에서 출판된 빅토르 마르그리트(Victor Marguertte)의 소
설《갸르손느(La garçonne)》는 12개 언어로 번역되어 80만 부나 팔
린 베스트셀러였지만, 가톨릭교회가 금지 서적으로 지정할 만큼
당시 윤리관에는 적합하지 않은 여성 해방의 깃발이었다.

샤넬은 1921년 자신의 스타일에 맞는 향수 샤넬 No.5를 개발
했다. 장미나 은방울꽃 등 전통적인 꽃향기를 품는 향수가 아니라
여러 향을 조합해 독특한 향수를 만들어낸 것이다. 아직도 절찬리
에 판매되는 샤넬 No.5는 향수 역사에서 기념비적인 성공작이다.
의상 디자이너의 '발톱'이 향수와 핸드백 등의 장식품 분야까지
진출함으로써 종합적인 스타일 예술가로 발전하는 길이 열린 셈
이다.

민관 합작의 패션 세계

패션의 수도 파리가 유럽 문명의 별처럼 빛나자 천년의 제국을 세우고 세계의 새로운 중심을 자처한 나치 독일이 시기한 것은 당연하다. 1940년 파리를 군사적으로 점령한 나치 독일은 패션 산업을 베를린이나 빈으로 옮기려 했다. 그러자 프랑스 오트 쿠튀르(Haute Couture) 조합은 파리에 산업을 유지하기 위해 갖은 전략을 동원해 설득에 나섰다.

우선 패션 산업은 하나의 네트워크를 이루고 있기에 회사와 디자이너가 옮겨가도 수천수만에 달하는 장인들이 없으면 불가능하다는 논리다. 천의 공급부터 재단, 재봉, 장식, 액세서리 등 패션의 네트워크는 단기 정책으로 만들어지지 않는다. 게다가 파리라는 공간과 분위기는 지구촌에서 유일하며 파리의 정신과 기운이 없이 패션을 꽃피우기는 어렵다는 문화적 설득도 동원되었다.

조금 더 노골적으로 말한다면 나치 독재의 분위기에서 창의적인 패션이 만개하기는 어렵다는 의미다. 예를 들어 20세기 파리 패션의 중심으로 활동했던 스페인의 크리스토발 발렌시아가(Cristobal Balenciaga)는 1930년대 조국의 프랑코 독재를 피해 파리로 망명 와서 정착했다. 이처럼 자유를 갈망하는 예술가들이 나치의 고장 베를린이나 빈으로 갈 리가 없었다.

제2차 세계대전 동안 파리의 패션계는 크게 위축되었으나 명맥은 유지할 수 있었다. 파리의 여인들은 천이 부족해 스타킹을 신을 수 없게 되자 다리에 스타킹을 그려 거리를 활보할 정도로 패션을 중시했고, 이런 정신은 패션의 수도 파리를 지탱해줬다.

아르헨티나 부에노스아이레스의 디올 매장.

나치와 전쟁에서 해방된 후 1945~1947년, 프랑스 정부는 패션 산업을 법으로 보호하며 민관 합작의 틀 안으로 끌어들였다. '오 트 쿠튀르'라는 라벨을 얻기 위해서는 모든 창작품이 수작업을 통해 외주 없이 내부적으로 이뤄져야 하며, 일 년에 최소한 두 번 이상 25개 이상의 모델을 소개하는 패션쇼를 열어야 한다. 또 일반 패션쇼도 4년 이상 계속한 뒤 다른 회원사의 추천을 받아야만 오트 쿠튀르의 세계에 진입할 자격이 생긴다.

나치 독일의 위협이 패션 산업의 중요성을 국가에 인식하게 만든 것이다. 그때까지 오트 쿠튀르 조합이 자율적으로 관리하던 패션계가 드디어 국가를 통해 법적인 보호막을 확보하게 되었다. 물론 그렇다고 파리의 패션이 관료적으로 변하지는 않았다. 파리 패션계는 여전히 유럽을 넘어 세계의 재능을 유혹하고 젊은 탤런트에 기회를 주는 데 인색하지 않았기 때문이다.

19세기 패션의 아버지 워스는 주머니에 단돈 5파운드를 넣고 파리로 와서 성공했다. 마찬가지로 1960년대 일본의 다카다 겐조(高田賢三, Takada Kenzo)는 60만 엔을 들고 동아시아에서 배를 타고 마르세유항에 도착한 뒤 파리에서 패션의 야망을 펼쳤다. 1950년대 18세의 이브 생 로랑(Yves Saint Laurent)은 디올사에 들어갔고, 창립자 크리스티앙 디올(Christian Dior)이 갑자기 사망하자 스물한 살에 디올사의 대표 디자이너가 되었다.

예술과 돈이 공존하는 패러독스

20세기 후반 패션계는 두 가지 근본적인 변화를 경험한다. 하나는 패션이 예술의 장르로 자율성을 확보하게 된 경향이다. 역사적으로 패션은 권력자나 부자 등 지배 계층이 입는 옷을 만드는 작업에서 출발했다. 워스가 19세기 모델들이 행진하는 패션쇼를 발명했을 때도 초대받은 부자 손님들은 모델의 걸음을 멈추게 하고, 천을 만져보거나 가격을 물어볼 수 있었다. 패션쇼란 소비자를 위한 서비스라는 의미를 가졌다는 말이다.

그러나 20세기에 패션쇼는 독창적인 아이디어를 지닌 디자이너를 위한 예술 무대로 돌변했다. 모델과 관객의 거리는 멀어졌고 관람객이 쇼를 중단한다는 일은 상상하기도 어렵다. 무엇보다 오트 쿠튀르 패션쇼에 소개되는 옷은 일상에서 입기 어려운 디자인을 선보인다. 최고 수준의 디자이너가 의상의 새로운 컨셉을 만드는 예술가의 경지로 올라서게 된 것이다.

디자이너 예술가의 대표적인 상징은 이브 생 로랑이다. 그는 1971년 자신의 이름을 딴 향수를 시장에 내놓으면서 나체로 광

2017년 미국 뉴욕 메트로폴리탄의 가와쿠보 전시.

고를 찍었다. 슈퍼스타 예술가의 면모를 아낌없이 드러냈던 셈이다. 이브 생 로랑은 뉴욕의 메트로폴리탄 박물관이 생전에 회고전을 준비할 정도로 세상의 인정을 받는 디자이너가 되었다. 이어 2008년에는 꼼데가르송의 창립자로 유명한 일본인 레이 가와쿠보(Kawakubo Rei)가 다시 메트로폴리탄의 초청을 받는 디자이너로 부상했다. 이제 패션은 미술이나 조각처럼 어엿한 예술의 장르로 인정받기 시작한 것이다.

한편에서 패션의 예술화가 진행됨과 동시에 다른 한편에서는 역설적으로 패션의 산업화가 빠르게 확산했다. 자본주의적 경쟁이 강화되고 매출액으로 표출되는 시장의 논리가 패션의 세계를 쥐고 흔들게 되었다. 예술화와 산업화가 팽팽한 긴장감을 유지하며 공존하는 모순된 상황을 어떻게 설명할 수 있을까.

프랑스 사회학자 피에르 부르디외(Pierre Bourdieu)의 상징적 자본이라는 개념은 이런 패러독스를 이해하는 데 큰 도움을 준다. 상징적 자본이란 사회가 인정하는 가치, 명예, 특권 등을 지칭하는 데, 돈 보기를 돌처럼 하고 작품에 목숨까지 바치는 예술가의 열정과 희생 정신은 자본주의가 발달한 사회일수록 더더욱 보석처럼 빛난다. 돈벌이에 충혈된 눈을 가진 예술가는 좀 천박해 보이지 않는가. 소비자들은 순수한 열정에 감동하므로 패션 산업이 돈을 벌기 위해서는 예술을 동원할 수밖에 없다는 뜻이다. 따라서 예술화와 산업화는 동전의 양면이다.

현재 대표 디자이너가 창립해 운영하는 패션 회사는 거의 사라졌다. 자본주의 금융의 논리에 따라 인수·합병이 꾸준히 진행되었기 때문이다. 21세기 세계 명품 시장을 지배하는 프랑스의 LVMH와 커링 그룹은 각각 건설업과 목재업에서 성장한 기업가들이 1980년대부터 패션을 비롯한 명품 기업을 사들여 형성한 자본주의의 공룡들이다. 패션은 이제 시계나 보석, 샴페인이나 와인 등과 함께 거대한 사치 산업의 한 조각이 되었다. 파리에 솟아오른 루이뷔통 재단이나 커링의 회장 피노가 추진하는 현대 미술관은 모두 예술과 산업의 연결 고리를 상징한다.

디자이너의 이름을 딴 패션 회사들은 하나둘씩 자본주의 공룡의 품에 안겼다. 디올이나 겐조, 지방시 등은 LVMH로 그리고 발렌시아가, 생 로랑, 구찌 등은 커링에 속한다. 그나마 샤넬이나 에르메스 정도가 독자적으로 운영되고 있다. 21세기의 패션계는 유명 디자이너들이 용병처럼 회사를 옮겨 다니는 시대를 열었다. 프로 축구의 감독과 선수들이 능력과 성적에 따라 팀을 이적해 다니듯 말이다.

패션의 민주화와 지각 변동

왕실과 귀족에서 시작된 패션의 개념은 19세기에 이미 부르주아 계층까지 확산하면서 민주화의 긴 여정이 시작되었다. 역사적으로 워스가 고급 의류를 만들던 19세기 말까지만 해도 당시 패션이란 여전히 극소수의 사치였다. 특히 파리 패션쇼의 부유한 고객들은 옷을 구매해 한 번만 입는 습관이 있었다. 이렇게 중고가 되어 버린 의류는 다시 포장해 미국으로 수출되곤 했다.

또 부유한 가정의 여성은 하루에 일고여덟 번씩 옷을 갈아입곤 했다. 아침, 오후, 손님맞이, 연극이나 오페라 관람, 파티, 만찬, 실내, 잠옷 등 용도가 다른 드레스가 각각 있었기 때문이다. 이 정도면 옷을 입고 벗는 데 하루를 거의 다 소모한다고 해도 과언이 아니다. 따라서 고객 수는 적더라도 판매할 수 있는 옷의 양은 많았다.

19세기 말이 되자 엘리트를 위한 패션과 대비되는 개념으로 기성복의 대량 생산이 이미 시작되었다. 군복이나 학생복 등 각종 유니폼은 기성복의 시대를 여는 데 크게 기여했다. 처음 기성복은 저렴한 가격에 팔렸고 품질도 들쑥날쑥했다. 게다가 옷의 크기도 대충 맞추는 수준이었다.

20세기는 패션과 기성복이 서서히 접합 지점을 넓혀가는 패션 민주화의 시대라고 할 수 있다. 음식 분야에서 미식의 프랑스와 맥도날드의 미국이 대립하듯, 의복에서도 선도적 패션의 프랑스와 대중적 미국은 각각 다른 모델을 제시했다. 1960~1970년대 청바지는 미국을 대표하는 새로운 복장으로 세계로 퍼져나갔다. 간편하게 남녀가 모두 입을 수 있는 진은 미국의 번영을 상징했고 할리우드 영화를 통해 사회에 반항하는 청년의 이미지를 반영했다. 스포츠의 대중화에 따라 나이키, 아디다스, 퓨마 등도 세계 젊은이들이 선호하는 운동화와 복장의 거대 브랜드로 부상했다.

이런 상황에서는 파리의 오트 쿠튀르도 기성복과 타협할 수밖에 없었다. 1973년부터는 기성복도 자신만의 패션 발표 시즌을 갖게 되었다. 패션의 범위도 캐주얼로 넓혀지면서 무대는 파리에서 밀라노나 런던, 뉴욕 등으로 확산했다. 파리에서 겐조, 소니아 리키엘, 엠마누엘 칸 등이 새롭게 등장했고, 미국의 랄프 로렌과 캘빈클라인, 이탈리아의 아르마니와 베르사체와 구찌, 영국의 비비안 웨스트우드, 독일의 질 샌더, 벨기에의 마틴 마르지엘라 등 다양성이 한층 강화되었다.

21세기에 돌입하면서 패션의 민주화는 더 획기적인 변화를 맞는다. 오트 쿠튀르부터 의류 회사를 통해 소비자까지 연결되던 피라미드 형식의 일방적인 소통 체인은 인터넷을 통해 쌍방향으로 바뀌었다. 인스타그램과 블로깅을 통해 거리의 문화와 소비하는 대중의 취향이 패션에 영향력을 행사하는 시대가 열린 것이다. 또 자라(Zara), H&M, 유니클로, 망고 등으로 대변되는 대형 매장들이 지구촌 각지의 대도시를 점령하며 패션의 세계화를 주도하는 시대가 되었다.

중국의 경제적 부상은 패션 산업에도 매우 희한한 효과를 연출해냈다. 21세기 프랑스를 중심으로 하는 고급 패션과 명품 기업은 사실 대중적 소비의 부상과 경쟁으로 커다란 어려움에 처했다. 이들을 위기에서 구해준 것은 다름 아닌 중국의 신흥 부자 계층이다. 공산주의 중국의 자본주의적 탈바꿈이 시들어가는 유럽 패션에 새로운 피를 공급해준 모양새다.

이제 상하이와 베이징은 물론 선전과 시안, 충칭과 하얼빈 등 중국의 수십 개 대도시의 중심가에는 유럽의 패션 역사를 장식했던 유명 디자이너 이름으로 가득 찬 신생 매장들이 화려함으로 경쟁을 벌이고 있다. 일본과 한국에 이어 중국으로 확산하는 패션의 세계화는 일면으로 자본주의의 지각 변동을 상징하는 듯하다.

09

주택
사람은 집을 짓고 집은 사람을 빚는다

집을 짓는 일은 인간이 문명의 길로 들어서는 첫걸음이다. 장소에 구애받지 않고 자연에 몸을 맡겨 휴식을 취하던 인간에게 주택은 안전하고 안정적인 보금자리를 제공한다. 집 짓기는 미래에 대한 비전과 건축을 위한 다양한 계산, 노동 시간의 장기적 투자가 필요한 창조적인 작업이다. 인류 초기에 나타난 도구 사용과 종합적인 관리 능력이 집 짓기에 총결되었다고 볼 수 있다.

집이란 인간의 사고가 건축 과정에 투영된 결과지만, 일단 완성된 뒤에는 주택이 우리를 지배한다. 일반적으로 집은 인간보다 훨씬 견고하고 세파에 잘 버틴다. 사람들은 몇 세대에 걸쳐 같은 집에 살기도 한다. 그릇의 모양에 따라 진흙이 굳듯이 우리가 의식하지 못하는 사이 주택은 인간을 빚는다고 말해도 과언은 아닐 것이다.

예를 들어 아주 오랜 옛날부터 건축물들은 다양한 네모 모양을 활용했다. 특히 현대 건물에서 사각형은 모든 디자인의 기본이다. 건물의 외형은 물론 거의 모든 내부 공간도 사각형이다. 덧붙여

창도 문도 일률적으로 네모인 경우가 대다수다. 게다가 건물의 내부 공간에서 사용하는 책상이나 가구, 공책과 컴퓨터도 사각형 모양이다.

둥근 모양의 원은 인간이 자연의 태양이나 달을 보고 상상했다고 말할 수 있다. 하지만 네모는 자연에서 찾아보기 어려운 인위적인 형태다. 자연에서 벗어난 문화적 사고의 결과라고 할 수 있다. 각종 사각형 모양의 공간과 사물로 가득 찬 문명 안에서 생활하는 인류의 사고도 네모질 수밖에 없다. 신체를 아무리 분석해봐도 사각형 모양은 찾기 어렵지만 인간의 두뇌와 사고는 주택과 물건을 통해 네모라는 새로운 모습으로 빚어지는 셈이다.

동화《아기 돼지 삼형제》속 집 이야기

아기 돼지 삼형제의 집 짓기 이야기는 세계적으로 잘 알려졌다. 짚이나 나무로 손쉽게 지은 집은 늑대가 입김을 불어 날려버릴 수 있으나, 벽돌로 탄탄하게 만든 아기 돼지의 집은 늑대의 위협에도 끄떡없다는 일화다. 이야기는 얼핏 보편적 진리를 담은 것 같지만 사실 문화적 배경을 음미해봐야 한다.

《아기 돼지 삼형제》는 영국과 미국에서 19세기 말에 출판된 이야기로 1930년대 미국의 월트 디즈니사가 만화 영화로 만들어 세계적 인기를 누리게 되었다. 동화의 원형은 18세기 영국이라고 한다. 같은 유럽이지만 프랑스는 20세기 만화 영화를 통해서야 뒤늦게 이 이야기를 접하게 되었다.

벽돌집이 견고함의 상징으로 등장하는 이야기는 영국의 18세

아기 돼지 삼형제의 벽돌집.

기 건축 현황을 반영한다. 이 시기 서유럽에서는 목재가 고갈됨으로써 새로운 건축 자재가 필요했다. 영국은 열처리를 통해 단단한 벽돌을 만들어 집을 짓기 시작했고 벽돌집은 영국 제국주의와 함께 지구촌에 퍼져나갔다. 아마 《아기 돼지 삼형제》의 프랑스 버전이 있었다면 벽돌집보다 석회암이나 사암(砂巖)으로 만든 돌집이 등장했을 터다.

문제는 벽돌이나 석조 건물은 지진에 무척 취약하다는 점이다. 16~19세기에 유럽 세력은 세계에 진출하면서 자신들의 건축 양식을 다른 땅에 이식했으나 일부 지역에서는 낭패를 볼 수밖에 없었다. 필리핀이나 인도네시아 등 태평양의 지진대에서 건물을 올릴 때 유럽인들은 1층만 벽돌을 사용하고 2층부터는 나무나 짚 등 식물성 자재를 동원하곤 했다. 문화와 자연 조건의 복합적 퓨전이 이뤄진 셈이다.

같은 유럽이라도 나무가 많았던 지역은 19세기에도 여전히 목조 건물이 지배적이었다. 스위스나 오스트리아 등 알프스산맥 지역의 산장인 샬레(Chalet)는 전형적인 나무 건물이고 스칸디나비아도 목조 건물이 지배적이다. 심지어 러시아에서는 성당과 같은 대형 건축물도 계속 목재를 이용해 만들었다.

건축 자재에 대한 문화적 인식도 서구 문명이 극복해야 하는 장벽이었다. 예를 들어 19세기 아프리카의 마다가스카르에서 영국 선교사들은 벽돌이나 석조를 사용한 교회와 주택을 지었다. 하지만 현지인들은 돌이란 망자의 무덤에나 적합한 재료이며 살아 숨 쉬는 사람들의 장소에는 짚이나 나무 같은 식물성 재료를 사용해야 한다고 믿었다.

21세기의 아기 돼지라면 어떤 자재를 사용할까. 벽돌이 아니라 철골에 시멘트를 쏟아부어 굳힌 집을 지으려고 할지도 모른다. 아니면 단단한 알루미늄과 유리로 집을 지어놓고 아기 돼지가 집 안에서 늑대를 보면서 부숴보라고 놀리는 장면도 상상할 수 있다. 19세기 근대성의 상징으로 여겨졌던 벽돌은 오히려 낭만적 건축의 한 요소가 되었다. 지금은 현장에서 기술자가 차곡차곡 쌓아 올리는 벽돌보다는 미리 공장에서 생산된 거대한 재료를 크레인을 사용해 조립하는 속도의 시대가 도래했기 때문이다.

'인류의 구렁'에서 인간 해방의 공간으로

인류의 주거 환경을 가장 획기적으로 변화시킨 요인을 꼽으라면 단연 도시화다. 농경 사회에서도 사람들은 대부분 마을을 형성하고 살았으나 도시만큼 빼곡한 인구 밀도를 자랑하지는 않았다.

유럽에서 발달한 서구 문명은 특히 도시라는 공간 구조와 밀접하게 연결되어 있었다. 동아시아가 농자천하지대본(農者天下之大本)의 문명이라면, 유럽은 고대 그리스부터 이미 도시 국가 폴리스(polis)의 문명으로 시작했다. 고대 로마도 도시를 기반으로 발달한 제국이었으며 중세 이탈리아의 르네상스 또한 베네치아나 제노바, 피렌체 등 도시 국가들의 경쟁 체제였다. 유럽은 21세기인 지금도 도시 간 평균 거리로 표현되는 영토의 도시 분포 밀도가 가장 높은 지역이다.

유럽의 도시화는 19세기부터 20세기 전반기 사이 폭발적으로 진행되었다. 1800년 유럽의 도시 인구는 2,000만 명에 불과했지만 제2차 세계대전이 종결될 무렵 3억 4,000만 명 수준으로 폭증했다. 농촌의 삶이 지배하던 시대에서 도시 생활이 일반화되는 시기로 변한 셈이다. 유럽에서 시작한 도시화는 20세기 전 세계로 확산해 인류의 보편적 삶의 조건이 되었다.

도시 공간은 무엇보다 열악한 주거 환경을 의미했다. 특히 유럽에서 급격한 속도로 도시화가 진행되던 19세기 당시 도시의 주택이란 외지에서 수많은 사람이 갑자기 몰려와 집중적으로 거주하는 판잣집이 대부분이었다. 상하수도가 없는 상황에서 콜레라나 흑사병, 장티푸스 등 각종 전염병은 도시의 특징이었고 빈번한 화재는 재산과 인명을 앗아가는 주범이었다. 따라서 지속적인 이농 현상이 없다면 도시 인구는 자연스레 줄어들 수밖에 없는 상황이었다.

18세기 프랑스의 사상가 장 자크 루소(Jean-Jacques Rousseau)는 《에밀》이라는 저서에서 "인간이란 동물 가운데 무리 지어 살기 가장 어려운 존재"라면서 "도시야말로 인류의 구렁"이라고 부정적인 시각을 노골적으로 드러냈다. 19세기 도시화가 빠르고 광범위하게 진행되는 과정에서 유럽 사회의 고민은 이렇듯 다양한 도시의 문제를 해결하는 것이었다. 전염병이나 화재와 같은 직접적 위

19세기 산업혁명 시기에 밀집된 런던의 주거 환경.

협은 물론 도덕적이고 사회적인 타락을 극복해야 하는 과제를 안은 셈이다.

농촌이 아니라 도시가 편리하고 위생적인 삶의 공간이라는 우리의 인식이야말로 혁명적인 가치 반전의 아이러니를 잘 보여준다. 그만큼 지난 200여 년 동안 도시의 변화와 발전이 획기적이었다는 뜻이다. 상하수도의 설치는 도시를 외양상 청결하게 만드는 데 결정적이었다. 주택에 수세식 화장실이 만들어지고 하수 시설이 완성되면서 도시의 특징이던 악취가 서서히 사라졌다. 1880년대 세균을 발견해 퇴치에 나선 파스퇴르 혁명은 전염병의 통제를 가능하게 만들었다.

20세기 들어 도시의 주택마다 가스와 전기가 배급되면서 화재 위험은 줄어들고 삶의 편리함은 배가되었다. 독일의 바우하우스(Bauhaus) 현대 건축 운동을 주도한 발터 그로피우스(Walter Gropius)는 L자형 부엌을 고안해 주부가 이동을 최소화하면서 요리할 수 있도록 배려했다. 비슷한 시기 미국에서는 여성을 가정의 노예 상태로부터 해방해야 한다며 부엌과 식당, 거실을 하나로 통합하는 움직임이 시작되었다. 공산주의 혁명을 진행하는 구소련에서는 심지어 여성 해방을 위해 주택에서 부엌을 제거하는 지경까지 도달했다.

이쯤 되면 도시는 인류의 구렁이 아니라 인간 해방의 공간으로 재구성된 셈이다. 유럽과 미국이 만들어놓은 도시의 긍정적인 주거 환경은 전 세계에 선진성의 이미지로 포장되어 확산해나갔다. 서구 중심의 도시화가 이제 지구촌을 무대로 영향력을 발휘하는 단계에 도달한 것이다.

식민지에서 만들어진 근대 도시

유럽에서 근대 도시란 기존의 도시가 팽창한 결과다. 유럽의 대도시를 상징하는 파리나 런던은 이미 고대 로마 시대 루테시아(Lutetia)나 론도니엄(Londonium) 등으로 불리는 작은 도시였다. 많은 유럽 도시는 지리와 역사가 결합해 만드는 원의 확장이라고 볼 수 있다. 고대에 형성된 도심부터 중세에 만들어진 성벽, 그리고 근대에 넓혀진 주거 및 산업 공간에 이어 현대적 건물이 들어선 교외까지 역사 여행이 가능하다.

21세기에도 여전히 유럽이 도시 관광의 세계 중심지로 기능하는 중요한 이유다. 도심에서 멀찍이 떨어진 교외에 자리 잡은 공항에 내린 관광객은 버스나 기차로 도심에 접근하면서 현대부터 고대까지 여행할 수 있기 때문이다. 유럽의 도시는 역사 유적이 층층이 누적된 파노라마라고 해도 과언이 아니다. 실제 도시의 형태 그 자체가 역사의 전개 과정을 고이 간직하고 있다.

유럽 도시에 비한다면 뉴욕이나 서울의 강남은 전혀 다른 모양새다. 특히 도시의 지도를 놓고 살펴보면 차이가 현저하게 드러난다. 현대성을 담은 도시는 전형적으로 바둑판의 모양을 갖는다. 사방으로 뻗은 직선 도로가 도시를 가로지르며 균등한 사각형 블록을 만들어내곤 한다.

계획에 의한 도시가 본격적으로 만들어지기 시작한 것은 16세기 유럽인들이 아메리카 대륙에 진출하면서부터다. 스페인 제국은 새로운 도시의 건설을 노골적 침략 수단으로 삼았다. 1580년 이미 230여 개에 달한 스페인의 식민 도시는 중심 광장(Plaza mayor)과 거기서 출발하는 8개의 도로가 바둑판 공간 배치를 그려내는 형식이었다. 식민 도시는 역사나 자연의 지형을 무시하고 인간의 의지를 환경에 찍어내는 근대성의 출발점이 되었다.

스페인 제국의 식민도시 모델은 포르투갈이나 네덜란드, 영국 등 다른 제국에서도 재현되었고 독립을 쟁취한 미국도 결국에는 1785년에 바둑판 도시 모형을 기본으로 삼았다. 평지를 위해 고안된 바둑판 도시 모델은 심지어 샌프란시스코와 같이 언덕이 많은 지역에도 똑같이 적용되었다. 이와 같은 도시 계획은 간단하고 간편했으며 개척자들 사이에 평등한 토지 분배를 가능하게 했다. 삶의 환경을 바둑판처럼 균형 잡힌 모양으로 만들어놓으면 사회적,

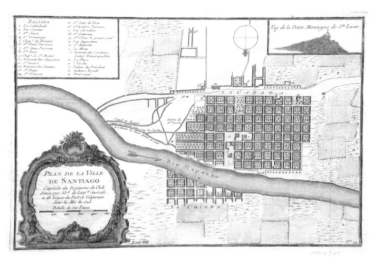

18세기 초 칠레의 산티아고 지도로, 바둑판 도시의 전형을 보여준다.

윤리적 안정을 가져다줄 것이란 기대도 있었다. 게다가 도시의 향후 발전 방향을 미리 정하지 않아도 되는 유연성을 갖고 있었다. 사각형 블록 안에 어떤 기능이 들어가도 별문제는 없기 때문이다.

바둑판 도시는 20세기 들어 대형 아파트라는 주택의 보편적인 형태로 반영되는 듯하다. 르코르뷔지에(Le Corbusier)를 중심으로 발전한 근대 건축은 최대 다수의 시민을 편리함을 갖춘 기능적 건물에 살도록 계획했다. 프랑스 남부 도시 마르세유에 지어진 르코르뷔지에의 '빛나는 도시(La cité radieuse)'라는 이름의 주거 단위는 필로티(piloti, 기둥만으로 건물을 지상에서 분리해 떠받치는 건축 공법)나 옥상, 리본처럼 건물을 두르는 대형 창 등 그가 정의한 근대 건축의 특징을 잘 담고 있다. 바둑판 모형이 도시의 수평적 구조를 결정한다면 주거 단위(Unité d'habitation)라 불리는 고밀도의 대형 아파트는 도시의 수직적 모양을 그려내는 형국이다.

주택에 새겨진 사회 질서

독일의 격언에는 '도시의 공기가 사람을 자유롭게 만든다'는 말이 있다. 익명성이 보장되는 도시에서 사람들은 상대적으로 더 큰 자유를 누릴 수 있다는 의미일 것이다. 하지만 이런 현실은 어느 정도 재산과 소득이 보장되는 부르주아에게만 해당하는 일일 수 있다. 자본주의와 함께 발전한 근대 도시만큼 빈부의 격차가 노골적으로 드러나는 공간도 없기 때문이다. 오죽하면 자신이 사는 동네를 나타내는 주소가 도시민의 중요한 사회적 정체성을 형성하겠는가.

칼 마르크스의 동지 프리드리히 엥겔스(Friedrich Engels)는 1845년 《영국 노동 계급의 상황》이라는 저서를 통해 산업혁명의 영국이 안고 있는 도시 빈민의 열악한 현실을 고발했다. 19세기 후반부터 상하수도 등 위생과 관련된 유럽 도시의 현실적 개선은 위에서 살펴봤다. 그러나 도시의 심각한 경제적 불평등은 여전히 자본주의 사회 질서를 위협하는 불안 요소로 존재했다.

20세기 전반기에 주택 문제는 자본주의의 첨단을 달리는 유럽에서 사회 운동의 불씨였다. 주택의 각종 근대적 설비가 발전한다는 것은 같은 도시 안에서 주거 불평등이 심화된다는 의미를 지녔기 때문이다. 특히 노동 계급이나 빈민층은 집세 인상에 민감하게 반응하며 저항하는 사회 운동을 활발하게 펼쳤다.

예를 들어 바르샤바(1905년), 나폴리(1911년), 글래스고(1915년), 빈(1921년) 등지에서는 수만 명의 시민이 집결해 집세 인상에 반대하는 시위를 격렬하게 벌였다. 부다페스트에서는 1912년 5월 10

만 명이 넘는 인파가 주거비의 인상에 반대했다. 이 운동은 남성이 주도했던 기존의 노동 운동과 달리 여성이 대거 사회 운동에 참여하는 계기가 되었다. 20세기 주요 도시마다 저렴한 사회 주택을 공급하는 정책이 확산하는 배경이다.

도시의 열악한 주거 환경은 또 다른 심각한 결과를 가져왔다. 비좁은 주택에서 거주해야 하는 도시 빈민들이 적극적으로 산아 제한에 나섬으로써 인구가 감소하는 경향이 강해진 것이다. 특히 아동 노동이 점차 금지되면서 자녀들이 가져오던 소득은 사라지고 가계의 경제적 부담은 무거워졌다. 자본주의를 부정하면서 사회주의 건설에 나섰던 구소련 또한 도시민의 주거 환경이 열악하기는 마찬가지였다. 그 결과 구소련에서도 빈곤한 주거 환경 때문에 도시 인구의 감소 현상이 나타났다.

도시의 부자들은 빈민이 밀집된 지역을 피해 자신들만의 주거 지역을 형성하면서 부촌을 만들곤 했다. 유럽의 대부분 도시에서 대서양 바람이 불어오는 '서부는 부촌, 동부는 빈촌'이라는 등식이 어느 정도 확인된다. 영국 런던의 이스트엔드와 웨스트엔드가 그렇고, 파리 서부의 16구와 동부의 20구가 대조를 이룬다.

미국에서는 중산층 이상의 부자들이 도심을 떠나 교외에 자신들만의 공간을 형성하는 패턴이 지배적이었다. 일부 부유층은 아예 '게이티드 커뮤니티(Gated community)'라는 폐쇄 지역을 형성해 중세의 철옹성을 연상케 한다. 도심의 문화 생활을 즐기면서 아파트를 선호하는 유럽 부자와 전원생활을 만끽하려는 미국 부자의 문화적 차이인 셈이다.

서양 주택의 한국적 용법, 아파트 공화국

프랑스의 지리학자 발레리 줄레조(Valerie Gelézeau)는 그의 저서를 통해 한국을 '아파트 공화국'이라고 불렀다. 아파트는 양적으로 한국인의 삶을 지배하는 주거 양식으로 등장했으며 질적으로도 한국인 대부분이 지향하는 이상적 공간이 되었다. 한국의 경제성장을 압축 발전이라고 표현하듯 한국인의 주택도 서구의 경험을 축약해놓은 모양이다.

서울이 아파트 공화국의 수도가 될 수 있었던 출발점은 강남이라고 하는 새로운 도시 공간이다. 16세기 유럽 세력이 신대륙 아메리카에서 바둑판 계획 도시를 세웠듯, 한국은 한강 건너 넓은 평지에 근대 도시와 그에 적합한 서구적 주거 양식을 건설했다. 그리고 강남의 인기를 바탕으로 신도시에 같은 패턴의 도시 공간을 확산했다.

줄레조는 한국의 아파트는 어쩌면 르코르뷔지에의 꿈을 실현한 것일지도 모른다고 평가한다. 가장 많은 수의 사람들에게 편리함을 제공하는 저렴한 주거 양식이기 때문이다. 한국이 압축 성장을 하는 동안 도시에서 늘어나는 인구를 '위생적'으로 수용하는 데 아파트만 한 해결책은 없을 것이다.

특히 한국의 아파트란 유럽 도시에서 볼 수 있는 6~7층 규모의 인간 및 환경 친화적 '나홀로 아파트'가 아니다. 처음에는 저층으로 시작했으나 점차 높이와 규모가 불어나고 똑같은 아파트 건물이 반복적으로 빼곡하게 들어선 대단지가 한국 아파트의 특징이다. 동·호수를 가리면 수천 채의 똑같은 집으로 구성된 아파트야

르코르뷔지에가 마르세유에 지은 '빛나는 도시'의 주거 단위. 한국 아파트의 원형이라 할 수 있다.

말로 한국인의 삶과 정신을 지배하면서 획일적 성향을 빚어내는 틀이라고 할 수 있다.

아파트가 한국에서 거둔 인기는 서구적이고 선진적인 주거 양식이라는 인식 덕분이다. 하지만 서구에서 한국과 같은 아파트를 찾아보기는 어렵다. 물론 르코르뷔지에의 '빛나는 도시'는 한국 아파트와 닮은꼴이다.

그러나 같은 건물을 수십 동 만들어 대단지를 구성하지는 않았다. 서구 아파트에는 신발을 벗고 들어가는 현관도 없고 온돌식으로 바닥 난방을 하는 경우도 무척 드물다. 집집마다 스피커를 달아 컴퓨터 목소리로 온갖 공지 사항을 각 가정의 침실까지 전달하는 소통 양식이나 엘리베이터와 복도의 감시 카메라도 매우 한국적인 특징이다. 이처럼 우리 사회의 아파트는 명백하게 국산이며 근대 한국 문화를 반영하는 자본주의 발전의 결과다.

아파트가 한국 현대 주택의 상징이 되었다면 교외의 개인 주택은 미국식 자본주의와 생활 패턴을 대변한다. 1947년 미국 뉴욕주에 건설한 레빗타운(Levittown)은 한국의 아파트처럼 특정한 모델의 주택을 대량 생산해 임대하거나 분양한 사례다. 레빗트(Levitt & Sons)라는 건설사는 1930년대 이미 중상층을 위한 고급주택을 1,000채 이상씩 집중적으로 지어 판 경험이 있었다. 1940년대 제2차 세계대전이 종결되면서 주택 수요가 증가하자 이번에는 롱아일랜드의 감자밭을 사서 저렴한 주택 공급에 나섰다. 1만 7,000채의 개인 주택을 만들어 공급함으로써 도시 하나를 분양하는 셈이었다.

주택 대량 생산의 한국적 버전인 대단지 아파트가 미국의 레빗타운에서 시작했다고 볼 수 있는 이유다. 전 세계가 흠모하는 아메리칸 라이프스타일에서 교외의 개인 주택은 핵심 요소다. 이 모델은 레빗타운으로부터 다른 대도시 교외로 퍼져나갔고, 21세기 미국의 부동산 붐에 이르기까지 계속 동력을 유지했다. 한국인이 지하 주차장에 차를 세우고 아파트에 올라가 최신형 TV를 즐길 때 미국인은 차고에 트럭을 주차하고 잔디를 깎는 식의 차이가 있을 뿐이다.

자본주의 경쟁 속 주거 문화의 세계화

주택 부문에서 나타나는 자본주의 물질문명은 통합과 다양성의 양면을 모두 드러낸다. 한국의 아파트와 미국 교외의 개인 주택은 집단성과 개별성의 문화적 다양성을 반영하지만 동시에 거실, 부억, 식당을 합쳐 하나의 큰 공간 속에 배치한 것은 두 모델의 공통점이다. 게다가 집 안에는 냉장고, 세탁기, 청소기와 같은 비슷한 가전제품과 침대, 소파, 식탁, 의자, 책상 등의 비슷한 가구가 사용되고 있다. 한국인은 신발을 벗고 집에 들어가고 미국인은 잠잘 때나 벗지만 둘 다 나이키나 아디다스 운동화를 신을 가능성도 상당히 크다.

그렇다면 21세기 미래의 주거 문화와 주택은 어느 방향으로 진화해나갈 것인가. 인간의 삶을 규정하는 주거 환경은 도시의 규모나 공간의 배분과 결부되어 있다. 지구촌에는 이제 인구 1,000만 명 전후의 초대형 도시들이 곳곳에 들어섰고, 동시에 수만 명 정도 작은 규모의 전원도시도 환경주의의 유행을 타고 발전하는 추세다. 21세기 주택 문화를 끌어당기는 두 개의 경향인 셈이다.

근대화 과정에서 도시화를 주도한 것은 유럽이었지만 20세기 들어 탄생한 초대형 도시는 비유럽 지역의 특징이 되었다. 아시아에서는 한국의 서울을 비롯해 중국의 베이징과 상하이, 일본의 도쿄와 오사카, 인도의 델리나 뭄바이가 급부상했고, 아메리카는 브라질의 상파울루나 멕시코의 멕시코시티, 그리고 아프리카에서도 이집트의 카이로나 나이지리아의 라고스가 초대형 도시로 발전했다. 도시에 따라 정도의 차이는 있으나 부의 불평등한 분배는 여전히 주거 환경의 차별을 낳고 있는 현실이다. 부가 넘치는 지역과 빈곤의 악순환이 반복되는 빈민가가 공존하는 대도시는 늘어나고 있다.

21세기 세계 자본주의 경쟁이 강해지면서 상황은 글로벌 시티를 키워야 발전의 기관차 역할을 하면서 국가 경제가 득을 누릴 수

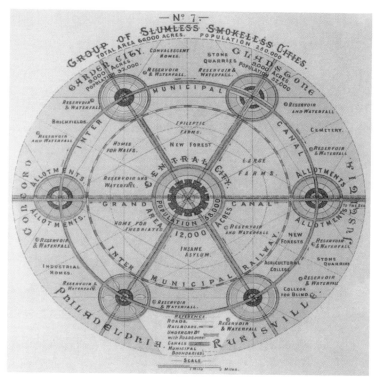

영국 에버니저 하워드(Ebenezer Howard)가 구상한 전원도시 설계도. 영국 런던에서 30km 정도 떨어진 전원도시 웰인(Welwyn)은 1920년에 세워졌다.

있는 구조가 되었다. 자본과 역량을 한곳으로 몰아야 하는 집중의 원칙이 강조되는 흐름이다. 도시의 규모와는 별개로 다양한 인프라와 사회 문화적 기초를 갖춘 곳들이 주목을 받게 되었다. 홍콩이나 싱가포르, 두바이, 토론토, 시드니 등이 대표적이다.

선진국의 경우 환경 친화적인 도시의 삶을 추구하는 운동은 20세기 초부터 계속되었다. 영국과 미국은 특히 생활 공간을 자연에 가까이 두면서 즐기려는 경향이 강했고 실제 정원 도시(Garden City) 운동으로 발전했다. 정원까지는 아니더라도 도시와 주거 공간에 녹색 지대를 첨부하려는 노력은 대부분 대도시에서 발견할 수 있는 공원의 개발이나 그린벨트 정책에서 확인할 수 있다. 초대형 도시가 집중의 원칙을 반영한다면 전원도시는 분산의 미학을 상징한다. 2020년 지구촌을 강타한 코로나 팬데믹 위기는 인류의 주거 환경을 집중보다는 분산 쪽으로 저울추를 기울게 한 것으로 보인다.

다른 한편 기후 변화와 같은 의제는 지속 가능한 발전으로의 전환을 요구하고 있다. 역시 분산의 지혜를 요구하는 방향이다. 하나의 거대한 도시를 중심으로 이뤄진 피라미드 체계보다는 중소 도시의 균등한 지역 체계가 인류의 지속 가능한 삶에 더 적절하다는 시각이다. 도르트문트, 에센, 뒤스부르크, 보훔, 뒤셀도르프, 부퍼탈 등이 형성한 독일의 루르(Ruhr) 지역이나 암스테르담, 로테르담, 헤이그, 위트레흐트 등이 구성하는 네덜란드의 란트슈타트(Randstad) 지역이 이런 모델에 가깝다. 물론 이처럼 도시를 둘러싼 집중과 분산의 줄다리기에서 어떤 변화가 21세기 미래를 이끌지 여전히 미지수다.

PART 2
이동 경로로 본 자본주의의 힘

10

에너지
세상을 움직이는 생명의 힘

"에너지야말로 유일한 보편적 화폐(universal currency)다." 에너지는 물질에서 열이 되기도 하고 빛으로 변하기도 하며 움직이는 힘으로 돌변하는 능력까지 있다 보니 어디서나 통용되는 돈과 같다는 뜻이다. 캐나다의 바츨라프 스밀(Vaclav Smil) 교수는《에너지와 문명(Energy and Civilization)》이라는 역작에서 인류의 역사를 에너지의 관점에서 일관되게 분석하고 서술했다. 그는 인간의 삶을 발전시키는 핵심 요소는 궁극적으로 에너지라는 가치를 어떻게 활용하는가에 달려 있다는 주장을 편다.

에너지는 생명 그 자체다. 인간은 음식을 통해 에너지를 얻고 생명을 유지한다. 음식의 재료가 되는 동식물도 태양과 다른 생명체로부터 에너지를 얻는다. 태양의 빛과 열은 식물의 광합성을 통해 화학 에너지로 전환되고 인간과 동물은 이를 먹고 살아가는 셈이다. 인류가 자연 상태에서 문명으로 진입하는 과정에서 그 결정적인 요인은 에너지를 지혜롭게 활용했다는 사실이다.

인류 초기 불은 문명을 향한 첫발을 내딛게 했다. 불은 작은 태양처럼 어둠을 밝히는 존재였고 추운 밤을 지새울 수 있는 온기도 선사했다. 말하자면 인간의 활동 범위를 온대 지역 너머까지 넓혀 주는 핵심적인 역할을 한 것이다. 또 음식을 익혀 먹는 화식은 인간이 소화기에 사용하는 에너지를 두뇌로 돌리는 데 요긴했다. 밥만 먹으면 쏟아지는 졸음은 우리 몸 안에서 뇌와 소화 기관이 에너지를 차지하기 위해 얼마나 치열하게 경쟁하는지 체험하게 한다.

주지하다시피 인간은 도구를 사용하면서 급속한 발전을 이루게 되었다. 석기, 청동기, 철기 등 인류의 발전 단계와 시기는 도구를 만드는 소재를 중심으로 구분한다. 청동과 철의 생산은 전형적으로 불의 조절 능력에 의존한다. 에너지를 다루는 기술이 인류 발전의 디딤돌이었다는 뜻이다. 벽돌이나 도자기의 생산 과정에서도 화력을 활용해 구워내는 기술이 소재의 기능을 대폭 향상하는 비법이다.

밟아서 으깨는 트레드밀의 유래

21세기 한국인에게 트레드밀(treadmill)이란 다이어트나 체력 단련을 위해 실내에서 달리는 운동 기구다. 러닝머신, 즉 달리는 기계라는 표현을 사용하기도 하는데 이것이 더 적절한 표현이라 할 수 있다. 원래 트레드밀이란 밟기(tread)와 으깨기(mill)의 조합으로 인간에게 강제 노동을 시키는 장치에서 유래한 말이기 때문이다.

19세기 영국 감옥에서는 수감자들의 노동력을 활용해 곡식을 분쇄하거나 물을 퍼내는 작업을 시켰다. 철로 만든 긴 바퀴에 나무 발판을 매달아 수감자들이 밟아서 돌리도록 만든 기계가 바로 트레드밀이다. 중심을 잡을 수 있는 손잡이를 달아 40여 명까지 동시에 노동할 수 있도록 만든 기계였다. 다람쥐 쳇바퀴가 아니라 수감자 트레드밀이라는 표현이 더 적합한 셈이다. 영국은 1898년 이 돼서야 감옥에서 운영하는 트레드밀을 법으로 금지했다.

단추만 누르면 모든 것이 자동으로 움직이는 21세기 사람들은 상상하기 어렵지만 인류의 역사는 인간의 뼈를 깎는 노동으로 이뤄져왔다. 트레드밀에서 볼 수 있듯 산업혁명이 한창 진행 중이던 19세기 영국에서도 인간의 에너지는 여전히 요긴하게 동원되었다. 수백 m 지하에 들어가 산업화의 양식인 석탄을 캐내는 작업은 인간 노동의 몫이었다. 탄광의 좁은 구석까지 침투해 석탄을 긁어오는 역할은 어린이들의 고사리 손이 담당했다.

고대 이집트의 피라미드나 중국의 만리장성, 중세 유럽의 고딕 성당은 모두 인간 노동의 에너지가 만들어낸 엄청난 건축물들이다. 현대 기중기가 간단하게 해결할 과제를 당시 사람들은 묘안을 짜낸 뒤 수많은 인력을 동원해 천천히, 차근차근 진행했다. 과거의 공사 기간이 수십 년에서 수백 년에 달할 수밖에 없었던 이유다.

인류의 동반자인 가축은 인간에게 영양을 공급했을 뿐 아니라 노동력까지 빌려주는 소중한 존재였다. 특히 밭을 가는 데 소나 말, 노새 등은 중요한 역할을 담당했다. 대부분 지역에서 소가 농사의 일꾼이었다면 유럽의 특징은 말을 대거 사용했다는 점이다. 말은 체중의 중심이 앞쪽에 있어 소보다 끄는 힘이 우월하다. 800~1,000kg 정도의 대형 짐승이라면 황소(250~550W)보다 말(500~850W)이 훨씬 큰 힘을 발휘할 수 있다.

말은 풀이나 짚을 먹을 때보다 곡식을 섭취할 때 더 강한 에너

19세기 영국 감옥의 트레드밀.

지를 발산할 수 있다. 말의 노동력에 의존하면 농업 생산성을 계속 높여야 하는 압력이 생긴다. 사람에 더해 말도 곡식을 먹어야 하니 말이다. 19세기 미국이나 아르헨티나, 호주 같은 국가에서 농업 생산성이 놀랍게 발전한 비밀은 말에 있다.

밭을 갈거나 밀을 수확하는 데 말을 집단으로 활용하는 기계들을 사용했다. 20세기 초반이 되면 최다 40마리의 말을 동시에 투입하는 수확 기계도 생겼는데, 1헥타르(3,025평)를 40분 만에 해결할 수 있었다. 19세기 초 한 명의 농부(80W)가 황소 두 마리의 도움(800W)을 받아 짓던 농사를 평균 말 30마리를 동원해 기계로 지으면서 1만 8,000W의 에너지를 활용하게 된 것이다. 미국에서는 이처럼 100년 사이 농부의 노동 생산성이 20배 정도 늘어난 셈이다.

농업 대국 미국의 힘은 말의 에너지에서 비롯되었다고 해도 과언이 아니다. 1910년 미국 농장에는 2,400만 마리의 말과 노새가 '근무'했고, 덕분에 인간이나 소가 일하는 다른 지역보다 훨씬 높은 생산성을 자랑할 수 있었다. 당시 트랙터는 1,000대에 불과했다. 미국 농업의 진정한 기계화는 20세기에 일어난 현상이다.

풍차로 만든 나라, 네덜란드와 미국 서부

인류의 발전에서 도시는 결정적인 역할을 담당했다. 사람들이 모여 살면서 분업이 이뤄지기 시작했고, 이는 특화와 전문화를 가져왔다. 자급자족을 원칙으로 삼는 농촌과 달리 도시는 교환을 통해 운영되는 사회를 형성했기 때문이다. 일반적으로 근대화 이전에는 도시가 발전하려면 식량과 물의 공급이 결정적으로 중요했으나 연료 또한 중요한 변수였다.

음식을 만들거나 난방을 위해 연료가 필요했고 당시 나무와 숯은 거의 유일한 에너지 공급원이었다. 달리 말해서 한 도시가 제대로 기능하기 위해서는 주변에 땔감을 댈 수 있는 충분한 숲이 존재해야 한다는 의미다. 겨울을 지내야 하는 온대에서 도시가 유지되기 위해서는 적어도 도시 면적의 수십 배에 달하는 숲이 존재해야 한다는 계산이 나온다. 매년 나무가 자라는 속도는 에너지 소비의 2퍼센트밖에 채우지 못하기 때문이다. 고대나 중세에 큰 도시가 발전하기 어려운 중요한 제약이었던 셈이다.

꼭 도시가 아니더라도 땔감은 항상 인류의 큰 고민거리였다. 위에서 살펴본 가축과 동물은 나무가 충분치 못한 지역에서 배설물을 통해 인간의 고민을 해결해주곤 했다. 지금도 지구촌 많은 지역에서는 동물의 말린 똥을 연료로 사용하고 있다. 19세기 미국인들이 서부를 개척할 때도 숲이 부족한 건조한 지역에서는 소똥 덕분에 추위를 버티면서 음식을 준비할 수 있었다. 그래서 '소-나무(cow wood)'라는 말이 유행했다.

인간과 동물을 노동에서 해방시켜준 일등 공신은 시냇물과 바람이다. 다른 사람을 부리든, 동물을 활용하건 자연만큼 꾸준하게 일하지는 못한다. 물레방아나 풍차는 고안해서 만들기가 어렵지만, 일단 설치해놓으면 사람이나 동물과는 비교할 수 없을 정도로 성실하게 작업에 임한다. 먹이 걱정도 없고 휴식도 필요 없다.

밀가루를 갈아 빵을 만들어 먹는 유럽에서 수차(水車)는 중세부터 본격적으로 등장했다. 고대 로마 시대에 수차의 사용이 일반적이지는 않았지만 11세기 영국에서는 이미 6,500개의 수차가 활용되었다. 10명 정도의 노동자가 작업하는 작은 수차라면 3,500명 정도를 먹여 살릴 수 있는 밀을 분쇄할 수 있었다고 한다. 네덜란드는 풍차를 활용해 저지대 물을 뽑아 올렸고 그곳에 농지와 도시를 만들었다. 17세기 세계를 지배한 네덜란드라는 나라는 풍차의 에너지로 세운 셈이다.

수차와 풍차는 산업혁명에서 여전히 중요한 역할을 담당했다. 19세기 유럽과 미국의 제사(製絲)나 방직 공장은 수차가 제공하는 에너지에 크게 의존했다. 1880년대 이전까지 수력이 석탄을 활용한 증기기관보다 훨씬 저렴했기 때문이다. 미국은 19세기 말 서부로 영토를 확장하면서 수백만 개의 풍차를 활용했다. 인력이 부족한 상황에서 풍차야말로 요긴한 힘을 제공했기 때문이다. '소-나무'와 풍차는 이처럼 미국 서부 개발의 숨은 공신이다.

물레방아 vs 증기기관

석탄은 오래전부터 인류의 동반자였다. 중국은 고대 한나라 시기 이미 석탄과 천연가스를 활용하기 시작했고 유럽은 중세부터 석탄을 이용한 것으로 전해진다. 하지만 나무나 숯을 대신하는 본격적인 연료로 석탄을 널리 활용하기 시작한 지역은 16~17세기 영국이다. 우리는 18~19세기 영국의 산업혁명을 생각하며 석탄의 등장을 상상하나 석탄은 그보다 훨씬 먼저 연료로 자리 잡았다.

영국은 '석탄 섬'이라고 부를 수 있을 정도로 석탄이 풍부한 나라지만 전통적으로 캐기 어려운 석탄보다는 베기 쉬운 나무를 연료로 활용했다. 다만 16세기부터 숲은 줄어드는데 선박 제조와 같은 목재 수요는 늘어나 나무 값이 올라갔다. 그 결과 석탄 개발이 본격적으로 시작된 것이다. 영국의 주요 탄광이 모두 1540년에서 1640년 사이에 개발되었다는 사실이 이를 증명한다.

물론 석탄을 캐는 과정에는 인간의 힘든 노동이 필요했다. 사람들은 땅속으로 점점 깊이 파고 들어가 석탄을 캐오기 시작했는데, 탄광의 깊이는 1700년에 100m, 1765년에 200m, 1830년에 300m 등으로 점차 기록을 갈아 치웠다. 17세기가 되면서 목재나 숯보다 석탄을 사용하는 작업장과 가정이 더 많아졌고, 영국은 석탄이라는 화석 연료로의 이행을 최초로 달성한 나라가 되었다. 석탄은 코크스(coke)의 개발로 철을 만드는 과정에서도 효율성을 높여 철의 대량 생산을 가능하게 해줬다.

석탄의 이용은 영국 에너지 문화의 특징이 되었고 증기기관과 결합하면서 산업혁명을 가능하게 만들었다. 물론 앞서 봤듯이 산

20세기 초 미국 펜실베이니아 광산의 어린이 광부들.

업혁명 시기 내내 석탄을 활용하는 증기기관과 재생 에너지를 사용하는 수차나 풍차는 경쟁 관계였다. 자연의 힘을 공짜로 이용하는 수차나 풍차가 훨씬 경제적이었지만 증기기관은 설치 장소를 자유롭게 선정할 수 있었고, 심지어 기차나 배와 같은 이동 수단에 장착할 수도 있었다. 물레방아와 증기기관의 시합에서 이동성이라는 장점이 후자의 손을 들어준 셈이다.

　제임스 와트(James Watt)가 증기기관 특허를 낸 것은 1769년이나, 증기기관이 본격적으로 확산하기 시작한 것은 그로부터 70년 뒤인 1840년대 기차와 증기선이 널리 퍼지면서다. 그리고 영국에서 나타난 에너지원의 변화가 세계 다른 지역으로 확산했다. 일례로 일본은 1880년만 하더라도 나무와 숯이 1차 에너지의 85퍼센트를 공급했으나 1901년이 되면 석탄 비중이 50퍼센트 이상으로 부상하고, 석탄 사용의 정점인 1917년에는 77퍼센트까지 상승했다.

유럽에서 영국과 주도권을 놓고 경쟁한 프랑스의 경우 나무에서 석탄으로의 이행이 특별히 늦었다. 프랑스는 19세기 초 1차 에너지에서 나무의 비중이 여전히 90퍼센트 이상이었고 그것이 50퍼센트 이하로 떨어진 것은 1875년의 일이다. 에너지의 관점에서 19세기 상당 부분을 석탄을 때우는 영국과 숯을 피우는 프랑스가 경쟁한 셈이다.

영국의 식민지였던 미국은 18세기 독립 이전 버지니아에서 석탄 생산을 시작했으나 1884년이 돼서야 석탄의 비중이 나무를 추월하게 된다. 대자연에 쓸 만한 목재가 많았기 때문이다. 미국은 석탄보다 더 효율적인 에너지원을 발견해 새로운 시대를 열었다. 바로 석유의 등장이다.

세계 정치를 뒤흔든 석유의 역사

석유는 단연 연료의 황제라고 불러도 모자람이 없다. 바짝 마른 나무의 에너지 밀도가 17~21MJ/kg이라면 석탄은 18~25MJ/kg 수준이다. 나무와 석탄은 서로 경쟁할 수 있는 유사한 밀도지만 석유는 40~44MJ/kg로 2배 이상이다. 게다가 정유 과정을 거치면 에너지 밀도는 더욱 높아진다. 석유는 고체인 나무나 석탄과 달리 액체이기에 운송이 까다롭다. 처음 석유를 개발했을 때 미국에서는 나무통에 석유를 담아 마차에 실어 나르곤 했다. 그러나 파이프라인이 개발되면서 오히려 고체보다 훨씬 수월하게 운송할 수 있는 에너지로 떠올랐다.

에너지는 경제 발전을 한 걸음 앞서 예시해주는 것일까. 영국

미국 워싱턴주 아나코테스 정유 공장.

이 산업혁명의 리더로 부상하기 훨씬 전부터 에너지 중심이 석탄으로 이행했듯, 미국과 러시아는 20세기 강대국으로 부상하기 전에 이미 석유 개발에 뛰어들었다. 러시아는 1846년에 오늘날의 아제르바이잔 지역에서, 그리고 미국은 1859년 펜실베이니아에서 20m가 넘는 깊이의 유전을 통해 석유를 체계적으로 생산해내기 시작했다. 19세기 후반 미국은 펜실베이니아에서 캘리포니아와 텍사스로 석유 생산의 영역을 넓혔고, 러시아도 카스피와 흑해를 중심으로 석유 개발에 나섰다. 20세기에 들어서면서 석유 생산은 서남아시아와 남미 등으로 확산했다.

　석탄이 단순한 연료로 사용되다가 증기기관과 결합하면서 전성기를 맞이했듯이 석유도 내연기관(엔진)과 짝을 이루며 세계적인 유행을 맞게 되었다. 경제사를 연구하는 학자들은 과학은 프랑스가 발달했는데, 왜 영국에서 산업혁명이 일어났는지 의문을 갖는다. 마찬가지로 자동차 개발에서 유럽과 미국이 비슷한 수준이었는데 왜 미국에서 자동차 문화가 발전했는지 궁금해한다. 영국의 풍부한 석탄과 미국의 풍요로운 석유 생산, 그리고 에너지를 배급할 수 있는 인프라 시설은 이런 차이를 설명하는 중요한 열쇠다.

20세기가 되자 기술의 발달로 예전에 그냥 태워버리던 가스도 연료로 확보해 사용하게 되었다. 가스와 석유는 이제 대규모 선박이나 파이프라인이라는 에너지 수송 고속도로를 통해 수천 km 거리에 있는 소비 시장까지 전달되는 편리한 인류의 에너지가 되었다. 21세기는 시베리아에서 생산된 천연가스가 독일 베를린이나 중국 베이징 시민의 부엌까지 속속들이 배달되는 시대다.

석유와 가스가 워낙 중요한 지구촌의 에너지원으로 자리매김하자 국가 경제를 좌우하고 세계 정치를 뒤흔드는 요인으로 부상했다. 서남아시아의 사우디아라비아를 비롯한 이란, 이라크 등 산유국들은 1973년과 1979년 두 차례에 걸쳐 석유 가격을 인상해 세계 경제의 위기를 초래한 바 있다. 석유 수출국 집합인 OPEC은 세계 정치의 당당한 세력으로 부상했다. 1990년 구소련이 붕괴한 이후에 러시아가 여전히 국제 무대에서 목소리를 낼 수 있는 경제적 기반은 바로 풍부한 석유와 가스 자원이다. 나이지리아나 베네수엘라는 석유가 안겨주는 국부를 차지하려는 세력들의 다툼으로 국내 정치가 혼란에 빠졌다. '자원의 저주'인 셈이다.

세계 경제의 에너지 갈증은 새로운 생산 지역과 신기술을 불러왔다. 유럽 북해 유전의 개발은 영국이나 노르웨이 같은 나라에 엄청난 횡재를 안겨줬다. 또 셰일 가스와 석유 개발 기술은 미국이나 중국 등 기존의 경제 대국에 에너지 고민을 덜어주는 선물을 안겼다.

전기는 여성 해방의 전사

공상과학 소설의 창시자라고 할 수 있는 쥘 베른(Jules Verne)의 《해저 2만리》에서 네모 함장은 잠수함에 빛을 공급하고 따듯함을 제공하며, 모든 기계 시스템의 영혼이라고 할 수 있는 일꾼, 힘이 넘치면서도 말을 잘 듣고 신속하며 어떤 일이라도 척척 해내는 일꾼은 바로 전기라고 설명한다. 1870년 이 소설이 발표될 당시 전기는 아직 초창기에 불과했다. 기껏해야 파리의 콩코드 광장이나 런던 내셔널 갤러리에 전기로 빛을 발하는 장치가 실험되었을 뿐이다.

에너지끼리의 경쟁에서 전기가 갖는 놀라운 장점은 이동성이다. 바로 석유와 가스가 숯이나 석탄에 대해서 가졌던 운송의 수월함이다. 파이프라인이 네트워크로 형성되면 석유나 가스 운송·배급의 편리함을 숯이나 석탄은 따라올 수가 없다. 마찬가지로 전기도 네트워크로 연결되면 석유나 가스를 능가하는 이동성을 자랑한다. 전선만 연결되면 전기는 순식간에 가볍게 이동하는 특징을 지니기 때문이다.

이 원리를 제대로 파악한 것이 토머스 에디슨(Thomas Edison)이다. 그는 빛을 발하는 전구뿐 아니라 전기를 만들어 공급하는 시스템이 사업의 핵심임을 깨달았다. 따라서 그는 발전과 송전, 배급과 계량이 동반되는 인프라의 구축을 우선시했다.

에디슨 이후 지난 150년 동안 인류의 역사는 전기 인프라가 지구촌을 촘촘히 뒤덮는 과정이라고 표현해도 과언이 아니다. 우주에서 밤에 바라본 지구 사진 속의 전기 불빛으로 경제 발전 수준

전기의 체계적 공급을 고안한 에디슨.

을 가늠할 수 있게 되었다. 러시아 혁명으로 구소련을 일으킨 블라디미르 레닌(Vladimir Lenin)은 1920년대 "공산주의는 소비에트의 권력과 전기"를 의미한다고 외칠 정도였다. 반대편 자본주의의 프랭클린 루스벨트(Franklin Roosevelt) 미국 대통령도 1930년대 거대한 댐을 건설해 전국에 전기를 공급하는 그 유명한 뉴딜 정책으로 경제를 재건했다.

전기는 경제 발전을 가져왔지만 동시에 사회의 엄청난 변화를 초래했다. 특히 가사 노동에서 여성을 해방하는 데 결정적인 역할을 했다. 냉장고와 진공청소기, 세탁기와 식기세척기, 전기다리미나 믹서, 전자레인지 등은 가사 노동 시간을 절약하는 데 크게 기여했다. 해저 2만리의 일꾼은 잠수함뿐 아니라 전통적으로 집안에서 여성이 담당하던 역할까지 맡아서 척척 해결해준 셈이다. 이런 관점에서 전기야말로 20세기 여성 해방의 진정한 전사라고 할 수 있다.

21세기는 배터리라고 하는 휴대용 에너지의 시대가 되었다. 고정된 물레방아를 어디나 설치 가능한 증기기관이 누르고, 무거운 증기기관보다 가벼운 내연기관이 승리를 거뒀듯이 에너지 분야에서 반복되는 변화의 기준은 이동성이다. 갖고 다니기 편리하게 크기는 작으면서도 사용 시간이 긴 배터리가 경쟁의 변수로 떠올랐다. 특히 스마트폰 시대의 배터리 경쟁은 점점 치열해지고 있다.

에너지 남용이 가져온 지구 온난화

21세기 인류는 전기가 없는 삶 자체를 상상하기 어려운 시대를 살고 있다. 전기야말로 요람에서 무덤까지 인간을 동반하는 일꾼으로 단백질이나 탄수화물만큼 중요한 인류의 일상 주식이 되었다. 따라서 전기를 생산하는 발전 사업은 엄청난 일차 에너지를 소모하는 분야로 성장했다. 석탄과 석유, 가스는 물론 오래전부터 물레방아를 돌리던 수력이나 풍력 등 모든 힘이 발전에 동원되었다.

원자력의 가공할 폭발력은 제2차 세계대전에서 미국이 일본에 폭탄을 투하함으로써 증명되었다. 이후 전기 발전에 원자력을 사용하기 시작한 것은 1950년대부터다. 원자력 발전은 높은 기술력을 요구하나 자원의 투입이나 공해의 배출에 있어 경제적이다. 석탄이나 석유 등 자원이 부족한 선진국형 에너지라고 할 수도 있다. 2020년 기준 세계에서 원자력 발전에 가장 크게 의존하는 국가로 프랑스(70퍼센트)를 비롯한 일부 유럽 국가를 들 수 있고 한국은 30퍼센트, 미국이나 러시아는 20퍼센트 수준이다.

환상적 효율성을 자랑하는 원자력은 동시에 가장 위험한 에너

중국 신장 지역의 풍력 발전 광경.

지이기도 하다. 원자력 발전이 생산하는 방사성 폐기물의 처리도 난해한 문제이며 사고가 나면 인간과 자연에 치명적 피해를 초래하기 때문이다. 실제 미국 스리마일아일랜드(1979년), 구소련의 체르노빌(1986년), 그리고 일본의 후쿠시마(2011년) 원전 사고는 효율성이 동반하는 엄청난 위험을 고스란히 보여준 바 있다. 원자력 발전에 반대하는 여론이 강하기에 독일은 탈원자력을 선언했고 미국이나 일본은 망설이는 모습을 보인다. 현재 세계에서 건설 중인 60여 개의 원자력 발전소 가운데 중국이 25개로 가장 많고 러시아 9개, 인도 6개 등이다.

원자력 발전은 지구 온난화의 문제가 연결되어 복합성을 띤다. 지구 온난화를 초래하는 가장 큰 원인은 석유, 가스, 석탄과 같은 화석 에너지의 사용이다. 인간의 전기 사용을 대폭 줄이지 않으면서도 화석 에너지 사용을 축소하는 해결책이 바로 원자력 발전이다. 친원자력 세력은 환경 친화적 성격을 앞세우며 원전의 불가피성을 역설한다.

21세기 들어서도 상당 기간 지구 온난화는 먼 미래에 닥칠 문제라고 생각하는 사람들이 많았다. 미국의 도널드 트럼프(Donald Trump) 대통령은 온난화의 문제를 환경론자나 학자들의 탁상공론으로 폄하하며 파리기후변화협약에서 탈퇴했다. 그러나 2020년대 들어서면서 지구촌 사방에서 동시다발적으로 벌어지는 이상 기후, 산불과 홍수, 태풍과 가뭄은 온난화 현상으로 초래되는 심각한 위험이 코앞에 닥쳤다는 현실을 부정하기 어렵게 만들었다.

물질문명의 많은 영역에서 확인할 수 있듯 여기서도 문제의 핵심은 중국이다. 중국은 2010년 미국을 앞질러 세계에서 가장 에너지를 많이 사용하는 나라가 됐다. 2015년 통계에 따르면 중국은 이미 세계 에너지의 3분의 1 정도를 흡수하는 '에너지 하마' 국가다. 하지만 중국의 1인당 에너지 소비량은 미국인의 3분의 1에 불과하다. 달리 말해 중국인이 미국인만큼 에너지를 사용하는 날이면 중국 한 나라의 사용량이 현재 전 세계 에너지 소비량과 같아진다는 의미다. 게다가 중국 인구를 곧 추월할 인도의 에너지 소비도 경제 발전과 함께 증폭할 예정이다.

이처럼 기술의 발전은 인간을 육체 노동에서 해방시켜줬으나 결과적으로 지구는 심한 몸살을 앓게 되었다. 그리고 서구 수준의 발전을 추구하는 중국과 인도의 추격은 지구촌 에너지 총량의 조절이 얼마나 힘들지를 예고해준다.

11

육상 교통
문명을 연 길과 힘의 조합

현대 사회에서 한 나라의 발전 수준을 평가하는 가장 손쉬운 방법은 교통 상황을 살펴보는 일이다. 미국이나 유럽, 일본 등 선진국일수록 다양하고 편리하며, 예측 가능한 교통수단을 쉽게 활용할 수 있다. 유럽에서는 알프스처럼 높고 험한 산맥도 터널을 뚫어 차량으로 빠르게 통과할 수 있다. 아메리카 대륙의 척추를 형성하는 로키산맥도 미국의 많은 고속도로를 통해 편하고 신속하게 관통한다. 반면 도로 사정이 열악한 아프리카 대륙의 사하라 사막 횡단은 파리-다카 경주처럼 목숨을 걸고 도전하는 모험에 속한다.

새로운 강대국으로 부상하는 중국이 2010년대 세계를 향한 발전 전략을 '일대일로(一帶一路)'라고 부른 이유는 단순하다. 교통이야말로 나라와 나라를 연결하고 사람들의 왕래와 상품의 교역을 활성화하는 수단이기 때문이다. 중국은 이미 2,000여 년 전 실크로드를 통해 아시아 대륙을 넘어 유럽의 로마 제국과 연결되어 있었다. 실크, 즉 비단이란 고대 중국의 첨단 기술과 생산 능력을 집대성한 결과물이었고, 실크로드란 당시 중국의 세계적 위상을 곳

2000년에 개통한 덴마크와 스웨덴을 연결하는 외레순(Øresund) 다리. 교통의 확장은 바다와 육지를 연결하는 상상을 현실로 만들었다.

곳에 전파하는 통로였다. 일대일로 구상은 지구적 교통망의 수립을 통해 중국의 역사적 부활을 알리는 계획이다.

사람과 물건의 효율적 이동을 가능하게 만드는 교통이란 크게 두 가지 요소로 구성된다. 하나는 길이다. 사람이 자주 다니면 길이 생긴다는 말이 있지만 인류 문명의 발전은 인간이 계획하고 계산해 의도적으로 만든 길을 통해 가능했다. 도로의 인프라가 문명의 큰 순환계를 형성했다는 의미다. 또 다른 하나는 이동을 가능하게 만드는 힘이다. 인간은 처음에는 말처럼 빠르고 힘 있는 동물이나 바다의 바람을 활용하면서 이동의 에너지를 확보했고, 점차 석탄이나 석유, 가스, 전기 등을 통해 이동의 힘을 얻었다. 달리 말해 길과 힘, 즉 인프라와 에너지의 조합이 인류 교통의 발전을 주도해왔고, 교통의 발전으로 현대 문명이 탄생한 셈이다.

지정학의 열쇠는 교통

문명의 발전에서 교통이 얼마나 중요한지는 구대륙과 신대륙을 비교하면 명확하게 드러난다. 아시아, 유럽, 북아프리카로 형성된 구대륙은 한 지역에서 이뤄진 발전이 다른 지역으로 쉽게 전파되었고, 문명이 빠르게 확산하면서 '상향평준화'가 계속 진행될 수 있었다. 반면 명목상 구대륙이지만 사하라 사막으로 고립된 아프리카 남부, 그리고 신대륙인 아메리카와 오세아니아는 다른 지역과 격리돼 문명의 교류나 확산이 어려웠다. 발전이 더딜 수밖에 없었던 이유다.

재레드 다이아몬드가 《총 균 쇠》에서 강조한 지리적 조건의 차이다. 하지만 교통의 발전은 세계를 하나로 묶어냄으로써 아메리카나 오세아니아의 고립을 해결해줬다. 미국은 대서양과 태평양을 통해 세계로 뻗어나가면서 최강대국으로 부상했고, 오세아니아의 호주와 뉴질랜드도 손꼽히는 부자 나라로 성장했다.

역사의 여명 시기 구대륙에서 문명이 전파되는 과정도 교통에 의존했다. 예를 들어 남아시아의 인도부터 서유럽 끝까지 거대한 지역을 지배하는 인도유럽어는 원래 러시아 남부 및 중앙아시아에서 발전한 선진 집단의 문화가 확산한 결과로 보인다. 이들은 말을 가축화해 뛰어난 이동성을 확보했고 철의 기술을 통해 다양한 도구를 만드는 능력을 개발했다. 발달한 교통수단(말)과 무기 체계(철)는 이 집단의 지배 영역을 넓혀줬고 동시에 언어를 포함한 문화의 확산을 도왔을 것이다. 영어가 함선을 타고 바다를 통해 인도로 침투하기 수천 년 전에 이미 말과 마차가 유라시아 대륙에 인도유럽어의 뿌리를 전파한 셈이다.

말은 중세 시대인 13세기에 몽골이라는 인류 최대 제국을 건설하는 데도 핵심적인 역할을 담당했다. 말의 탁월한 노동력이 유럽 농업의 발전에 얼마나 결정적인 역할을 담당했는지는 에너지의 역사를 살펴보면서 이미 강조한 바 있다. 무게 중심이 뒤로 쏠려 있는 소에 비해 말은 앞으로 끄는 힘이 강했기 때문에 밭을 가는 데 훨씬 유용했다. 게다가 말은 달리는 속도가 소와 비교할 수 없을 정도로 빠르다. 중앙아시아의 기마민족인 몽골은 신속한 이동성을 바탕으로 동아시아의 중국부터 서남아시아를 거쳐 유럽에 이르기까지 유라시아 대륙을 포괄하는 거대한 제국을 건설하는 데 성공했다.

고대에 인간이 말을 교통 및 전투 수단으로 활용하기 시작했을 때부터 20세기까지 인류의 역사는 말에 의존했고, 실제로 상당 부분 말이 결정했다. 산과 강은 말이 넘기 어려워 자연 장벽이었으나 말이 힘차게 달릴 수 있는 평야는 뻥 뚫린 고속도로와 같았다. 중국의 만리장성은 기마민족의 침략을 막기 위한 방패였다. 러시아부터 폴란드와 독일을 거쳐 프랑스까지 연결되는 유럽의 평야 지대는 고대의 훈족부터 중세의 샤를마뉴나 근세의 나폴레옹을 거쳐 현대의 히틀러(Adolf Hitler)와 스탈린(Joseph Stalin)까지 유럽 지정학의 전쟁 통로가 되었다.

평야와 초원에서 말이 고속열차였다면 건조한 지역에서는 낙타가 말을 대신했다. 인류 문명이 일찍부터 발달한 서남아시아 지역은 말과 낙타를 모두 활용했다. 중국의 실크는 낙타의 등에 실려 아라비아를 지나 지중해로 옮겨졌고, 아프리카의 황금도 낙타 행렬을 통해 사하라를 넘어 유럽과 아시아에 전해졌다.

도로로 엮은 로마 제국

중앙아시아의 기마민족은 말이라는 이동 에너지를 가장 효율적으로 활용함으로써 지배력을 넓혀간 경우다. 반면 로마 제국은 보병을 중심으로 하는 군사 체계를 보유하고 있었다. 기마민족처럼 순식간에 거대한 영토를 점령하기에는 역부족이었다. 다만 로마 제국은 탄탄한 도로를 건설함으로써 군사의 이동과 물자의 운송을 위한 장기적 투자에 나섰다. 따라서 세력의 확장은 더뎠으나 지배의 토대는 확고했다. 이탈리아 중심에서 시작한 로마는 서로마 제국의 경우 천 년, 그리고 비잔틴이라 불렸던 동로마 제국도 천 년을 더 유지했다.

원래 고대의 길이란 건조한 계절에는 먼지가 날리고 비가 오면 진흙탕으로 돌변해버려 일시적으로 활용되는 경우가 많았다. 로마인들은 전천후 도로 체계를 처음으로 만든 집단이다. 일반적으로 로마의 도로 폭은 5m에 달해 마차 두 대가 왕복할 수 있을 만큼 넓었다. 게다가 자갈이나 조약돌, 또는 커다란 돌판을 시멘트나 회반죽으로 고정해 포장도로의 성격을 가졌다. 로마의 도로는 비가 와도 사용할 수 있도록 배수 시설이 마련되었다. 게다가 도로의 두께도 1m 정도로 영구적인 사용을 전제하는 장기 투자였다.

로마가 정성을 들여 건설한 최초의 로마식 도로는 세력을 확장하던 초기인 기원전 312년경 작품으로, 로마로부터 남부의 카푸아(Capua)라는 도시를 연결하는 200km가 넘는 '아피아 도로(Via Appia)'다. 로마가 아직 작은 도시 국가였던 시기에 남부 지역 정복에 나서면서 군대와 군수물자의 이동을 보장하기 위한 도로였다.

로마군이 남부로 진군하기 위해서는 늪지대를 통과해야 했는데, 탄탄한 포장도로 건설은 전쟁을 넘어 장기적 지배의 의지를 표명한 셈이다.

600여 년이 지난 서기 4세기가 시작할 무렵 로마는 무려 8만 5,000km에 달하는 엄청난 도로망을 보유하게 된다. 이탈리아반도에서 시작한 로마 제국의 도로 체계는 영국부터 아프리카의 사하라까지, 그리고 스페인부터 서남아시아 팔레스타인 지역까지 촘촘한 지배와 이동의 네트워크를 형성했다. 에너지 전문가 바츨라프 스

이탈리아 남부 폼페이에 남아 있는 고대 로마의 길.

고대 로마 제국. 마차 경주의 승자를 표현한 모자이크.

밀 교수의 계산에 의하면, 평균 2만 명의 노동자가 600년 동안 계속 일해야 이 정도 규모의 도로 체계를 건설(10억 노동일에 해당)하고 관리(30억 노동일과 동일)할 수 있다.

이쯤 되면 로마 제국은 도로라는 뼈대가 만들어낸 역사적 성과라고 볼 수밖에 없다. 실제 로마 제국의 지리적 중심을 형성하는 황금 표식(Milliarium Aureum)이나 로마의 배꼽(Umbilicus Urbis Romae)은 로마 포럼에 위치한다. 중세에 한 가지 목표를 달성하기

위해 다양한 수단이 존재한다는 의미로 '모든 길은 로마로 통한다'는 표현이 만들어졌지만, 진정 고대 시기 모든 길의 출발점이자 중심은 수도 로마였다.

서유럽에서 로마 제국과 견줄 만한 도로 체계를 다시 갖게 된 것은 19세기의 일이고, 동유럽의 경우 20세기가 돼서야 고대의 도로 밀도나 수준을 회복했다. 인류의 역사를 놓고 보더라도 로마 제국은 일찍이 교통 인프라의 표준을 세웠다. 로마는 견고한 도로 체계로 장기 지배에 성공했으며 동시에 아무리 단단한 도로망도 제대로 관리하지 못하면 빠르게 붕괴해버린다는 교훈도 남겼다.

철마의 시대

인류의 교통은 19세기까지 말이 지배했다. 심지어 20세기 중반의 제2차 세계대전까지도 말의 역할은 무시할 수 없는 수준이었다. 일례로 나치 독일이 구소련을 침공하면서 동원한 말의 수는 60만 마리가 넘었고, 전쟁 말기 구소련이 독일로 진군해 들어갈 때도 수십만 마리의 말을 활용했다. 오죽했으면 19세기 새로 등장한 기차를 철마(鐵馬)라고 불렀겠는가.

철도의 등장은 여러 면에서 교통 역사에 획기적인 혁신이었다. 우선 말의 속도를 능가하는 교통수단이 수천 년 만에 나타난 셈이다. 고대부터 근대까지 육지에서 말보다 빨리 이동하는 방법은 없었다. 로마군이나 몽골 부대, 나폴레옹의 군대는 기본적으로 말의 이동 속도에 종속된 셈이었다. 1840년대부터 유럽의 군대는 철도를 통해 신속한 대규모 이동이 가능해졌다. 군사력뿐 아니라 철도

1869년 미국 대륙 횡단 철도가 유타주에서 완성되는 광경.

를 통한 상품의 간편한 운송은 왜 자본주의가 19세기에 본격적으로 발전하게 되었는지 설명해주는 요소다.

초기 철도란 철로와 증기기관의 조합이 만들어낸 합작품이다. 달리 말해서 인프라와 에너지, 길과 힘의 기발한 조합이라는 뜻이다. 로마의 포장도로 이후 도로 인프라의 혁신은 영국 탄광에서 이뤄졌다. 처음에는 나무판으로 길을 만들어 석탄 실은 수레를 굴리다가 나중에는 나무 위에 고정한 평행의 철로를 사용하기 시작한 것이다. 초기 철로의 석탄 수레를 끄는 것은 여전히 말이었고, 19세기 유럽 도시에서는 말이 끄는 철로의 차들이 대중교통을 담당하곤 했다.

철길로 운반하던 석탄을 때워 증기기관을 돌리면서 드디어 말을 뛰어넘는 교통수단이 탄생했다. 영국은 석탄을 때워 철강을 만들었고, 그 철강으로 철로를 깐 뒤 그 위에 석탄을 때우는 증기기관차를 운행하면서 산업혁명을 주도해나갔다. 영국은 철도의 혁신을 이뤘으나 철도의 잠재력이 폭발적으로 발휘된 것은 오히려 미국이라는 대륙적 규모의 새 나라였다.

철도는 미국의 중서부를 개발하는 데 결정적인 공헌을 했다. 1840~1850년대는 유럽으로부터의 이민이 대폭 늘어난 시기다. 감자 기근으로 아일랜드 인구의 20퍼센트가 대서양을 건너 미국으로 왔고, 1848년 유럽 대륙에서 혁명이 실패하자 수십만 명의 이민자가 독일 등지에서 미국으로 향했다. 일리노이, 인디아나, 미시간 등 미국 중부의 철도 건설은 이들 이민자에게 즉시 일자리를 제공했다.

철도 노동자들은 얼마간 저축을 한 뒤 토지를 구매해 농민으로 정착했다. 길을 놓아 영토를 개척한 뒤 그곳에 자신들이 정착해 땅을 일군 셈이다. 미국 중서부의 드넓은 평원 지대는 인구가 400만 명까지 늘어나면서 미국이 독립하던 시기에 지배 지역이던 동부나 남부와 대등한 수준으로 발전해나갔다. 시카고는 미국 농업과 철도의 허브로 부상하면서 앵글로색슨 중심의 청교도적인 동부나 노예에 기초한 목화 재배를 하는 남부와는 다른 새로운 미국의 중심으로 부상했다.

돌로 만든 탄탄한 로마의 도로 체계가 제국의 뼈대를 형성했듯 아메리카 자본주의의 골격은 대륙 곳곳을 연결하는 철로로 이뤄졌고, 증기를 내뿜으며 달리는 철마가 피의 역할을 담당했다고 말해도 과언이 아니다.

'말 없는 시대'의 등장

19세기 철로와 증기기관의 조합이 유럽과 아메리카 대륙을 중심으로 뻗어나가는 동안 다른 한편에서는 자동차라고 불리는 새로운 이동 수단이 움트고 있었다. 기차는 철로라는 인프라에 종속된 존재였다. 이에 비해 자동차는 인간에게 익숙한 말에 더 가까웠다. 차를 타고 혼자 또는 몇 명이 소규모로 자유롭게 이동할 수 있기 때문이다. 기차보다 작은 자동차를 움직이는 에너지 방식을 놓고 증기기관과 내연기관, 전기모터가 서로 경쟁했지만 결국 가볍고 효율적인 내연기관이 승리를 거뒀다.

미국에서 1900년에 창간된 자동차 전문 잡지의 이름은 〈말 없는 시대(Horseless Age)〉였다. 앞으로는 자동차가 말을 본격적으로 대신하는 시대가 열린다는 선언이었다. 기차를 타는 사람들은 수동적인 승객이었다. 하지만 자동차는 승객이 직접 운전하는 자유와 해방의 이동 수단으로 부상했다. 기차가 도시와 도시를 시간표에 맞춰 정기적으로 연결하는 집단적 교통이었다면, 자동차는 개개인이 필요에 따라 자유자재로 움직일 수 있는 도구였던 셈이다. 이런 점에서 자유로운 자본주의의 나라 미국에서 자동차 문화가 만개한 것은 당연하다.

자동차가 마음대로 돌아다니는 도시는 자유 시장의 모델과 흡사하다. 초기에는 서로 적당히 피해 다닐 수 있지만 금방 혼란의 도가니로 빠진다. 공권력이 개입해 공동의 규칙을 만들지 않으면 '말 없는 시대'는 충돌과 사고라는 위험한 죽음의 늪에서 벗어나기 어렵다. 따라서 새로운 교통 시장에 질서를 부여하기 위한 교통 법규가 제정되고 신호등이 설치됐다. 또 자동차 등록, 시력검사, 운전면허증 등의 제도도 만들어졌다. 오른쪽에서 자동차가 주행하는 미국이나 프랑스, 그리고 그와는 반대로 좌측통행을 선택한 영국의 사례는 교통 법규의 인위적 성격을 고스란히 드러낸다.

도시를 중심으로 확산했던 자동차는 20세기 중반부터 아메리카 대륙의 외모를 바꿔놓는 거대한 변화의 쓰나미를 일으켰다. 예를 들어 제2차 세계대전이 종결된 1945년만 하더라도 미국에서 트럭이 담당하는 상품 운송은 기차의 5분의 1에 불과했다. 미국은 1956년 6만 5,000km에 달하는 대규모 고속도로 건설에 나섰다. 로마 제국의 돌길 체계에 버금가는 고속도로망을 미국은 훨씬 신속하게 구축했고 도로는 미국적 삶의 방식을 디자인했다.

자동차와 고속도로는 미국의 중산층이 복잡한 도심이 아닌, 자연과 가까운 근교에서의 개인 주택 생활을 가능하게 해줬다. 자동차로 쉽게 찾을 수 있는 거대한 쇼핑몰과 현기증 날 정도로 넓은 주차장은 미국 전역에서 볼 수 있는 풍경이 되었다. 대공황 시대를 배경으로 하는 《분노의 포도》를 쓴 작가 존 스타인벡(John Steinbeck)은 1960년 미국인의 삶을 조사하기 위한 자동차 여행에 나섰다. 그러나 그가 발견한 것은 뉴욕부터 캘리포니아까지 똑같은 고속도로를 따라 대형 트럭과 함께 달릴 수 있는 전국적인 획일성뿐이었다. 지역적 특성이나 지방 도시에 활기를 불어넣었던 아기자기한 상점들은 점점 사라지고 있었다. 고속도로는 거대한 창조적 파괴 현상의 주범이었다.

포디즘, 자본주의의 변신

자본주의의 성격을 바꿔놓은 단 한 명의 기업가를 꼽으라면 헨리 포드를 들 수 있다. 포드는 20세기 전반기 미국이 세계 자본주의의 중심으로 떠오르는 데 핵심적인 역할을 담당한 자동차 산업의 대명사다. 19세기 영국에서 발전한 야만적 자본주의는 적자생존의 정글의 법칙을 연상시켰다. 탄광에서 일하는 어린이들의 모습은 이런 비극을 상징했다. 하지만 포드는 자동차 산업을 통해 노동자도 높은 생활수준을 누릴 수 있음을 증명했고 자본주의의 생존력을 대폭 강화한 일등 공신이다.

자본주의에서 돈의 힘은 막강하다. 초기 자동차 산업도 예외는 아니었다. 올즈모빌로 유명한 랜섬 올즈(Ransom Olds)나 데이비드 뷰익(David Buick) 등 자동차의 천재 발명가들은 자신이 세운 회사에서 영업이나 금융의 힘에 밀려 쫓겨나는 일이 다반사였다. 포드 역시 자신의 이름을 딴 회사(Henry Ford Company)에서 축출된 경험이 있다. 이후 그는 1903년 포드 모터 컴퍼니(Ford Motor Company)를 새로 꾸린 뒤 회사의 주도권을 평생 유지하면서, 자신이 상상하고 기획한 상품을 만들고 자신의 방식으로 회사를 경영했다.

포드는 대량 생산이 산업 발전과 사회 변화를 주도할 수 있다고 믿었다. 초기 자동차 시장의 경향은 부자 구매자들의 취향에 맞춰 자동차를 개인별 맞춤 생산을 하는 패턴이었다. 포드는 개별 생산을 포기하고 대량 생산을 추구했다. 비용 절감을 위해서 부품을 규격화하면서 모델의 수를 최소한으로 줄였다. 포드사는 1908년 모델T를 개발한 뒤 향후 19년 동안 한 모델만 생산했다. 특히 시카고 정육 공장에서 가축을 부위별로 해부하는 체인에서 영감을 얻어 역으로 자동차의 조립 체인을 개발했다. 포드사의 규격화, 분업, 자동화 원리는 현대적 대량 생산 시대를 열었다.

1908년 미국 포드 자동차 모델T 광고.

19세기 마르크스의 《자본론》 출간 이후 사람들은 자본주의에서 부르주아와 노동자의 대립이 필연적이라고 생각했다. 포드는 노동자의 생활수준을 높여주는 경영이 대규모 시장을 형성함으로써 자본주의 발전에 공헌한다고 믿었다. 1914년 포드는 노동자의 임금을 2배로 늘려 '하루에 5달러'를 보장하는 정책을 실행했다. 동시에 하루 노동 시간을 8시간으로 제한하고 1일 3교대 체제를 만들었다.

1916년 모델T의 가격은 360달러까지 내려갔다. 하루 5달러를 받는 포드 공장의 노동자가 72일만 일하면 새 자동차를 구매할 수 있는 등식이 성립된 것이다. 노동자도 3개월만 일하면 자가용을 가질 수 있는 나라 미국은 당시 잔혹한 전쟁을 치르고 있던 유럽과 대비되면서 자본주의의 새로운 조국임을 증명했다. 착취의 체제가 아니라 풍요를 선사하는 자본주의 말이다.

포드는 토요타와 함께 기업가로 이즘(ism)이란 개념을 남긴 거의 유일한 경우다. 포디즘은 대량 생산과 비용 절감을 위해 규격화라는 과학적이고 합리적인 수단을 동원한 분업 체계를 의미한다. 또 대량 소비와 구매력 증진을 실현하기 위해 노동 비용을 아끼지 않고 선순환의 구조를 만드는 노력을 뜻한다. 20세기 전반기 포드라는 한 회사에서 시작한 포디즘은 대공황과 제2차 세계대전 이후 세계 자본주의의 커다란 방향으로 자리 잡았다. 포디즘은 자본주의와 사회민주주의의 타협을 상징하는 이념으로 부상했다.

계속되는 창조적 파괴

길과 힘이라는 두 가지 요소는 인간의 이동을 가능하게 만든다. 19세기에 말의 속도를 능가하는 철도와 자동차라는 이동 수단이 등장한 이후 지구촌의 역사는 철로와 도로가 촘촘히 육지를 뒤덮는 과정이었다. 기차와 자동차의 등장으로 말과 마부는 사라지고 택시와 기사들이 도시를 누비게 되었다.

다른 한편 철도가 도달하는 도심의 역은 그 도시의 얼굴이자 상징으로 떠올랐다. 도시를 외부와 연결하는 출입구 역할을 하기 때문이다. 대표적인 예로 파리의 오르세 미술관은 원래 역이었다. 그러나 승객이 줄어들자 규모가 워낙 크고 아름다운 건축물이었기 때문에 역 대신 국가 미술관으로 재활용한 것이다.

현재까지도 자본주의 교통 혁신은 진행 중이다. 길이라는 인프라와 관련해 가장 획기적인 변화는 터널의 활용이다. 영국과 프랑스 사이에 해저 터널을 뚫어 연결하자는 계획은 19세기 초반부터 있었다. 실제 도버 해협을 건너는 터널이 완성된 것은 1996년이다.

런던이나 파리에서 시작한 지하철은 대도시에서 자동차와 철도가 지상과 지하를 나눠 사용하도록 만든 출발점이다. 이미 형성된 도시에서 지하는 토지를 새롭게 수용하지 않아도 교통 인프라를 건설할 수 있다는 장점이 있었기 때문이다.

대도시뿐 아니라 일반 도로나 철로도 터널을 자주 활용하고 있다. 산이나 바다를 가로지르는 데 효율적인 방식이기 때문이다. 현재 세계에서 제일 긴 터널 도로는 중국 광저우의 지하철 3호선으로 65km에 달한다. 알프스산맥을 관통해 스위스와 이탈리아를 잇는 고타르 터널(57km)이나 일본의 혼슈와 홋카이도를 연결하는 세이칸 터널(53km)보다 길다.

20세기의 미국이 고속도로의 대륙이었다면 21세기의 중국은 고속철의 중심으로 부상했다. 전 세계 고속철 노선의 절반이 중국에 있을 정도다. 21세기의 다리는 물을 건너기 위해서라기보다 기차가 속도를 내기 위해 육지에도 짓는다. 일례로 베이징과 상하이를 연결하는 고속철은 2010년 164km에 달하는 세계 최장 단쿤특대교(丹昆特大橋)를 완성한 바 있다.

20세기 내내 이동의 에너지로 군림한 것은 석유다. 휘발유와 디젤은 내연 엔진의 양대 연료로 자동차는 물론 기차, 그리고 바다나 하늘을 누비는 교통수단까지 책임졌다. 하지만 탄소 연료가 생산하는 공해와 지구 온난화 등의 환경 악화는 심각한 지경에 이르렀고, 인류는 이제 탄소 에너지 활용을 강력하게 억제해야 한다는 합의에 도달했다.

특히 유럽, 미국 등 선진국을 중심으로 전기와 같은 '깨끗한 에너지'를 장려하는 움직임이 돋보인다. 전기차를 대량 생산하는 테슬라가 인기를 끌며 부상했고, 유럽연합은 2035년까지 탄소 에너지를 사용하는 차 생산을 중단시키겠다고 밝혔다. 미국의 조 바이든 행정부도 대규모 예산을 투자해 친환경적 교통을 향한 변화를

베이징과 상하이를 연결하는 고속철 CR400AF.

추진하는 중이다.

교통의 인프라와 에너지의 중대한 변화와 함께 첨단 IT 산업의 발달로 이동 수단을 운전하는 인간조차 사라지는 현실이 빠르게 다가오는 중이다. 인공지능(AI)을 활용한 자율 주행차의 등장은 미래 사회의 모습을 획기적으로 바꿔놓을 수 있는 잠재력을 갖는다. 자율 주행으로 자동차를 소유하는 대신 이용한다는 개념이 일반화된다면 도시를 잠식해온 거대한 주차 공간을 축소할 수도 있다. 동시에 도시의 택시나 장거리를 달리는 트럭 기사 등 수많은 교통업 종사자가 과거 마부의 운명을 맞을 가능성도 크다.

게다가 환경에 대한 인식이 고조되면서 역설적으로 인간 에너지를 활용하는 자전거가 다시 유행을 타고 있다. 유럽의 주요 도시에서는 이미 배기량이 큰 고급 자동차를 모는 사람은 '개념 없는 졸부'로 인식하고 대신 걷거나 자전거를 애용하는 친환경적 선택을 하도록 사회가 장려하는 흐름이다. 이런 변화가 얼마만큼 확장성을 가지느냐 하는 문제는 특정 국가의 미래뿐 아니라 지구촌과 인류의 운명을 결정할 수 있는 중요한 변수다.

12

수상 항공 교통
물을 타고 하늘을 나는 네트워크

고대 문명의 공통점은 모두 강을 끼고 발달했다는 사실이다. 이집 트에는 나일강, 메소포타미아에는 티그리스강과 유프라테스강이 있고, 인더스와 황하는 강의 이름이 문명을 대표할 정도다. 커다란 강은 풍부한 물과 비옥한 토지를 공급해 농사를 수월하게 만든다. 자연히 사람들이 많이 모이면서 도시가 형성된다. 게다가 강물을 이용하다 보면 물자 운반도 용이하다.

물에 관한 생각은 문화권에 따라 다를 수밖에 없다. 시내나 강 을 건넌다는 표현이 보여주듯 육지를 중심으로 보면 물은 횡단의 대상이다. 도로를 만든 뒤 다리를 건설하는 식이다. 하지만 물은 이동의 길을 제공하기도 한다. 숲을 통과하고 산을 넘으려면 인간 의 노력을 동원하고 투자를 해서 도로를 만들어야 하지만, 물은 자연이 제공하는 편리한 길이다. 부력을 이용해 뗏목이나 배를 만 들어 띄우면 수면의 마찰이 상대적으로 적어 최소한의 동력만으 로도 일사천리로 나아갈 수 있다.

물을 건너거나 넘는 문화가 있다면, 물을 타는 문화도 있다. 인

수에즈 운하를 통과하는 미국의 항공모함 USS 아메리카. 운하는 대양과 대양을 연결한 혁신이었다.

류 초기의 문명은 물을 타고 이동함으로써 싹틀 수 있었다. 예를 들어 메소포타미아는 신전을 지을 돌도 나무도 없는 평야 지역이다. 따라서 문명을 일으키는 데 필요한 석재와 목재, 그리고 화폐를 만드는 은(銀)을 강의 상류 산악 지역에서 가져왔다. 강이 상류의 임업과 광업, 평야의 농업, 그리고 하류의 어업이 교류하는 길을 제공했던 셈이다.

강물이 상·하류의 다른 지역을 연결하면서 문명을 낳는 데 공헌했다면, 바다는 훨씬 방대한 활동 무대를 인류에 선사했다. 지중해는 이런 점에서 독보적이다. 고대 페니키아와 그리스, 로마는 모두 지중해라는 자유로운 이동의 공간을 활용해 교역하고 세력을 확장한 경우다. 바다는 태풍이나 암초 같은 위험은 도사리고 있으나, 강물보다 훨씬 수월하게 이동할 수 있다. 강물은 높낮이가 다르고 흐르는 방향도 뚜렷한 데 반해 바다는 자유롭게 움직일 수 있는 절호의 기회를 주기 때문이다.

아시아의 지중해를 이끈 유럽의 자본주의

고대 그리스부터 현대 미국까지 서구 세력의 발전은 바다를 정복해나가는 과정이었다고 해도 과언이 아니다. 그리스 문명이 꽃핀 지리적 환경은 발칸 반도 끝자락과 소아시아, 그리고 이집트를 이어주는 에게해다. 고대 로마는 제국의 무대를 지중해로 확대해 유럽과 서남아시아, 북아프리카를 하나로 묶었다.

뒤이어 스페인과 포르투갈, 영국과 네덜란드 등은 대서양을 통해 세계로 뻗어나가면서 서구의 지배력을 결정적으로 확산했다. 20세기부터 세계의 최강대국으로 부상해 현재까지 지위를 유지하는 미국은 대서양과 태평양이라는 두 대양을 앞바다로 끼고 있는 해양 세력이다. 작은 에게해부터 지구를 뒤덮는 대양까지 서양 문명은 바다를 향해 점점 활동 범위를 키워온 모양새다.

유럽과 동아시아를 거시 역사적으로 비교할 때 두드러지게 드러나는 차이 가운데 하나가 외부를 향한 확장성이다. 동아시아에서 바다가 세상의 끝을 자연스럽게 제공하는 경계로 작동했다면, 유럽에서는 오히려 더 넓은 세상을 향해 나아가는 출발점으로 인식되었다. 우리는 15세기 대서양을 가로질러 아메리카를 발견한 콜럼버스나 16세기 세계 일주에 성공한 마젤란을 상상하지만, 사실 바이킹은 11세기에 이미 대서양 북부를 건너 그린란드와 캐나다까지 도달했었다. 그리고 이들보다 1,000여 년이 넘는 한참 전에 페니키아와 그리스인들은 동쪽의 흑해나 지중해 서쪽 끝까지 진출하며 발자취를 남겼다.

세계 지도를 놓고 자세히 관찰하면 에게해나 지중해가 매우 특

아시아의 지중해 시대를 연 서구의 범선.

이한 형상임을 확인할 수 있다. '땅 반, 바다 반'이라는 말이 어울릴 정도로 이들 지역은 육지와 바다가 뒤섞여 있다. 게다가 지중해 지역은 육지의 산악 지역이 바로 바다와 마주하는 경우가 많다. 해안에 도시가 발달하면 산으로 막힌 육지보다 바다를 통해 교류하기가 지리적으로 유리하다.

　지중해처럼 육지와 바다가 어우러진 지형은 아메리카의 북부와 남부 사이의 카리브해나 아라비아반도를 둘러싼 홍해와 걸프 지역을 들 수 있다. 태평양과 아시아가 뒤섞인 동아시아 지역도 유사한 모양이다. 프랑스의 경제학자 프랑수아 지풀루(François Gipouloux)는 《아시아 지중해》라는 저서에서 싱가포르부터 블라디보스토크에 걸친 지역을 유럽의 지중해와 비견할 만한 경제 발전의 무대로 분석한 바 있다.

흥미로운 사실은 《아시아 지중해》에 영감을 주고 개발을 이끈 것이 아시아인이 아니라 유럽의 자본주의 경제였다는 점이다. 16세기에는 유럽 제국인 스페인과 포르투갈이 세계를 양분했고 이두 세력이 만난 지역이 바로 동아시아였다. 스페인은 태평양을 건너 필리핀을 차지했고, 포르투갈은 인도양을 넘어 마카오에 진을 쳤다. 네덜란드도 일본까지 진출함으로써 16~17세기 동아시아 바다에서 무역의 거미줄을 치기 시작한 주역은 유럽의 범선이었던 셈이다.

유럽과 동아시아는 각각의 지중해를 갖고 있었다. 그러나 유럽은 바다를 중심에 두고 문명이 발전했고, 동아시아는 바다를 외면하는 듯 내륙 중심의 발전 양상을 드러냈다. 무엇이 유럽과 동아시아의 이런 차이를 초래한 것일까. 흔히 말하듯 서양인의 개척자 정신과 동양인의 농업을 중시하는 안정 지향적 성향 때문일까.

유럽의 결정적 우위, 화력과 범선의 조합

동아시아의 중심이었던 중국이 물길을 무시했던 것은 아니다. 메소포타미아가 티그리스강과 유프라테스강을 두 기둥으로 삼았다면 중화 문명은 황하와 양자강의 조합이 만들어냈다고 할 수 있다. 게다가 중국은 이미 고대 7세기 수나라 시기에 두 강을 연결하는 운하를 뚫기 시작했고, 1327년에는 베이징과 항저우를 연결함으로써 이미 중세에 1,800km에 달하는 세계 최장의 대운하를 보유하는 대륙이었다. 군사력을 자랑하는 정치 중심인 북부와 경제

16세기 무법지대인 바다에서 스페인과 네덜란드 함선의 만남.

력이 강한 남부가 운하를 통해 하나로 연결되는 셈이었다.

중국은 바다에서도 강력한 힘과 기술을 자랑했다. 유럽에서 포르투갈이 작은 범선으로 아프리카 연안을 따라 내려가면서 바다를 항해하는 시도를 하던 15세기에, 중국 명나라는 엄청난 규모의 함대를 인도양 너머 동아프리카까지 보냈다. 영락제의 명을 받은 정화(鄭和)의 원정(1405~1433년)은 중국 문명과 항해 능력을 세계에 과시했지만 동시에 한계점을 명확하게 보여줬다. 중국은 뛰어난 기술력과 자원을 동원하는 능력이 있었으나 발전을 지속시킬 수 있는 동력이 부족했다.

지구에서 육지보다 넓은 면적을 차지한 바다는 누구에게나 열려 있었다. 게다가 15세기 항해 능력은 중국이 유럽보다 앞서 있었다. 하지만 16세기부터 바다를 통해 세계를 지배한 것은 중국이 아니라 유럽이다. 하나의 제국으로 권력이 집중되어 있었던 중국은 황실의 결정이 해외 진출 여부를 결정했다. 정화의 원정이라는 확장 전략이 갑자기 쇄국의 전략으로 180도 전환될 수 있었다는 말이다.

반면 유럽은 다양한 국가가 경쟁하는 체제였다. 한 나라 왕실의 정치적 결정보다는 해외 진출의 성과가 대항해 시대를 추동하는 힘이 되었다. 해외 무역을 통해 부를 축적할 수 있게 되자 유럽 국가들은 앞다투어 대서양으로 인도양으로 뛰어들었다. 인도네시아의 후추, 중국과 일본의 도자기, 아프리카의 노예는 유럽 세력이 자본을 키우게 한 무역 상품이었다. 또 아메리카의 금과 은은 세계 경제에 유동성을 제공함으로써 자본주의의 발판이 되었다.

유럽의 다양한 국가가 세계의 바다를 호령할 수 있었던 비결은 범선과 화력의 조합이었다. 여기서도 다수의 국가 간 전쟁이 일상화되어 있었던 유럽의 경쟁적 환경이 결정적이었다. 유럽은 바람을 이용해 신속하게 이동하는 범선에 대포를 장착했고, 서로 실전을 통해 지속해서 기술이 발전했다. 이동성과 파괴력의 융합이 유럽의 세계 지배에 결정적인 요인이었다는 설명이다.

유럽은 세계 각지의 상품을 유럽으로 실어옴으로써 무역 이득을 챙기기도 했지만 다른 바다에서 지역 내부의 무역을 관리하는 방법으로도 막대한 돈을 벌었다. 앞서 언급한 '아시아의 지중해'를 호령하며 무역을 주도한 것은 처음에는 스페인과 포르투갈이었고, 이어서 네덜란드의 동인도주식회사(Vereenigde Oost-Indische Compagnie, VOC)가 그 역할을 담당했다. 중국과 일본, 필리핀과 인도네시아를 연결하는 지역 내 무역조차 유럽인들이 독점하는 시대가 열린 것이다.

유럽은 바람의 힘을 빌려 화력을 세계 각지에 투영하고 점점 많은 분량의 화물을 실어 나르는 능력을 보유하게 되었다. 1492년 콜럼버스가 대서양을 횡단한 산타 마리아호는 165톤이었다. 100여 년 뒤 스페인 함대의 평균 중량은 515톤까지 늘어났으며, 1800년 인도양 영국 함대의 배는 1,200톤 정도까지 규모가 커졌다.

뉴욕, 미국의 대표 도시로 부상한 이유

수로와 상업 문화의 친화력은 유럽에서 자본의 축적을 이룬 두 도시가 모두 물 위에 세워졌다는 사실에서 확인할 수 있다. 베네치아는 석호 위에 건설한 도시로, 대로는 물론 골목도 물길이다. 북유럽의 브뤼헤 또한 바다와 강, 운하가 주변을 둘러싼 물길의 도시다.

대양을 향해 나가 세계 무역을 지배한 영국의 런던과 네덜란드의 암스테르담은 항구 도시로 바다와 육지를 연결하는 고리였다. 이런 점에서 미국 뉴욕의 발전사는 의미심장하다. 18세기 말 미국이 독립을 선언할 당시 뉴욕은 미국을 대표하는 도시가 아니었다. 역사적으로 앵글로색슨계 이민의 전통이 강한 보스턴이나 독립 과정에서 중요한 역할을 담당한 필라델피아에 밀리는 처지였다.

뉴욕이 미국을 대표하는 도시로 부상하게 된 계기는 두 가지다. 하나는 증기선의 등장이다. 범선과 화력의 조합이 유럽의 세계 지배를 가능하게 했다면, 증기선의 등장은 강을 거슬러 올라가는 동력을 제공함으로써 거대한 대륙 국가 미국의 내륙 발전을 가능하게 해줬다. 1807년 뉴욕 맨해튼에서 출발한 증기선은 32시간 만에 150마일 상류의 올버니에 도달했고, 다시 30시간 만에 강을 타고 반대 방향으로 내려왔다. 범선으로 일주일이 걸리던 여행이 크게 단축되었고 뉴욕을 통해 내륙까지 개발하는 일이 가능해졌다.

다른 하나는 올버니와 이리호(Lake Erie)를 연결하는 584km 길이의 운하 개통이다. 1817년부터 공사를 시작해 1825년 열린 운하는 오대호(伍大湖) 주변 지역이 전부 뉴욕을 통해 대서양으로 진

미국 자본주의의 아이콘 밴더빌트가 허드슨강에서 운영했던 증기선의 그림.

입하는 계기였다. 뉴욕은 엄청난 규모의 곡창 지대 산물을 수출하는 미국의 문이 된 셈이다. 남부의 뉴올리언스가 미시시피강과 카리브해를 연결하는 지점으로 면화 수출의 관문이었다면, 동부의 뉴욕이 보스턴이나 필라델피아를 제치고 미국 자본주의의 관문으로 부상했다.

　뉴욕을 거점으로 부상한 미국의 대표적인 자본가가 코닐리어스 밴더빌트(Cornelius Vanderbilt, 1794~1877)다. 그는 네덜란드에서 이민 온 가난한 집안 출신으로 맨해튼과 스태튼 아일랜드를 오가는 페리 여객선을 모는 선장으로 시작해 점차 증기선을 활용한 수운(水運)으로 거대한 사업을 일으켰다. 밴더빌트는 강이나 운하를 통한 수운 노선에 진입하고 가격을 대폭 인하해 경쟁업자의 시장을 차지한 뒤, 사업을 되팔고 나오는 전략으로 승승장구하면서 성장을 거듭했다. 수운에서 성공한 그는 철도 산업에서도 막대한 부를 축적했다. 수륙을 섭렵해 교통 사업 분야에서 성공함으로써 미국 자본주의 역사의 아이콘으로 등장했다.

미국이 주도한 현대 운하의 유행은 이제 세계적 차원에서 진행되었다. 1869년 이집트 수에즈 운하의 개통은 지중해와 인도양을 곧바로 연결함으로써 아프리카 대륙을 우회하는 노선을 크게 단축했다. 마찬가지로 1914년 파나마 운하는 대서양과 태평양을 이어줌으로써 미국이 두 대양의 중심 국가로 부상하는 데 결정적인 역할을 했다. 수에즈와 파나마는 이제 지구촌 경제의 대로를 연결하는 혁명적인 지름길로 전 세계가 애용한다.

조선과 해운, 세계화의 필수 조건

배를 제조하는 조선업과 이를 운영하는 해운업은 16세기 유럽의 대항해 시대 이후 세계화를 주도하는 필수 조건이었다. 자본주의 경제 발전의 근간에는 상품의 이동이 전제되기 때문이다. 문제는 바다가 거대한 무법지대였다는 사실이다. 국제법이 자리 잡기 전 세계화의 초기에 국가가 운영하는 함대와 해적 사이에는 거의 차이가 없었다. 공식 해군도 바다에 나가면 타국 상선을 약탈했으며 민간 함선과 해군이 벌이는 전투도 빈번했다.

이런 상황에서 해운과 해군은 하나가 되었다. 앞서 언급한 영국이나 네덜란드의 동인도주식회사는 민간의 해운과 공공 영역의 해군 기능을 하나로 통합한 거대한 조직으로 인도나 인도네시아와 같이 거대한 영토를 관리하는 식민 세력이었다. 국가가 직접 운영하는 해군이 본격 활동을 벌이게 되는 것은 19세기에 이르러서다.

유럽이나 미국 등 서구가 아닌 지역에서 처음 부국강병에 성공한 일본의 사례는 조선, 해운, 해군의 성장으로 가시화되었다. 1854년 미국의 함대에 굴복해 개국하게 된 일본이 제일 먼저 추진한 것은 태평양을 건널 수 있는 배를 만드는 일이었다. 청일 전쟁이나 러일 전쟁에서 일본이 거둔 승리는 막강한 해군력에 기초한 결과였다.

제1차 세계대전 이후 1922년 체결된 워싱턴조약은 일본 해군의 부상을 정확한 수치로 드러내줬다. 미국, 영국, 일본, 프랑스, 이탈리아가 각각 5 : 5 : 3 : 1.75 : 1.75의 비율로 해군력을 유지하겠다는 약속이었다. 미국과 영국이 세계 바다를 지배하는 양대 세력이라면, 일본은 바로 그 뒤를 쫓는 제3의 세력이었던 셈이다. 역설적으로 제2차 세계대전은 미국의 승리에 조선 산업의 능력이 얼마나 중요한 부분을 차지했는지를 보여준다. 미국과 일본이 대립했던 태평양전쟁에서 미국은 총 90척의 항공모함을 동원했으나 일본은 7척에 불과했다.

패전 후 일본은 민간 조선업에 집중해 경제 발전의 토대로 삼았고 1990년대 한국이 추월할 때까지 세계 1위 조선 대국의 위치를 지켰다. 일본과 한국의 조선업은 해운의 거대화라는 구조적 변화를 동반했다. 국가는 물론 대륙을 넘나드는 무역이 발달하면서 광석이나 곡식, 석유 등을 운반하는 배의 규모가 점차 커졌다. 특히 석유를 실어 나르는 유조선의 규모는 50만 톤을 넘어섰다. 1979년 일본에서 제작한 시와이즈 자이언트(Seawise Giant)는 56만 톤급으로 세계 최대 규모다.

컨테이너의 상용화도 무역 세계화의 핵심적인 주춧돌이었다. 특히 1970년대 정착한 컨테이너의 규격화는 해운과 육상에서의

세계 무역의 상징이 된 컨테이너선.

운반을 연결해 복합적 상품 운송을 기계화하는 데 결정적인 요인
이었다. 유엔의 통계에 따르면 2020년 기준 세계 무역에서 해운이
차지하는 비중은 80퍼센트에 달한다. 항구도 해운의 거대화에 적
응해야 했다. 내륙의 런던보다는 로테르담처럼 대규모 배를 직접
댈 수 있는 해안의 항구들이 부상하기 시작한 것이다.

불어나는 배의 규모를 제한한 요인은 오히려 운하나 해협과 같
은 물길의 크기다. 해운에서는 파나맥스, 수에즈맥스 등의 표현이
있는데 각각 파나마와 수에즈 운하를 통과할 수 있는 규모를 말한
다. 말라카맥스는 세계에서 가장 물량이 많다는 말레이시아와 인
도네시아 사이의 말라카 해협을 통과할 수 있는 30만 톤 규모를
의미한다. 최근에는 중국의 부상을 반영하듯 차이나맥스라는 기
준도 언급된다. 이는 브라질에서 중국까지 철광석을 운송하는 40
만 톤 규모를 지칭한다.

무한의 공간, 하늘을 날다

교통의 관점에서 하늘은 매우 특수하다. 육지나 물 위에서 이동하는 데는 길과 동력이 비슷하게 중요하다. 역사적으로 육상 교통의 경우 도로가 상당 부분 결정적인 역할을 담당했다. 행군하거나 말을 타고 이동하려면 도로의 유무가 이동하는 속도와 규모를 정했기 때문이다. 기차나 자동차도 철도와 고속도로가 있어야 제 기능을 발휘할 수 있다.

수상 교통의 경우 육지만큼 도로를 만드는 일이 결정적인 요소는 아니었다. 강, 호수, 바다 등 수면 자체가 도로가 되어줬기 때문이다. 하지만 강물을 거슬러 올라가는 일은 타고 내려오는 데 비해 시간과 에너지가 훨씬 많이 들었다. 바다에서는 바람의 방향과 강도가 배의 이동 가능성을 결정했다. 예를 들어 고대 로마 시대 이탈리아에서 이집트 알렉산드리아로 가는 데 북서풍을 등에 업으면 일주일이면 됐지만, 반대로 돌아올 때는 40~70일이나 걸렸다. 풍향에 영향받지 않는 증기기관이나 내연기관이 수상 교통을 혁명적으로 뒤바꿔놓게 된 이유다.

하늘에는 딱히 길이라 부를 만한 부분도 없다. 나는 기술만 있으면 온통 길이 될 수 있는 셈이다. 운하와 같은 물길조차 불필요하다는 의미다. 하지만 물을 타는 것보다 공기를 타고 나는 기술은 훨씬 어려웠고 20세기가 돼서야 인류는 새처럼 하늘을 날 수 있었다. 1904년 미국에서 라이트 형제(Wright brothers)가 비행에 성공했고, 그로부터 불과 5년 뒤 프랑스의 루이 블레리오(Louis Blériot)는 도버 해협을 뛰어넘어 영국과 프랑스를 연결했다.

항공 교통의 발전으로 인해 크루즈 휴양 산업으로 전환해야 했던 대규모 선박.

　16세기부터 유럽의 범선이 화물의 수송 능력과 전투력을 겸비하면서 제국주의 시대를 열었다면, 20세기의 비행기는 조금 다른 길을 걸었다. 비행은 자연에 대한 인간의 승리라는 문명사적 의미를 지녔으나 수송 능력에는 명백한 한계가 있었다. 반면 길이 없어도 자유자재로 이동하는 능력과 빠른 속력을 활용해 전투에 투입되었다.

　제1차 세계대전에는 주요 참전국들이 모두 비행기를 활용하기 시작했고, 제2차 세계대전부터는 전투 및 폭격기가 전쟁의 가장 핵심적인 작전을 수행하는 수단으로 떠올랐다. 독일의 런던 폭격이나 연합군의 독일 폭격, 일본의 가미카제(神風)와 미국의 원자폭탄 투하 등은 모두 비행기 없이 전쟁을 치르기는 어렵다는 사실을 증명했다. 심지어 21세기 아프가니스탄에서도 미군의 우월성은 하늘을 장악하는 능력에 의존했다.

　뉴딜 경제 정책으로 유명한 미국의 루스벨트 대통령은 1939년 제2차 세계대전이 유럽에서 발발하자 일찍이 나치 독일과의 전쟁을 예상하고 준비를 시작했다. 그는 미국이 항공기를 대량 생산하려면 자동차 산업을 동원해야 한다는 사실을 깨달았다. 포드와 GM 등 자동차 회사들을 설득하면서 국방 예산을 증액했고 대규모 공장 건설에 나섰다.

1940년 미국의 자동차 생산량은 400만 대에 달했으나 1942년에는 22만 대로 줄었고, 제2차 세계대전이 한창이던 1943년에 출시된 민간 자동차는 139대로 급감했다. 반면 일본의 진주만 폭격으로 제2차 세계대전에 본격적으로 참여하면서 수백 대에 불과하던 비행기 생산량은 1년도 지나기 전에 이미 4만 8,000대로 폭증했고, 이듬해에는 10만 대까지 늘어났다. 세계 최대의 자동차 산업을 1~2년 만에 최강의 항공기 산업으로 전환하는 데 성공한 셈이다.

항공 산업과 인적 교류의 시대

산업으로서 항공 교통은 무게가 나가는 화물보다는 사람을 실어 나르는 데 더 적합했다. 빠른 속도를 활용해 장거리 여행에서 시간을 크게 절약할 수 있었기 때문이다. 국제 항공으로 운송을 시작한 시기는 제1차 세계대전 이후 1919년 매일 파리와 런던을 연결하는 노선이 만들어지면서다. 1939년에는 미국의 팬암(PanAm)사가 샌프란시스코에서 출발해 6일 만에 태평양 너머 홍콩에 도착하는 데 성공했다.

항공 산업이 본격적으로 전 세계 대륙을 연결하면서 인적 교류가 늘어나게 된 시기는 제2차 세계대전 이후인 1950년대다. 예를 들어 증기선을 타고 유럽과 뉴욕을 오가는 탑승객 수는 1890년대 100만 명을 넘었고, 이 규모는 1920년대까지 유지되었다. 연평균

100만 명 규모의 북대서양 횡단은 해운이 주로 담당했다. 하지만 1957년이 되면 비행기 이용객이 배를 타는 사람보다 많아진다. 그러다 1960년대에 이르러서는 대서양을 오가는 여객선이 운항을 중단했다. 이후 거대한 배는 천천히 여행하면서 여유를 즐기는 크루즈라는 휴식의 공간으로 변했다.

제트기 여행 시대를 본격적으로 연 것은 다수의 인기 모델을 생산한 미국의 보잉사다. 1958년 시장에 투입된 보잉 707부터 항공기 역사상 베스트셀러로 손꼽히는 소형 737을 거쳐 거대한 747까지 세계 항공기 시장의 선두를 달렸다.

미국 보잉사의 지배에 도전장을 던진 것은 1970년 프랑스와 독일이 공동으로 창설한 에어버스사다. 이후 영국과 스페인이 동참함으로써 에어버스는 유럽을 대표하는 기업으로 성장했고, 21세기 현재 미국의 보잉사와 경쟁하며 세계 항공기 시장을 양분하고 있다. 2001년부터 2015년 사이 항공기 생산량은 보잉 6,803대, 에어버스 6,133대로 엇비슷한 수준이다.

비행기 탑승은 이제 해외여행의 대명사가 되었다. 에어버스는 2007년 승객을 최대 850여 명까지 태울 수 있는 A380을 개발해 시장에 투입했다. 자본주의 초기에 많은 국가의 영토가 하루 생활권이 되었듯이 21세기 지구촌은 1일 여행권 안에 들어왔다. 영국에서 호주까지, 또는 미국에서 남아공까지 20시간 이내로 도달할 수 있는 대형 제트기들이 투입되고 있다. 또 뉴욕과 시카고 사이에 매일 200편이 넘는 항공편을 운항할 정도로 미국은 비행기 여행이 일상화되었다. 항공 여행이 수월해지자 관광 산업도 덩달아 성장하는 계기가 되었다.

물론 21세기가 항공 산업에 던진 거대한 충격도 만만치 않다. 2001년 미국에서 발생한 9.11 사건은 수백 명의 승객을 태우고 하늘을 나는 거대한 항공기가 테러의 수단으로 돌변할 수 있다는 사실을 일깨웠다. 이후 세계 각지의 공항에서 검문검색이 중요한 비즈니스로 부상했을 정도다.

다른 한편, 2020년 단시간에 팬데믹을 일으킨 코로나19 위기는 신속하게 진행되는 대규모 인적 교류의 결과라고 할 수 있으며, 동시에 인류의 점증하는 이동 패턴을 급격하게 중단시키는 결과를 낳기도 했다. 코로나 팬데믹이 종결된 2023년 현재 세계 항공 업계는 다시 힘차게 회복세를 보이고 있다.

13

유통
자본주의의 미세 혈관

교역이 평화를 가져오는가. 《법의 정신》으로 유명한 18세기 프랑스의 철학자 몽테스키외(Montesquieu)는 무역하는 나라 사이에는 전쟁의 위험이 줄어든다고 관찰했다. 이런 주장은 훗날 국제정치학에서 민주주의 국가들 사이에는 평화가 정상적인 상태라는 민주평화론으로 전개되기도 했다. 하지만 21세기 미국과 중국의 관계를 보면 교역의 폭발적 증가에도 불구하고 서로 적대적인 관계로 발전했다는 점에서 몽테스키외의 주장을 확인하기는 어렵다. 다만 정치 체제가 민주적인 미국과 공산 독재의 중국이라는 점을 고려하면 두 강대국의 대립은 자연스러워 보인다.

물론 18세기의 몽테스키외를 통해 21세기의 세계 정치를 살펴보는 일 자체가 시대착오적일 수 있다. 18세기의 무역이란 기본적으로 상인과 상품이 함께 움직이는 시스템이었다. 고대 실크로드부터 중세 유럽의 상인을 거쳐 조선의 보부상까지 교역의 기본은 상인과 상품이 동시에 이동하는 모습이었다. 이런 시스템에서는 교역이 평화를 가져오기보다는 평화가 교역의 기본 조건이 되는

고대 로마의 트라야누스 포럼. 초기 소매 가계가 모인 시장.

셈이었다.

애덤 스미스(Adam Smith)가 주목한 시장의 성장은 또 다른 원칙을 따른다. 상인과 상품이 지리적으로 집중해 있는 상황에서 구매자 또는 소비자들이 이동하는 방식이다. 우리가 흔히 쇼핑이라고 부르는 활동을 말한다. 19세기부터 자본주의가 본격적인 성장의 궤도에 올라서고 대량 소비의 시대가 열리면서 사람들은 물건을 사기 위해 걸어서, 또는 차를 타고 분주하게 움직이게 되었다.

20세기와 21세기에 교통과 통신이 발달하면서 이제는 상인도 구매자도 움직이지 않고 상품만 이동하는 시대가 도래했다. 처음에는 우편으로 보내던 주문이 이제 전화 한 통으로 해결되고, 최근에는 스마트폰 앱을 통해 별의별 구매를 다 할 수 있다. 돛단배에 목숨을 걸고 대양으로 나아가 세계를 누비던 상인의 시대는 가고 거실 소파에서 소비자가 원하는 물건을 해외에 직접 주문해 집으로 배송받는 편안한 교역의 세상이 펼쳐졌다. 유통 인프라라는 자본주의의 그물이 확고히 뿌리를 내린 덕분이다.

국제 시장의 탄생, 샴페인

세계 소비자에게 있어 샴페인은 가장 비싼 편에 속하는 고급 포도주를 뜻한다. 샴페인은 19세기에 이미 자본주의의 럭셔리 마케팅 시대를 열었다. 축제나 기념일에 터뜨리는 '축하의 와인'이라는 이미지를 널리 알렸고, 모조품을 만들지 못하도록 특정 지역을 상표로 제도화한 특수 상품이기도 하다.

샴페인은 포도주로 유명해졌으나 원래 파리에서 동쪽으로 100~200km 정도 떨어진 프랑스의 역사적인 지방 이름이다. 프랑스어 발음은 샹파뉴지만 영어로 발음하면 샴페인이 된다. 샴페인 지방은 이미 중세 12~13세기에 유럽 자본주의의 기원을 형성하는 핵심 고리였다. 당시 유럽에서 경제가 가장 발달했던 북유럽 네덜란드와 남유럽 이탈리아 사이에 지리적으로 중간에 있기 때문이다. 게다가 서쪽에는 프랑스가, 동쪽으로는 독일이 자리하고 있어 유럽 경제의 교차로인 셈이었다.

샴페인 이전에도 인류 역사에는 다양한 시장이 존재했다. 고대 바빌론이나 아테네와 로마, 중세 이슬람 제국의 바그다드나 송나라의 변경(汴京)은 모두 발달한 도시 시장을 보유하고 있었다. 이들의 공통된 특징은 해당 나라나 제국의 수도로서 정치적 기능을 동반하는 상업이 발달했다는 사실이다.

하지만 샴페인은 달랐다. 그곳에는 어떤 정치적 기능도 없었다. 다양한 나라의 상인들이 상품의 유통을 위해 만든 교역의 중심이었기 때문이다. 중세 샴페인 페어(Fair)란 실제 샹파뉴 지역의 4개 도시를 순회하는 장이었다. 런던의 양털과 브뤼헤의 모직, 이탈리아 제노바 상인들이 가져온 동방의 향신료와 염색약, 프랑스의 포도주, 독일의 모피가 샹파뉴에서 교역의 대상이 되었다.

물론 진정한 의미의 국제 시장이 탄생하기 위해서는 최소한의 질서와 안전이 필요했다. 샴페인을 지배하는 백작들은 장이 열리는 도시에서 상업 활동이 만개할 수 있도록 치안을 보장했다. 게다가 신용을 바탕으로 진입장벽을 만들었다. 거래의 약속을 제대로 지키는 상인들만이 계속 장에 참여할 수 있는 제도가 세워졌다. 또 공통 측량의 기준을 제공해 상인들의 거래 비용을 낮추는 공공재를 보장했다.

샴페인의 국제 시장 형성은 향후 자본주의 발전의 비법을 상당히 명백하게 제시했다. 치안과 질서가 바로 설 만큼 공권력이 강해야 하지만 상업을 위축시킬 정도로 입김이 강해지면 곤란하다. 거래의 약속을 보장할 수 있는 신뢰가 필요하나 너무 강한 규제는 상인들을 도망가게 만든다. 이러한 질서와 자유의 균형, 공권력과 시장의 긴장이야말로 물처럼 흐르는 상품의 유통을 보장하는 비밀이다.

미국의 우체국, 유통을 통한 국가 건설

자본주의 시장경제를 문화적으로 분석한 대표작《프로테스탄트 윤리와 자본주의 정신》에서 막스 베버는 미국 건국의 아버지 벤저민 프랭클린(Benjamin Franklin, 1706~1790)을 길게 인용한다. 프

랭클린은 청년들에게 청교도적 윤리ㄹ   ']반한   실하고 근면
한 삶을 제안하면서 오늘의 저축이 이╯   수많은   ╢끼를 낳는
미래 재산의 종자가 될 것이라는 사실을   켰다. 프랭클린은
'시간은 돈'이기에 게으름을 피우는 것은ᆞ   를 짓는 것과 같
다는 근대적 논리를 명확하게 확립한 장본인

　18세기에 프랭클린은 펜실베이니아대학교ᆞ   ?   ├ 미국 독
립선언문을 작성하고 주(駐)프랑스 대사를 역잎   ℬ 다양한 방
면에서 새나라 건설에 혁혁한 공을 세웠다. 이런 프랭클린의 업적
에 가려 그다지 잘 알려지지 않은 사실은 그가 미국 초대 체신부
장(Postmaster General)이었다는 사실이다. 미국이라는 미래 자본주
의 강대국의 경제적 정신을 세운 사람이 동시에 초대 체신부장이
었다는 사실은 결코 우연이 아니다.

　당시 미국은 거대한 대륙을 차지했으나 인구는 400만 명에 불
과해 지극히 작은 나라였다.

미국이 하나의 나라로 뭉쳐
서 독립하기 위해서는 서로
소통하는 일이 무엇보다 결
정적인 요소임을 프랭클린
은 간파했던 셈이다. 따라서
미국 의회는 1792년 '우체국
법'을 채택해 연방 우편 제도
를 설립했다. 덕분에 미국은
편지와 소포를 통해 아이디
어가 자유롭게 유통할 수 있

조제프 시프레드 뒤플레시스(Joseph-Siffred
Duplessis), 벤저민 프랭클린의 초상화.

는 공간으로 발전할 수 있었다.

우체국은 설립되면서 곧바로 미국이라는 신생국의 뼈대로 우뚝 섰다. 실제 창립 후 연방 정부에서 가장 많은 직원을 거느린 부처로 부상했다. 또 1816년 미국의 연방 공무원 가운데 69퍼센트가 우체국장일 정도였다. 이 비중은 1841년 79퍼센트까지 증가한다. 게다가 우체국 실무를 보는 인원은 이보다 훨씬 많았다. 연방 우편 제도는 많은 민간 업자들과 협력 체제를 구성했기 때문이다.

1831년 미국을 방문한 프랑스의 알렉시 드 토크빌(Alexis de Tocqueville)은《미국의 민주주의》에서 우편 제도가 가능하게 만든 편지와 신문의 유통에 놀라움을 표했다. 토크빌은 아이디어의 유통을 미국의 활발한 '지적(知的) 운동'이라고 표현했다. 당시 미국 전역의 우체국 숫자는 9,000여 개로 인구 대비 영국의 2배, 프랑스보다는 5배나 많았다. 〈뉴욕타임스〉가 우체국이야말로 미국 "민간 정부의 가장 강력한 팔(mighty arm)"이라고 지칭할 정도였다.

우체국을 통해 미국 자본주의를 한 단계 발전시킨 인물로는 프랭클린에 이어 존 워너메이커(John Wanamaker)를 들 수 있다. 그는 1889년부터 1893년까지 체신부장으로 재임하면서 농촌 무료 배송(Rural Free Delivery) 제도를 계획했다. 미국은 영토가 워낙 방대해서 시골 사람들은 도시까지 나가서 편지와 소포를 받아 오거나 추가로 돈을 내고 민간 운송업자에게 배달을 의존하는 상황이었다. 농촌 무료 배송이란 공공 서비스로 추가 부담 없이 우체국이 전국 방방곡곡까지 배달을 담당한다는 뜻이다.

워너메이커의 계획은 점진적으로 실현되어 20세기에 들어와서는 전국적 우편 판매가 가능하게 되었다. 이 사례가 무척 흥미로운 이유는 시장경제의 고장 미국에서조차 전국을 하나의 유통 구조로 통합한 주인공은 연방 정부의 우체국이었다는 사실 때문이다. 신생국의 조밀한 우편 제도가 신문이나 특허 신청 등 아이디어의 유통을 가능하게 만들었다면, 농촌 무료 배송은 자칫 고립되기 쉬운 거대한 영토의 국민을 하나의 시장으로 묶어낸 셈이다. 시장경제 형성의 공적 필요성을 의미한다. 나중에 등장한 UPS나 페덱스(Fedex)와 같은 국제적 배송 회사들도 우체국의 자식이라고 할 만하다.

풍요의 시대, 편리한 거래

자본주의 물질문명의 발전은 획일적이지 않다. 나라마다 환경이 다르기에 그 특징을 반영할 수밖에 없다. 19세기 후반 미국은 거대한 영토에 인구의 70퍼센트가 농촌에 거주했기 때문에 그곳에 적합한 유통 구조가 발달할 수밖에 없었다. 우체국이 소포를 곳곳에 저렴하게 배달하는 시스템이 구축되자 유통 혁명이 일어났다.

워너메이커가 만들어놓은 제도를 가장 효율적으로 활용한 것은 애런 몽고메리 워드(Aaron Montgomery Ward)라는 사업가다. 그는 시골 소도시에 자리 잡은 중간 상인들을 뛰어넘어 농민과 직접 거래에 나섰다. 농작물을 재배해 도매상에게 넘기는 일이 익숙했던 미국의 농민들은 직거래의 장점을 충분히 잘 알고 있었다. 워드는 32쪽의 포켓 카탈로그를 만들어 163개의 다양한 상품을 저렴한 가격에 우송(郵送) 판매하기 시작했다. 품질이 들쑥날쑥했던 소도시 상점의 상품과 비교했을 때 워드의 판매품은 균질적 품질을 보장할 수 있었다.

워드의 유통 혁명이 성공을 거두자 경쟁자들이 시장에 뛰어들기 시작했다. 돈만 받고 물건을 보내지 않거나 저질의 상품을 배달하는 사기꾼들도 다수 등장했다. 워드가 쌓아놓은 신뢰의 유통 시스템을 한숨에 무너뜨릴 수 있는 위험한 상황이었다. 그러자 워드는 소비자가 원한다면 모든 상품에 대해 환불(還拂) 정책을 시행함으로써 세계 어디에서도 존재하지 않았던 유통의 혁명을 완성했다.

워드는 유통 사업이 성공하려면 전통적인 대면 거래가 아닌 경우 구매자의 신뢰를 확보하는 것이 최우선이라는 사실을 간파했던 셈이다. 그의 회사 이름은 '몽고메리, 워드 & 컴퍼니'다. 몽고메리 워드라는 자신의 이름을 쉼표로 나눠놓고 마치 여러 명이 함께 꾸린 회사라는 환상을 줌으로써 신뢰도를 높였고, 전면적 환불 정책으로 신용을 쌓았다.

1895년 워드의 회사는 시카고를 중심으로 거대한 사업 구조를 형성했고 그의 카탈로그가 무려 600쪽에 달할 정도로 다양한 상품을 취급했다. 옷을 만드는 천부터 책까지, 장난감과 농기구, 피아노나 가구, 식기, 총기까지 워드의 카탈로그는 농촌의 풍요로운 상점이 되었다.

워드와 비슷한 시기에 활동하면서 현대 유통의 문을 연 다른 사업가로는 리처드 워런 시어스(Richard Warren Sears)를 들 수 있다. 그는 미네소타에서 유통 관리 사업을 하고 있었는데, 시계업자가 보낸 500개의 시계를 보석상들이 거부하면서 헐값에 수백 개의 시계를 떠맡게 되었다. 집단 구매의 힘을 깨달은 시어스는 1894년

1913년 우체국이 배달하는 소포 마차.

'시어스, 로벅 & 컴퍼니'라는 회사를 차리고 시계에서 다양한 상품으로 영역을 넓혀갔다. 그는 구매자가 상품을 반환할 경우 회사가 그 배송 비용을 부담한다는 원칙까지 내세웠다. 워드의 단순한 환불보다 한 걸음 더 나아간 셈이다.

소비자의 믿음을 확보하려는 전략은 워드나 시어스나 마찬가지였다. 시어스는 모든 상품을 판매하더라도 주류(酒類)만큼은 취급하지 않는다고 선포했다. 도덕적이고 윤리적인 유통 회사임을 강조한 것이다. 물론 시어스의 회사는 술이나 담배를 끊는 별의별 약품을 취급했고, 전기가 인간에게 에너지를 전달해줄 것이라며 '하이델베르크 전기벨트'와 같은 희한한 상품도 판매했다. 기독교 사회의 도덕적 가치에 편승하는 한편, 상업적 이익을 추구하는 데는 큰 망설임이 없었다고 할 수 있다.

토크빌이 보고 놀랐던 미국의 우체국 제도는 아이디어와 특허의 지적 운동만을 추동했던 것이 아니다. 한 세기가 지나면서 워드와 시어스는 우송 시스템을 통해 세계에서 가장 광범위한 소비와 유통의 종합 공간을 형성한 것이다. 중서부 농부가 드넓은 옥수수밭을 바라보며 카탈로그에서 고른 물건을 집까지 배달해주는 편리한 세상이 열렸다.

새로운 쇼핑 문화를 연 백화점

소비 문화가 도시뿐 아니라 농촌까지 속속들이 파고드는 변화와 함께 19세기 후반은 또 다른 사회적 혁명을 잉태하고 있었다. 가정 내에서 여성의 지위가 높아지고 있었던 것이다. 전통 사회에서 가정 내 여성의 역할은 집안을 관리하고 바느질로 옷을 만들거나 아이들을 돌보는 일이었다. 그러나 19세기 후반이 되면서 가정은 이제 생산이 아닌 소비의 단위로 부상하게 되었다.

마침내 여성이 소비의 핵심적인 주체로 떠오른 것이다. 노예 제도 폐지에 큰 영향을 미친《톰 아저씨의 오두막》의 작가 해리엇 비처 스토(Harriet Beecher Stowe)는 언니 캐서린(Catherine)과 함께 1869년《미국 여성의 가정(American Woman's Home)》이라는 책을 출판했다. 당시에는 노예 제도의 철폐와 남녀 역할 구분은 자연스러운 조합이었던 셈이다. 남자들이 정치와 투표를 논한다면, 여성이야말로 가정을 관리하면서 기독교적인 미국인의 삶을 지배하는 존재였다. 이 책은 여성이 가정의 주인으로서 어떻게 집안을 꾸미고, 가구를 선택하며, 남편과 아이들에게 시의적절한 옷을 골라줘야 하는지를 설명했다.

남편이 밖에서 돈을 벌어오면 부인은 월급을 적절하게 저축하고 소비하는 가계 관리자로 부상했다. 가정학의 탄생이라고 볼 수 있다. 구매력을 갖춘 여성을 위한 소비의 공간도 필요했다. 대도시의 백화점이야말로 19세기의 이런 사회 문화적 변화를 동반하는 유통 혁신의 장이었다. 전통적으로 대도시에는 다양한 전문 상점들이 즐비했다. 고대 바빌론부터 근대 런던이나 뉴욕, 파리까지 이어지는 전통이다. 하지만 백화점은 한 공간에 모든 상점을 집중해 놓은 쇼핑 천국이다.

아일랜드 출신 알렉산더 터니 스튜어트(Alexander Turney Stewart)는 1862년 뉴욕에 최초의 백화점을 열었다. 10번가와 브로드웨이 코너에 자리 잡은 '캐스트 아이언 플레이스(Cast Iron Place)'는 정가 정책으로 흥정의 불편함을 사라지게 했고, 누구나 자유롭게 입장해 한가하게 아이 쇼핑을 즐길 수 있도록 만들었다. 고급 부티크 상점은 아무나 들어가기엔 부담스런 공간이었으나 백화점의 개방성은 새로운 시대를 상징했다. 오죽하면 백화점의 개방성을 두고 인간 '존엄성의 평등'이라는 개념을 적용했겠는가.

당시 백화점의 인기는 대단했던 모양이다. 남북전쟁(1860~1865)이 한창이었음에도 불구하고 링컨(Abraham Lincoln) 대통령 부인의 과도한 쇼핑을 위해 의회에서 백악관의 예산을 특별히 증액했을 정도였다. 스튜어트의 백화점 주변에는 연달아 메이시스(Macy's), 로드앤드테일러(Lord & Taylor), 김벨스(Gimbels) 등의 백화점이 경쟁적으로 들어서면서 일명 뉴욕의 '레이디스 마일(Lady's mile)', 다시 말해 '여성의 거리'가 형성됐다.

대서양 건너 프랑스에서도 백화점은 새로운 쇼핑의 문화를 열어갔다. 파리에는 1887년에 완공된 봉마르셰 백화점에 이어 프랭탕, 라파예트 등 지금도 명성을 떨치는 쇼핑의 전당들이 문을 열었다. 당시 프랑스의 대표 문인 에밀 졸라(Emile Zola)는《여인들의

프랑스 파리의 초기 백화점 봉마르셰.

행복 백화점》이라는 소설을 발표할 정도로 백화점은 당시 상업 시대를 반영하는 상징으로 떠올랐다.

미국의 월마트와 아마존의 성공

유통 구조가 해당 사회의 문화를 반영하는 현실은 유럽과 미국에서 각각 확인할 수 있다. 백화점이란 유통에서 규모의 경제를 실현하는 방식이다. 전통적으로 시장이라는 같은 공간에 다양한 상인이 모여 구매의 편리를 제공했다면, 백화점은 한 상인이나 회사가 균질적인 조건의 거대한 시장을 형성한 셈이기 때문이다.

물론 백화점이라는 유통 구조는 도시가 이미 발달한 지역에서 유리하다. 백화점은 도시의 인프라에 편승해 유통 시설을 건설하는 방법이다. 오래전부터 도시가 발달한 문명인 유럽에서 백화점이 인기를 끌고, 특히 프랑스처럼 고급 상품을 전문으로 판매하는 쇼핑의 대국으로 성장한 나라에서 백화점이 발전한 사실은 우연이 아니다.

반면 미국은 거대한 영토를 유통 구조로 뒤덮는 일이 급선무였다. 워드나 시어스의 경우처럼 우체국을 통한 통신 판매의 발전이 이런 환경을 반영한다. 20세기 들어 미국이 개척한 유통의 혁신은 월마트로 상징된다. 허허벌판에 커다란 창고 같은 상점을 마련해 놓고 주변 시골 인구의 구매력을 끌어당기는 사업은 미국뿐 아니라 세계의 경제 구조를 바꿔놓는 변화를 초래했다.

월마트의 창시자 샘 월튼(Samuel Walton)은 1960년대 미국 중서부의 아칸소, 미주리, 오클라호마를 기반으로 다양한 상품의 염가 판매를 전문으로 하는 디스카운트스토어를 시작했다. 과거 통신 판매의 기법과 마찬가지로 중간 상인을 없애면서 가격을 인하할 수 있었다. 게다가 월튼은 아칸소주 벤튼빌(Bentonville)을 월마트 네트워크의 총사령부로 삼아 컴퓨터를 통한 재고 관리 시스템을 설립했다. 수천 개의 매장에서 팔리는 상품을 실시간으로 관리함으로써 효율적인 유통 체계를 추구했다.

시대적으로 월마트의 성공은 자동차가 미국인의 삶을 지배하는 시기와 일치한다. 소비자의 이동성이 수월해지면서 그들을 거대한 창고 매장으로 유인할 수 있었다는 의미다. 월마트는 점진적으로 부상해 2021년에는 1만 개가 넘는 점포와 230만 명의 직원을 거느리는 세계 최대의 유통 기업으로 성장했다. 게다가 유사한 형태의 홈디포, 코스코, 타깃 등의 체인들도 덩달아 발전했다.

주말이면 차를 몰고 쇼핑몰에 가서 카트에 물건을 잔뜩 담아 사

아마존의 독일 그라벤 물류센터. 제프 베이조스의 아마존은 21세기 세계를 지배하는 유통 공룡으로 입지를 굳혔다.

오는 일은 미국식 풍요로움의 상징이 되었다. 소비자를 대신해 거대한 유통 회사가 저렴한 가격을 흥정하는 구조는 미국을 넘어 전 세계로 확산했다. 싼 제품을 찾으려는 노력은 일본과 한국을 거쳐 중국의 산업화에 결정적인 역할을 했다. 동아시아의 장난감과 전자 제품을 비롯한 소비 상품이 미국 시장을 지배하게 된 데는 월마트가 결정적으로 기여했다.

자동차 시대의 대표 유통 기업이 월마트라면, 인터넷 시대에는 아마존의 부상을 꼽을 수 있다. 제프 베이조스(Jeff Bezos)가 워싱턴주에서 처음으로 인터넷 소매를 시작한 것은 1994년, 즉 월마트보다 30여 년 뒤다. 처음에는 도서 판매로 시작했으나 아마존은 점차 모든 상품을 거래하는 플랫폼으로 발전했다. 오프라인의 월마트와 온라인의 아마존은 소비 천국 미국을 지배하는 양대 공룡이 되었고, 중국의 생산 능력은 두 회사에 상품을 공급하는 원천으로 떠올랐다.

종합상사부터 알리바바까지

20세기 아시아의 경제 도약에 주도적인 역할을 담당한 일본은 어떤 독특한 유통 구조를 만들어냈을까. 사실 자본주의가 부상하는 17세기 영국이나 네덜란드의 동인도주식회사는 아시아의 다양한 상품을 유럽 시장에 파는 세계 유통의 첨병이었다. 후추와 같은 인도와 동남아의 향신료, 중국과 일본의 도자기, 중국의 비단과 인도의 면직물은 대륙 간 거래되는 무역의 핵심적인 상품이었다.

19세기 메이지 유신을 거쳐 세계의 생산 강대국으로 부상한 일본은 종합상사라는 특수한 형태의 유통 기업을 발전시켰다. 개항에 발맞춰 일본의 상업 문화에 뿌리를 내리고 있었던 미쓰이나 미쓰비시 등을 중심으로 무역과 유통을 담당하는 특수 회사들이 성장하기 시작한 것이다. 특히 1950년대부터 일본의 종합상사는 세계의 원자재를 일본으로 수입해 부가가치가 높은 상품으로 제조한 뒤 세계 시장으로 다시 유통하는 과정에서 핵심적인 역할을 톡톡히 해냈다. 오죽하면 소고쇼샤(Sogo Shosha)라는 종합상사의 일본어 발음이 영어권에서까지 통용되었겠는가. 한국도 일본의 모델을 따라 종합상사 제도를 발전시킨 특수한 경우다.

소매 유통 구조에서 일본 모델은 편의점이라는 상점 체인을 발전시켰고 한국은 이를 답습했다. 거대한 영토에 농촌 인구가 많은 미국에서 월마트와 아마존이 자라나고, 대도시에 귀족적 명품 쇼핑 전통이 있는 유럽에서 백화점이 만개했듯, 인구 밀도가 세계에서 가장 높은 축에 속하는 일본과 한국에서는 편의점이 뿌리를 내렸다. 20세기 일본과 한국은 인구 밀도뿐 아니라 노동 시간도 세계 최장이었다. 24시간 영업하는 편의점에서 새벽이나 밤늦게 주먹밥이나 컵라면을 사 먹는 문화에서 탄생한 유통 패턴이었다.

20세기 후반부터 본격적으로 경제 발전의 궤도에 오른 중국 또한 독특한 소비와 유통 문화를 생성했다. 대국답게 거대한 규모를 지향하는 중국의 취향은 공산주의의 집단적 의지와 결합해 더욱 큰 힘을 얻었다. 여기에 자본주의적 소비문화가 합쳐지자 현기증이 날 정도의 대형 백화점들이 대도시마다 우후죽순 자라나기 시작했다. 베이징과 상하이는 물론 청두나 충칭과 같은 내륙 대도시까지 파리와 뉴욕이 부럽지 않은 초호화 백화점들이 쑥쑥 자라났다.

게다가 21세기의 중국은 세계 최첨단의 전자 상거래 국가로 성장했다. 미국은 유럽보다 넓은 영토에 더 많은 인구가 살았고, 그 덕분에 세계적인 유통 시스템과 회사들이 부상할 수 있었다. 그런데 중국의 인구는 미국보다 규모도 4~5배 많고 밀도도 더 높다. 이런 잠재력 높은 시장에 인터넷이나 모바일 기술이 합쳐지면서 중국은 알리바바로 상징되는 유통 및 금융 분야의 공룡을 생산했다.

샹파뉴에서 열리는 시장에서 물건을 팔기 위해 알프스산맥을 힘겹게 넘던 중세 이탈리아 상인들과 비교한다면, 손바닥 안의 스마트폰을 통해 해외 물건을 소비자가 직접 구매하는 21세기는 지구촌 소비의 발전적 변화를 통해 격세지감을 느끼게 한다. 서울에 앉아 프랑스 샴페인의 종류와 브랜드, 생산 연도를 골라 주문할 수 있으니 말이다. 이제 자본주의의 미세 혈관은 지구촌 곳곳을 연결하며 속속들이 침투해 상품을 배달하는 유통 천국을 이뤘다.

PART 3

부와 다양성의 자본주의 여행

14

화폐
돈으로 세상의 가치를 통일하다

2021년 11월 미국 퓨(Pew) 리서치센터는 '삶의 의미'에 관한 여론 조사를 발표했다. 결과는 충격적이다. 주요 선진국 17개국 중에 한국은 '물질적 풍요'를 1위로 꼽은 유일한 나라다. 자본주의의 뿌리인 영국, 프랑스, 독일은 물론 현대 자본주의의 심장인 미국에서조차 삶의 의미를 주는 제1의 가치는 가족이라고 답했다. 심지어 한국인은 가족의 의미를 자신의 건강보다도 후순위에 두었다.

이번 조사는 여러 면에서 흥미로운 사실을 보여준다. 우선, 사람들이 일반적으로 갖는 동서양에 관한 통념을 깨버렸다. 인생에 의미를 부여하는 요인으로 개인주의 서구 문화권에서는 가족이나 직업(프랑스, 독일), 친구(영국, 미국)를 선택한 반면, 전통적으로 가족을 중시하는 유교권의 동아시아 사람들은 오히려 물질적 풍요를 우선순위에 뒀다. 일본과 대만은 각각 가족과 사회가 1순위로 꼽혔고, 물질적 풍요가 2위에 올랐다.

자본주의는 서구 문명이 발명했으나 물질적 사고가 동아시아에서 만개한 이유는 무엇일까. 물론 하나의 여론 조사 결과를 너무 중시할 필요는 없다. 하지만 동아시아 자본주의 사회가 얼마나 물신 숭배의 소용돌이에 빠져 있는지 확인하는 일은 그리 어렵지 않다. 1인 가구가 급격하게 늘어나고, 가족이나 사회가 돌보지 않는 노인 빈곤의 폭발적 증가, 출산율 폭락 등은 전형적 가족 해체 현상이다. 사회 구성원들이 삶에서 물질적 풍요와 건강을 가장 많이 추구한다는 사실은 각자도생 사회의 진면목인 셈이다.

여기서 자본주의 분석에 일가견을 드러낸 막스 베버를 인용해볼 수 있다. 그는《프로테스탄트 윤리와 자본주의 정신》에서 물질적 풍요를 추구하는 인류의 성향은 고대부터 보편적으로 나타났다고 설명한다. 서구의 특징은 이런 성향을 17~18세기에 체계적으로 조직화함으로써 근대적 자본주의를 생성해냈다는 점이다. 이후 잘 다듬어진 근대 자본주의는 서구로부터 전 세계로 퍼져나가 인류의 보편적 물욕과 재조합되면서 지역적 특성을 발휘하고 있다.

달리 말해 자본주의 정신이 서구에서 역사적으로 어느 순간 만들어졌다고 해서 서구가 영원히 그 정신에 가장 충실하리란 보장은 없다는 뜻이다. '제자가 스승을 따라잡듯'이 후발 주자가 선발 주자보다 더 적극적으로 자본주의를 실천하고 있는 셈이다. 동아시아야말로 가족이나 친구, 직장 등의 공동체적 가치보다는 물질적 풍요나 건강 등의 개인적 만족을 더 중시하게 된 지역일 수도 있다.

돈과 문명의 기원

인류의 역사에서 돈은 획기적인 발명품이다. 경제학에서는 화폐가 가치를 계산하는 단위이자 교환을 가능하게 만드는 수단이며, 가치를 저장하는 방법이라고 소개한다. 이것은 자본주의가 이미 발달한 사회에서 돈이 수행하는 기능을 분석한 결과다. 그러나 역사적으로 돈은 자본주의 훨씬 이전부터 인류의 문명을 발전시키는 엔진이었고 공동체를 만들어내는 기술이었다.

대표적으로 메소포타미아 문명에서 문자의 탄생은 돈과 긴밀하게 연결되어 진행되었다. 초기의 화폐는 여러 가지 형태였다. 조개 껍질을 사용하는 문화가 다수 있었는데, 이 경우 위조하기 어려우나 일상에서 쉽게 구할 수 있는 계산의 단위라는 점이 의미가 있었다. 일부 지역에서 옥이나 보석도 화폐로 사용되었으나 너무 가치가 높고 작은 단위로 나누기가 곤란해 불편했다.

고대 바빌로니아에서는 곡식이나 가축, 과일과 재료 등을 진흙으로 만든 작은 조각으로 표현했다. 상형 문자 이전에 토큰 형식의 상형 조각이 존재한 셈이다. 바빌로니아 사람들은 큰 진흙 그릇에 작은 조각들을 넣어 경제적 계약을 맺었던 것으로 보인다. 이후 3차원의 조각을 점토판이라는 표면에 갈대로 그려 넣으면서 설형 문자가 탄생한 것으로 학계에서는 분석하고 있다.

금, 은, 동은 거의 보편적으로 화폐의 기능을 담당한 금속이다. 특히 은화는 이미 고대 메소포타미아나 그리스, 로마 등지에서 화폐로 애용되었다. 금이나 은은 반짝이는 성분으로 사람들의 욕망을 자극하는 데 큰 힘을 발휘한다. 금화나 은화, 동전의 둥근 모양에서 돌고 도는 돈의 성격을 상상할 수 있고, 도는 것이기에 돈이라 부른다는 어원의 설명도 있다.

고대 그리스는 도시 국가가 돈을 찍어내면서 화폐의 발전을 한 단계 더 올려놓았다. 고대 그리스 세계를 지배하던 대표적 도시 국가 아테네의 은화에는 아테네 여신과 지혜를 의미하는 부엉이가 새겨져 있다. 아테네 은화는 단순한 경제적 도구가 아니라 신화와 상징을 통해 정치 공동체임을 강조한 결과다. 게다가 아테네의 권력이 보장하는 은화는 은 자체의 가치를 넘어 더 커다란 상징성을 보유함으로써 지중해 국제 무역의 지불 수단으로 떠올랐고, 아테네 시민들의 자부심을 강화하는 지배력의 도구였다.

세계 경제가 하나의 화폐로 묶이게 된 것은 16세기 유럽 세력들이 아메리카의 금과 은을 약탈해 아프리카나 아시아의 상품을 유통하면서부터다. 유럽은 세계를 지배할 만한 군사력과 대양을 가로질러 다니는 교통수단을 보유했고, 아프리카는 노예라는 값비싼 '상품'을 제공했으며, 아시아는 인도의 직물과 동남아의 향신료, 중국의 차와 도자기 등 문명의 상품들을 풍부하게 갖고 있었다. 아메리카의 금과 은은 이런 상품들이 유통될 수 있는 유동성을 제공한 셈이다. 더 나아가 금과 은의 급속한 공급은 사람들의 더 큰 노력과 생산을 자극하는 효과를 낳았다. 자본주의적 동력이 발동하는 계기였다는 뜻이다.

주객전도와 물신 숭배

인류의 긴 역사를 놓고 본다면 초기 인간 사회의 가장 중요한 문제는 공동체의 생존 및 식량이었다고 할 수 있다. 이 책에서 자본주의의 장기적 분석을 먹거리로 시작한 이유이기도 하다. 그러나 역사에서는 시간이 지나면서 주객이 전도되는 현상을 종종 발견

아테네 여신과 부엉이가
새겨진 고대 그리스 은화.

한다. 위에서 보았듯 사람들은 가축을 세거나 약속을 기억하기 위해, 그리고 물건을 교환하기 위해 토큰 모양의 작은 조각이나 은화를 만들었다. 초기의 화폐란 인간 공동체의 경제적 필요를 충족하기 위한 수단이었다.

베버가 지적했듯이 물욕이란 역사와 문화를 뛰어넘는 보편적 성향이기에 어느 지역에서나 성현들은 물욕에 대한 경계심을 강조했다. 물욕은 두 가지로 구성된다. 하나는 물건이고 다른 하나는 욕심이다. 여기서 물건이란 곡식이나 고기와 같은 식량, 또는 식량 생산을 위한 도구와 토지부터 노예까지 대상이 매우 다양하다. 물건의 종류는 여럿이나 욕심은 탐하거나 누리려는 마음 하나다. 성경의 십계명에서도 마지막 계명은 "탐하지 마라"인데, 이는 살인이나 절도 등 행동이 아니라 욕망 자체를 금지하는 대목으로 유명하다.

화폐는 모든 물건의 가치를 나타내는 공통의 기준이다. 식량이나 토지, 노예 등 다양한 욕망의 대상을 화폐라는 하나의 목표로 통일되도록 만든 셈이다. 이런 점에서 원시 사회의 물신 숭배가 다양한 신을 모시는 다신론 샤머니즘에 가깝다면, 현대 자본주의 사회의 물신 숭배는 돈을 향한 유일신 종교라고 할 수 있다.

자본주의를 비판하는 사람들이 즐겨 공격하는 부분은 물신 숭배라는 측면이다. 성경에 등장하는 황금 송아지는 물신 숭배의 대표적인 상징이다. 종교의 정신적인 가치를 외면하면서 눈에 보이는 번쩍이는 물질적 가치를 추구하는 성향을 지적하는 셈이다.

《논어》에서 군자가 되기 위해 멀리해야 하는 세 가지 위험 요소로 청년기에는 색(色)을, 장년기에는 싸움(鬪)을, 노년기에는 물욕(得)을 꼽았다. 한국에서도 고려 시대 최영 장군의 "황금 보기를 돌같이 하라"는 격언은 물욕을 멀리하고 정신적 가치나 인간적 관계를 중시하라는 주문이다. 동서고금을 막론하고 정신적 세계와 물질적 집착을 대립적으로 규정해온 셈이다.

하지만 점차 화폐의 논리가 인류의 역사를 지배하는 방향으로 변화가 이뤄져왔다. 돈이 경제의 보조 수단에서 목표 자체로 돌변했다. 21세기 세계 자본주의는 이런 장기적 변화의 결정판에 가깝다고 진단해도 과언이 아니다. 세계 200여 국가는 국내총생산(GDP)이나 1인당 국민소득(GNI)으로 순위가 매겨지고, 개인의 '몸값'이나 문화 자산의 '시장가' 등을 통해 사회의 모든 가치를 화폐로 계산하는 세상이 되었기 때문이다.

금은과 종이 화폐의 신비한 결합

금이나 은 등 화폐로 사용하는 금속은 누구나 원하기 때문에 희소성을 갖는다. 한국의 격언처럼 사람들이 황금을 돌처럼 본다면 아무런 가치를 갖지 못한다는 뜻이다. 금이나 은의 가치는 고유의 성격이 아니라 인간들이 욕망하기에 가치가 생겨난다는 의미이기

월터 크레인(Walter Crane)의 작품, 미다스 왕이 딸을 만지자 황금 조각으로 변하는 모습. 1893년.

도 하다. 이런 특징을 제일 극명하게 드러내주는 것이 미다스(Midas)의 이야기다.

고대 그리스 신화에 등장하는 미다스 왕은 디오니소스 신이 소원을 들어주겠다고 하자 자신이 만지는 모든 것을 금으로 변하게 해 달라고 빌었다. 소원을 성취한 미다스는 바위를 황금으로 만들었고 모래를 금싸라기로 바꿔버릴 수 있었다. 당시 왕국의 신민들은 물론 주변의 왕들도 모두 미다스를 부러워했을 것이다. 21세기 지구촌의 장삼이사도 한결같이 미다스의 능력을 흠모했을 것이 틀림없다.

그러나 미다스는 자신이 만지는 모든 것이 금으로 변하는 바람에 빵도 고기도 먹을 수 없었고, 심지어 물조차 마실 수 없었다. 인간은 금을 먹고 살 수 없는 존재이기 때문이다. 따라서 미다스는 신에게 부탁해 소원을 번복할 수밖에 없었다.

신화에 등장하는 미다스의 실수를 논리적으로 파악해 학문의 초석으로 삼은 사람이 바로 경제학의 아버지 애덤 스미스다. 16세기부터 아메리카의 금과 은이 세계를 돌며 곳곳의 경제 활동을 자극했다는 사실은 이미 살펴봤다. 사람들은 세계 무역을 가능하게 하는 금과 은이 바로 부(富)라고 착각했다. 그리고 한 나라의 부는 바로 그 나라가 보유하고 있는 금과 은의 양이라고 믿었다.

그러나 스미스는 국부란 눈에 보이는 금과 은의 양이 아니라 사람들이 필요로 하는 식량과 상품을 만들어낼 수 있는 생산 능력이라고 역설했다. 나라의 창고에 아무리 많은 금과 은을 쌓아놓았더라도 식량을 생산하거나 물건을 만들어 외국에 판매할 능력이 없으면 부국이라 할 수 없다는 뜻이다. 수출을 많이 해서 금과 은을 벌어들이고 이를 잔뜩 쌓아야 부자라고 생각했던 18세기 중상주의자들에게, 스미스는 환상에서 깨어나라고 외치면서 진리의 불빛을 비춘 셈이다.

금이나 은이 그 자체로 가치를 갖는 것이 아니라 사람들이 가치가 있다고 믿기에 가치가 생긴다는 사실을 이해해야 화폐를 제대로 파악할 수 있다. 돈이란 스스로 가치를 갖는 것도 아니고 유용성을 지니는 것도 아니다. 이런 점에서 환상의 산물이라고 할 수 있다. 그러나 잘 만들어진 환상은 모든 사람이 믿게 되고, 믿음이 모이는 순간 엄청난 힘을 가진 현실로 돌변한다. 국가가 발행하는 화폐의 발전은 돈의 역사에서 완전히 새로운 장을 열었다고 할 수 있다.

산업혁명은 화폐 혁명

자본주의는 금은화와 종이의 신비한 결합에서 탄생했다고 설명해도 과언이 아니다. 지폐의 가장 큰 장점은 간편함이다. 금이나 은보다 가볍기에 많은 액수를 쉽게 운반할 수 있고 액면가를 다양하게 발행하면 계산도 수월하다. 다만 지폐는 발행하는 사람이나 기관에 대한 신뢰가 중요하다.

중국은 지폐의 사용 측면에서 세계 첨단을 달렸다. 제일 처음 지폐를 사용한 것은 고대 당나라 시기로 알려졌으며, 중세 송대(宋代)에 이미 광범위하게 상인들이 지폐를 사용하기 시작했다. 특히 원나라의 쿠빌라이 칸 시기 정부가 지폐를 발행하면서 이를 사용하지 않는 사람은 사형한다고 선포했다. 그러나 중국 정부는 이후 지폐 발행을 남용하면서 심각한 물가 상승을 겪어야 했다.

18세기 영국에서 시작한 산업혁명은 화폐 영역에서 획기적인 변화를 초래했다. 지금부터 불과 200여 년 전 세계는 화폐의 다양성 시대였다. 한 나라 안에서도 다양한 종류의 화폐가 유통되기도 했다. 유럽에서는 상인이나 귀족들이 사용하는 금은화와 서민들의 동전 사이에 환율도 일정하지 않았다. 1868년 메이지 근대화 혁명 이전 일본에서도 전국적으로 유통되는 금속 화폐는 무려 60여 개에 달했고 지폐는 1,600종이었다.

주요 선진국에서 체계적인 화폐 제도가 만들어진 시기는 19세기부터 20세기까지다. 처음 시작한 국가는 영국이다. 지방마다 제각각인 동전이 아니라, 국가 전체가 공통으로 사용하는 똑같은 모양의 동전 생산이 가능했던 덕분이다. 영국은 증기 기계를 활용해 대규모의 규격화된 동전을 발행하고 균질적인 지폐를 찍어낼 능력이 있었다.

1816년 금본위제를 채택한 영국은 정부가 발행한 화폐가 금과 같다는 인식을 심어줬다. 멋진 환상을 활용해 훌륭한 화폐의 기초를 다진 셈이다. 영국의 왕립조폐소(Royal Mint)가 기계를 활용한 산업 방식으로 대량의 동전을 주조하기 시작한 것은 1821년이다. 돈을 뜻하는 영어의 머니(Money)는 '주조하다, 찍어낸다'라는 뜻

콜럼버스의 귀환. 아메리카 대륙에서 발견된 금과 은은 세계 자본주의를 가능하게 했다.

을 가진 라틴어 'Moneta'에서 왔다.

1844년 영국 정부를 대표하는 잉글랜드은행(Bank of England)은 지폐 발행의 독점권을 확보하게 된다. 기술적인 발전이 제도의 변화를 가져온 것이다. 19세기 초만 하더라도 잉글랜드은행에서 지폐를 만들 때 80여 명의 직원이 발행 날짜나 일련번호, 서명 등을 손으로 써넣었다. 아무리 노력해도 한 사람이 기껏해야 하루에 400장 정도의 지폐를 만들 수 있었다. 그러나 동판을 강철판으로 대체하고 두 가지 색으로 인쇄하는 기술 등이 개발되면서 위조하기 어려운 대량 지폐 생산법이 놀랍게 발전했다.

지금은 너무나 당연하게 생각하는 일들이 역사적으로 얼마나 힘들게 완성되었는지를 실감케 하는 대목이다. 수작업 지폐가 일반적이었던 시대에는 화폐 위조 범죄는 정부의 심각한 골칫거리였다. 영국의 경우 1797년부터 1817년까지 20여 년 동안 화폐 위조로 사형 선고를 받은 사람이 300명에 달할 정도였다.

국가가 종이 조각에 가치를 부여하는 작업은 마술에 가깝다고 할 수 있다. 국가의 마술에 이의를 제기하는 사람이나 모방해 흉내를 내는 족속은 용납할 수 없었다. 미국은 1865년 남북전쟁이 끝난 뒤 처음 재무성 내에 비밀경찰(Secret Service) 조직을 설립해 화폐 위조 범죄를 막도록 했다. 살인과 같은 범죄를 막는 연방수사국(FBI)의 설립(1908년)보다 훨씬 앞선 시기에 위조지폐를 방지하려는 국가 조직을 출범시켰다는 말이다. 서부영화의 시대 배경인 19세기 중·후반 범죄가 창궐하는 무법 사회를 바로잡는 일보다 경제적 가치를 창출해내는 국가의 마술을 은밀하게 보호하는 임무가 더 급했던 모양이다.

돈의 흔적을 남겨라

영국에서 시작한 국가 화폐의 제도는 미국이나 유럽, 일본 등으로 점차 확산했다. 20세기가 되면 '1국=1화폐'라는 등식이 일반화되면서 화폐 단위가 그 나라의 중요한 정체성으로 자리 잡았다. 영국의 파운드와 미국의 달러는 경제 대국의 상징으로 떠올랐고, 프랑스의 프랑, 독일의 마르크, 이탈리아의 리라, 일본의 엔 등은 국기(國旗)만큼이나 대표적인 민족의 표상으로 등장했다. 21세기 미·중 대립의 시대에도 그린백(Greenback)이라 불리는 미국의 녹색 지폐와 모택동이 그려진 빨간색의 중국 인민폐는 경쟁하는 두 세력의 상징이다.

주어진 영토에서 통일된 지폐와 동전을 사용하도록 만드는 과정은 앞서 봤듯이 무척 길고 힘든 일이었다. 국가의 중앙 은행이 만드는 화폐만을 독점적으로 사용하도록 강제하면서 동시에 경쟁 가능성이 있는 다른 화폐를 모두 제거하는 일이었기 때문이다. 그러나 일단 독점을 달성한 뒤에는 다른 문제가 대두되었다. 바로 정부가 무책임하게 화폐 발행권을 남용하는 행태다.

독일에서 하이퍼인플레이션으로 화폐 가치가 떨어져 벽지로 사용하는 모습.

화폐 발행권의 과도한 사용은 이후 많은 정부의 위험한 유혹이 되었고 그 결과 무너지는 정부도 많았다. 제1차 세계대전 직후 1920년대 독일의 바이마르 공화국의 인플레이션은 너무나 유명한 역사적 사례다. 맥주를 마시러 들어가면 일단 많이 주문해서 돈부터 낸 뒤 마시라고 할 정도였다. 술을 마시는 동안 술값이 급격히 오를 수도 있다는 비유인데, 실제 지폐의 가치가 너무 떨어져 나중에는 벽을 도배하는 데 지폐를 사용할 정도였다.

유럽이라는 선진 지역에서 독일처럼 국가 전통이 강한 나라에서조차 정부가 무책임한 화폐 발행의 유혹에 빠졌으니, 취약한 정부가 들어선 신생 국가에서는 말할 것도 없었다. 아시아, 아프리카, 중남미의 많은 정부는 화폐 발행의 남용으로 인한 인플레이션을 빈번하게 경험했다. 가장 최근에는 아프리카 짐바브웨의 하이퍼인플레이션 사례가 충격적이었다. 1980년 짐바브웨 독립 당시 미국과 짐바브웨의 달러는 비슷한 가치였다. 그러나 2009년 미국의 1달러는 10^{25}짐바브웨달러의 수준까지 도달했고 짐바브웨는 자국 화폐를 포기할 수밖에 없었다.

세계 일부 국가에서는 화폐 가치가 하락하는 인플레가 문제였으나, 다른 한편에서는 고액권의 지폐가 부정부패와 탈세의 유용한 수단으로 돌변하면서 새로운 고민을 안겼다. 복지국가를 운영하고 정부의 역할이 증가하면서 세수를 확보하고 징세를 수행하는 일은 선진국 정부에 중요한 과제다. 그런데 익명성이 보장되는 고액권이 세금을 피해 가는 중요한 수단으로 떠오른 것이다.

21세기 들어 유럽의 프랑스나 이탈리아 정부는 각각 1,000유로와 3,000유로 수준으로 현금 거래 액수를 제한할 정도다. 고액 거래는 은행 송금이나 카드 등 기록이 남는 방식으로 진행하라는 뜻이다. 자신들이 발행한 화폐의 독점권을 확보하기 위해서는 사형도 서슴지 않던 정부들이 이번에는 세금 징수를 위해 역으로 공식 지폐 사용에 제한을 두게 되었다는 역사의 아이러니다.

1960년대에는 새로운 형태의 지불 수단이 등장했다. 같은 국가의 화폐지만 카드라는 형식을 통해 전자 거래로 발전한 것이다. 익명의 현금은 도난의 대상이 되지만 기명의 카드는 안전했고 신용을 담을 수도 있어서 간편했다. 화폐와 금융의 기능이 하나의 지불 수단에 담기면서 소비자들은 신용 및 할부 구매를 통해 마음껏 쇼핑할 수 있게 된 것이다.

물론 현금과 카드의 사용을 통해 서로 다른 민족성이 드러나기도 한다. 미국은 카드를 통한 신용 구매에 선두를 달리는 나라이며, 한국은 카드 과용으로 2000년대 카드 대란이 일어난 적이 있다. 그러나 독일은 21세기에도 여전히 현금 사용 비율이 80퍼센트 정도에 달한다. 슐트(Schuld)라는 한 단어가 빚이자 동시에 죄악을 뜻하는데, 그 때문인지 빚을 지는 것은 죄라고 생각하는 모양이다.

미래의 화폐는?

21세기가 시작되면서 화폐는 두 가지 커다란 변화를 경험했다. 하나는 유로라는 새로운 국제 화폐의 등장이다. 19~20세기 나라마다 자신만의 화폐 질서를 만들기 위해 노력했지만 동시에 국제 교류에서는 강대국의 화폐가 우선 사용되곤 했다. 예컨대 19세기 세계는 무역과 투자의 화폐로 당시 최고 강대국인 영국의 파운드를 사용했다. 마찬가지 이유로 20세기 중반부터 미국의 달러는 세계 경제를 돌리는 유동성의 지위를 갖게 되었다.

유로의 탄생은 이런 경향을 뒤바꿔놓았다. 한 나라의 화폐가 국제적으로 사용되는 것이 아니라 여러 나라가 화폐를 하나의 가치로 묶는 획기적인 사건이었기 때문이다. 세계 경제사에서 중요한 몫을 담당했던 스페인의 페세타, 포르투갈의 이스쿠두, 네덜란드의 플로린, 프랑스의 프랑, 독일의 마르크 등이 사라지고 1999년부터 유로가 이 모두를 대신하게 되었다. 세계 화폐 질서는 달러가 여전히 지배적이지만 유로가 언제든 이를 대체할 수 있는 구조를 갖게 된 것이다.

또 다른 변화는 화폐가 점점 탈물질화된다는 사실이다. 19세기 영국을 기점으로 만든 화폐 제도는 금본위제다. 중앙은행이 보유

국제적 화폐 통합을 실현한 유럽중앙은행(ECB), 독일 프랑크푸르트.

한 금의 양에 따라 화폐를 발행하는 시스템이다. 영국의 금본위제가 안정적이고 신뢰받는 제도로 자리 잡자 프랑스, 독일, 미국, 러시아, 일본 등 너도나도 이 제도를 선택했다.

제2차 세계대전 이후 세계 경제를 재건하는 과정에서는 금 태환제(Gold Exchange Standard)가 만들어졌다. 미국만 금본위제를 유지하면서 다른 주요 국가들은 미국 달러와 고정 환율을 통해 안정적인 통화 질서를 형성한다는 개념이다. 프랑스의 프랑이나 일본의 엔화를 달러로 바꾼 뒤 금을 요구하면 미국의 중앙은행이 금을 내준다는 이론적 청사진이다.

하지만 미국은 이 제도를 1971년 일방적으로 종결했다. 이제 달러조차 금과 같은 물질적 기반을 갖는 것이 아니라 순전히 사람들의 신뢰에 의존하게 되었다. '잘 만들어진 환상'으로서 화폐가 완성되어가는 과정이다. 미국의 달러는 굳이 황금빛의 금괴를 상상하지 않더라도 충분히 세계인이 신뢰하는 환상으로 작동하게 되었다고 말할 수 있다.

2008년 등장한 암호화폐 비트코인은 국가가 보장하지 않더라도 탄탄한 소프트웨어만으로 기존의 화폐와 어느 정도 유사한 가치의 매개체가 될 수 있음을 증명했다. 비트코인은 컴퓨터 속에만 존재하는 디지털 화폐의 가능성을 열어줬고 이제는 각국 중앙은행이 직접 디지털 화폐를 준비하는 상황이다. 예를 들어 스웨덴이나 중국은 2030년쯤 지폐와 동전을 폐기하고 디지털 화폐로 넘어간다는 계획을 고려하는 중이다.

경제학은 가치에 대해 다양한 이론을 세웠다. 스미스나 마르크스는 노동이 가치를 창출한다고 믿었고, 상품의 유용성이나 희소성이 가치의 기반이 된다는 다른 학자들의 설명과 경쟁했다. 하지만 모든 것을 사고파는 자본주의 상업 사회에서 가치의 기반은 노동도 유용성도 희소성도 아닌, 돈에 대한 사람들의 공통된 욕망이다. 이런 점에서 자본주의란 돈이라는 환상에 대한 사회적 믿음으로 쌓아 올린 마천루인 셈이다.

15

금융
역사 발전을 이끌어온 타임머신

금융은 한자로 '쇠 금(金)'과 '화할 융(融)'을 합쳐서 만든 개념이다. 얼핏 한자 풀이만 보면 대장장이의 전문 용어 같으나 사전적의미는 금전을 융통하는 일이다. 동아시아에서 언제부터 금융이라는 개념을 사용했는지 정확히 알 수는 없으나, '정치'나 '경제'등 수많은 근대적 개념과 마찬가지로 19세기 서구의 용어를 번역하면서 도입되었을 것이다.

유럽에서 파이낸스(finance, 프랑스어 발음은 피낭스)는 원래 중세프랑스에서 '돈을 갚다'라는 의미로 쓰였다. 라틴어에서 피니스(finis)가 끝이나 종결 등을 뜻하는데, 돈을 빌렸다가 만기가 되어갚는 행동을 이렇게 부른 셈이다. 이후 돈과 관련된 일을 피낭스라 부르게 되었다. 세금을 걷는 재무부의 명칭이 지금도 피낭스부처(Ministry of Finance)라고 불리는 이유다.

프랑스 말인 피낭스는 점차 바다 건너 영국까지 전해졌는데, 19세기가 되면 돈을 갚는 것이 아니라 '돈을 대준다'라는 의미가 강해졌다. 자본주의의 발전과 함께 금융업은 돈을 투자로 이끄는 활동을 뜻하게 되었다. 20세기 중반에 이르러서는 금융이 경제학의 중요한 부분으로 자리 잡았다. 생산이나 소비와 관련된 활동은 실물 경제로, 돈이 움직이는 부분은 금융으로 분류됐다.

화폐와 금융은 자본주의의 중심축이라고 할 만하다. 화폐가 벽돌이나 나무, 시멘트나 유리와 같은 소재라면, 금융은 이들로 건축물을 만들어내는 기술이라고 할 수 있다. 금융을 전공하는 미국 예일대학교 윌리엄 괴츠만(William N. Goetzmann) 교수는《금융의 역사》에서 금융은 기술이라고 설명한다. 다만 재테크, 핀테크 등을 말할 때처럼 단순한 테크닉(technique, 기술)이 아니라 사회와 문화 전반을 포괄하는 뜻에서 테크놀로지(technology, 지식의 실용화)라고 역설한다. 그는 금융이야말로 인간의 역사 발전을 이끌어 온 원동력이라고 주장한다.

테크닉과 테크놀로지

인류의 역사가 문명의 꽃을 피우기 시작한 시기는 수렵 채취에서 농경 사회로 진화하면서부터다. 여기서 괴츠만이 말하는 테크닉과 테크놀로지를 구분해 살펴볼 수 있다. 밀의 씨를 뿌리고 수확하거나 소, 말, 양 등의 가축을 키우는 일은 테크닉에 해당한다. 하지만 반복해서 주기적으로 농사를 지으려면 수확한 곡식을 모두 먹어버리면 곤란하다. 다음 농사를 위해 씨앗을 남겨야 한다. 가축도 젖을 짜 먹고 털을 깎아 옷을 만들거나, 잡아서 고기를 먹을 수도 있다. 하지만 가축의 혜택을 계속 누리려면 미래를 예측해야 하고 계산해야 한다. 농경과 유목이 삶의 양식으로 정착하려면 테크닉의 습득만으로는 부족하다. 테크놀로지, 즉 기술과 문화가 어우러져야 한다는 뜻이다.

　예측하고 계산하는 일이야말로 인간에게 새로운 능력을 요구하는 셈이었다. 물론 사냥하거나 열매를 딸 때도 어느 정도의 예측과 계산은 필요했다. 그러나 농경 및 유목 사회에서 요구하는 수준은 한층 더 장기적이고 치밀한 방법이다. 농사에서 예측을 잘못하거나 셈이 틀리면 가족의 생존을 위협하는 치명적인 결과로 나타날 수 있기 때문이다.

　테크닉과 테크놀로지의 구분에 이어 괴츠만은 금융이란 시간을 관리하는 기술이라고 강조한다. 씨앗이나 식량이 부족하면 이웃으로부터 일정한 양의 곡식을 빌린 뒤 다음 수확 때 같은 양을 갚는다. 주고받는 곡식의 양이 같다면 변한 것은 없다. 다만 시간이 흘렀을 뿐이다. 금융의 개념은 인간에게 시간이 소중함을 깨닫게 해주는 과정이다. 무엇인가를 꾸고 갚는 절차는 금융의 첫걸음이었고 이런 관점에서 금융이란 타임머신이라고 할 수 있다.

　초기의 인류는 물건을 빌릴 때 이웃의 자비심에만 의존하다 점차 시간의 소중함을 인식하면서 이를 보상하는 단계로 발전했다. 이자의 개념이 생긴 것이다. 자본주의라는 말이 만들어지기 훨씬 전부터 인류는 빌리고 갚는 일, 그리고 그 대가로 이자를 지불하는 관습이 있었다. 이자란 타임머신을 이용하는 차비(車費)라고 생각하면 이해하기 쉽다.

　프랑스 파리 루브르 박물관에 있는 함무라비 법전은 4,000여 년 전 바빌로니아에서 이미 채무 관계가 일상적이었음을 증명한다. 예를 들어 은의 이자율은 연 20퍼센트, 그리고 보리의 경우

$33\frac{1}{3}$퍼센트라고 명시하고 있다. 당시에는 은이 화폐의 역할을 담당했는데 식량이 현금보다 이자율이 높았던 셈이다. 제국 전역에 통용되던 비석에 굳이 이자율까지 새겨 명시한 것을 보면 예나 지금이나 어려운 사람들의 사정을 악용하려는 시도가 빈번했던 모양이다.

고대 바빌로니아의 상황은 예외적인 경우가 아니다. 유럽 문명의 요람인 고대 그리스와 로마에서도 채무 관계는 일상사에 속했다. 무엇보다 고대 사회는 노예 제도에 크게 의존했는데, 자유인이 노예가 되는 가장 전형적인 방식은 전쟁에서 패해 포로로 잡히거나 빚을 갚지 못해 몸으로 대신하는 일이었다.

그리스나 로마에서는 노예들이 주인을 대신해 사업을 하는 경우가 많았다. 귀족들은 명예를 앞세우는 전쟁이나 정치에 전념해야지 상업과 같은 천한 일을 직접 할 수는 없다고 여겼기 때문이다. 노예가 주인을 위해 열심히 일해 돈을 벌어주면 나중에는 저축한 돈으로 자유인의 신분을 살 수 있었다. 막대한 채무를 '노예 문서'라고 부르는 현대 자본주의 사회와 비슷한 면이 많은 셈이다.

중세 유럽, 전쟁을 위한 국채 발행

21세기 중국이 무섭게 부상하는 가운데 중국과 유럽의 거시 역사적 비교는 학계를 뜨겁게 달구는 주제다. 특히 중세에는 중국의 경제 수준이 매우 발달했는데도, 왜 유럽이 중국을 제치고 자본주의와 산업혁명을 이루게 되었는가라는 질문에 대해서는 다양한 이론이 제시되고 있다. 금융, 즉 돈과 시간을 다루는 기술이라는 측면에서 중국과 유럽을 비교해보는 것은 무척 흥미로운 일이다.

중국은 거대한 대륙을 한 정부가 통제하는 강한 국가였다. 게다가 11세기에는 지폐를 개발해 정부가 마음대로 돈을 찍어낼 수 있는 능력까지 확보했다. 정부는 물리력으로 사회를 동원할 수 있었고, 동시에 자신이 생산한 화폐를 활용해 주민을 통제할 수 있었다. 중국 정부의 고민은 스스로 너무 많은 돈을 찍어내 미래 인플레가 초래하는 것을 막는 일이었다.

유럽은 로마 제국의 멸망 이후 정치 단위가 복잡하게 분할되어 서로 경쟁하는 다소 혼란한 질서였다. 허울뿐인 신성로마제국이 있었고, 수많은 왕국과 봉건 영주들이 존재했으며, 도시 단위의 작은 국가도 동참하는 어수선한 대륙이었다. 이들 사이에는 다툼과 전쟁이 빈번하다 보니 정치의 중요한 과제는 전쟁을 위한 자금을 확보하는 일이었다.

미국의 찰스 틸리(Charles Tilly)라는 사회학자는 《유럽 국민국가의 계보 990~1992년》이라는 책에서 중세부터 현대까지 유럽 천년의 역사를 영토와 자본의 긴장된 관계로 보았다. 영토를 중심으로 프랑스나 스페인, 영국 같은 나라들이 만들어졌다면, 자본을 토대로 베네치아나 제노바 같은 도시 국가들이 활동했다는 것이다. 동아시아에서 발견하기 어려운 유럽 역사의 놀라운 측면은 국가가 전쟁을 수행하기 위해 국내 또는 해외의 자본가로부터 돈을 빌렸다는 사실이다.

중세 유럽에서 지중해 무역으로 엄청난 부를 축적한 베네치아나 제노바는 중세에 이미 정부가 전쟁을 수행하기 위한 채권을 발행하기 시작했다. 세금이 국가 강제력을 동원해 민간의 부를 몰수

네덜란드 화가 피터 얀스 산레담(Pieter Jansz Saenredam), 〈암스테르담의 구 시청(Het oude stadhuis in Amsterdam)〉, 16~17세기. 시청 옆의 건물은 1609년 설립된 세계 최초 공공 은행으로, 근대 중앙은행의 모태로 통하는 암스테르담의 비셀방크 건물.

하는 것에 가깝다면, 채권은 정부와 시민 사이에 장기적인 금융 관계를 형성하는 방법이다. 정부는 세금을 거두는 것이 더 간단하나 징세는 시민의 저항에 부딪힐 수밖에 없다. 채권으로 맺어진 신용관계는 시민의 적극적인 경제 참여는 물론 정부의 성공을 위한 시민의 지지를 확보하는 데도 유용하다.

국내 자본이 충분하지 못했던 지역의 국가들은 해외 자본에 의존해야 했다. 영국, 프랑스, 스페인 등 유럽의 대표적인 왕국들도 모두 이탈리아 도시 국가의 자본가들로부터 돈을 빌렸다. 전쟁에서 승리하면 전리품으로 빌린 돈을 갚을 수 있었지만, 실패하면 왕국과 은행이 모두 파산을 선고해야 하는 일도 빈번했다. 14세기 이탈리아 피렌체의 페루치와 바르디 은행 가문이 프랑스와 백년 전쟁을 벌이는 영국의 에드워드 3세(Edward III)에게 거금을 빌려 줬다가 돈을 돌려받지 못해 망했다는 일화는 유럽 경제사에 기록된 유명한 이야기다.

심지어 17~18세기 국제 무대에서 네덜란드와 영국이 군사 및 외교 분야에서 성공적으로 부상한 핵심 요인을 금융으로 설명하는 시각도 존재한다. 두 나라는 그 시기 국내 자본가들이 충분한 자금을 보유하게 되었고, 효율적인 시장을 통해 싼 이자에 필요한 돈을 구할 수 있었기에 스페인이나 프랑스를 누르고 세계를 지배할 수 있었다는 설명이다.

막강한 통일 정부가 활약하던 중국과 달리 유럽은 분열되어 있었기 때문에 국가는 약했다. 전쟁을 치르기 위해서도 돈을 빌려야만 했다. 하지만 그 때문에 생긴 국채라는 제도는 오히려 매사를 합리적으로 계산하고 미래를 예측하는 정부, 또 예상에 비추어 무모한 행동을 자제하는 국가를 탄생시켰다. 금융이 합리적인 국가를 만드는 데 공헌하는 경로다.

콩도르세 vs 맬서스

국채가 국가만 현명하게 만든 것은 아니다. 시민이 볼 때 국채 제도는 과거의 노동이나 사업으로 번 돈을 투자하면 미래의 소득을 보장해주는 자금의 타임머신이었다. 게다가 유럽에서는 정치 경제 분야의 다양한 실험이 동시다발적으로 시행될 수 있었다. 베네치아뿐 아니라 북유럽의 두애(Douai)나 칼레(Calais) 같은 도시도 채권을 발행해 연금(年金, annuities)으로 보상하는 제도를 만들었다. 베네치아나 두애, 칼레의 성공적인 모델은 금방 다른 곳으로 확산했다. 시간이 지나면서 돈이 돈을 낳는다는 오랜 지혜가 유럽 문화에 체계적으로 자리 잡는 계기가 된 것이다.

금융의 테크놀로지는 유럽에 천천히 스며들면서 지배력을 발휘해나갔다. 상인이 많았던 이탈리아 도시 국가에서는 대차대조표를 통해 세상을 바라보는 시각이 유행했다. 돈이 오가는 경로를 기록해 추적하는 과정을 통해 돈의 흐름을 확인하고 잘못을 반성하는 테크닉이 도입된 셈이다. 돈뿐 아니라 인생의 선행과 죄악이라는 도덕적 요소도 대차대조해서 바라보게 된 형국이다.

금융 분야에서 베네치아와 경쟁했던 피렌체는 수학을 돈의 영역에 도입해 치밀한 계산이 가능하게 만들었다. 14세기가 되자 수학이 유행하면서 수학자가 늘어났고 이들만의 길드(직능조합)를 만들 수 있을 정도였다. 당시 피렌체에서는 주판(籌板) 학교(Abacus school)라 불리는 일종의 경영·회계 교육 기관에서 공부하는 학생 수가 1,000명이 넘었다. 이후 르네상스를 주도했던 니콜로 마키아벨리(Niccolo Machiavelli)나 레오나르도 다빈치(Leonardo da Vinci)는 모두 이 학교 출신이다. 근대 정치학의 아버지 마키아벨리와 천재 예술가이자 다재다능한 엔지니어였던 다빈치가 모두 냉철하고 합리적인 교육의 산물이었다는 뜻이다.

유럽에서 확률과 통계가 발전하게 된 것도 우연이 아니다. 정확하게 미래를 예측해야지만 금융의 재앙을 막을 수 있었기 때문이다. 예를 들어 18세기 프랑스 정부는 다급한 나머지 국채를 발행하면서 너무 높은 이자율을 보장하는 실수를 저질렀다. 금융 기법에 능숙한 이웃 네덜란드와 스위스에서는 프랑스 국채를 묶어 낮

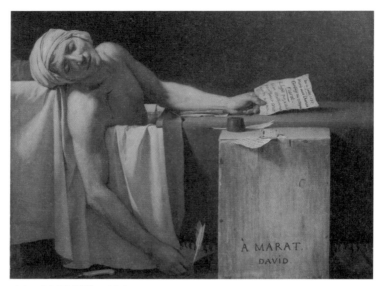

다비드, 〈마라의 죽음〉, 1793년.

은 이자율로 되파는 사업에 나섰다. 프랑스의 국가 재정이 망가지
면서 스위스의 금융업을 살찌웠던 셈이다. 프랑스 정부는 계속 혈
세를 짜낼 수밖에 없었고 이는 혁명을 초래하는 중요한 원인이 되
었다.

　혁명이 성공한 다음에도 금융은 프랑스 새 정부의 가장 핵심적
인 고민거리였다. 혁명의 지도자가 1793년 암살당한 사건을 그린
자크 루이 다비드(Jacques Louis David)의 명작 〈마라의 죽음〉은 이
런 점에서 의미심장하다. 죽은 마라의 손에는 그를 암살한 귀족
과부의 편지와 채권 증서가 놓여 있다. 혁명 정부가 교회와 귀족
의 재산을 몰수해 발행한 채권이었다. 이처럼 새로운 세상을 여는
혁명의 국면에서도 정치가이자 화가였던 다비드의 눈을 사로잡은
것은 재산이나 채권과 같은 금융의 문제였다는 의미다.

비슷한 시기 또 다른 혁명 지도자 니콜라 드 콩도르세(Nicolas de Condorcet)는《인간 정신의 진보에 관한 역사적 개요》에서 모든 국민이 평생 물질적으로 부족함이 없이 살 수 있도록 채권 정책을 펴야 한다고 주장했다. 정부가 확률에 기초해 일찍 죽는 자와 장수하는 사람 사이의 소득을 조정하는 일종의 국민연금을 200여 년 전에 구상했던 셈이다. 이에 대해 영국의 맬서스는 이런 제도야말로 인간을 게으르게 만들고 아이만 많이 낳게 해 세상은 지옥이 될 것이라고 반박했다. 금융과 사회의 관계를 둘러싼 콩도르세와 맬서스의 논쟁은 아직도 끝나지 않은 듯하다.

투자와 도박은 쌍둥이 형제

천 년 가까운 유럽 채권의 역사가 차분하게 계산하는 인간, 미래를 준비하는 사람을 만들어냈다면 기업이라는 조직은 모험을 향한 유럽인들의 야심과 용기를 결집하는 데 결정적으로 공헌했다. 인류 역사는 힘을 합쳐 공동 목적을 추구하는 사람들의 지혜로 발전해왔다. 정치 공동체는 이런 과정의 가장 전형적인 사례다. 기업은 종교나 물리적 힘에 의존하는 것이 아니라 이익을 통해 사람들을 하나로 묶는 새로운 형식의 혁명적인 조직이다.

1600년 즈음에 네덜란드 암스테르담에서 등장한 동인도주식회사와 영국 런던에서 조직된 동인도주식회사는 근대적인 기업 역사의 출발점이다. 당시 기업이 얼마나 혁명적 조직인지는 몇 가지 특징에서 확인된다. 우선 주식을 통해 회사의 자본을 모으다 보니 하나의 목표를 향한 다수의 참여를 확보할 수 있다. 주식의 수, 즉

월스트리트의 뉴욕 주식 시장.

자본의 기여도만큼 이윤을 가져가고 투자한 자본만큼만 경제적 책임을 지기 때문에 매우 편리한 투자 수단이다. 게다가 일단 발행된 주식을 2차 시장에서 사고팔 수 있었으니 그 유연성 또한 놀랍다.

지금은 너무 당연하게 생각하는 이런 특징들은 17세기 당시에는 혁명적인 변화였다. 유럽은 돈을 사고파는 채권 시장을 이미 오랫동안 경험했기에 이런 변화를 만들어낼 수 있었다고 봐야 한다. 1차와 2차 시장이 구분되고 정해진 액수만큼만 책임을 진다는 채권 시장의 테크닉이 주식으로 전이된 셈이다. 다만 채권과 주식의 핵심적 차이는 위험 부담에 있다. 정해진 안정적인 이자를 보장하는 채권과 달리 주식은 모험의 성공 여부에 따라 수익이 급변하고, 심지어 자본마저 잠식당할 수 있기 때문이다. 주식이란 모험과 동의어이며 존 케인스(John Keynes)가 강조했던 '동물적 정신(animal spirit)'을 자극하는 장치다.

유럽인들이 세계를 향한 모험을 위해 조직한 기업이 주식회사의 형식을 갖춘 것은 당연한 일이다. 17세기부터 유럽에는 동인도는 물론 서인도, 아프리카, 캐세이(중국), 허드슨베이(캐나다) 등 세계 지리 명칭을 딴 회사들이 넘쳐났다. 해당 지역과 무역을 하거나 자원을 개발해 일확천금을 얻을 수 있다는 희망에 유럽인들은 주식에 투자했다. 상황을 파악하고 합리적으로 계산해 투자하는 사람들도 있었지만 도박하듯 소문에 이끌려 판돈을 거는 사람들이 늘어났다.

결과는 때로 비참했다. 특히 1720년은 유럽 금융의 역사에서 검은 해로 불려도 마땅하다. 영국과 프랑스 양국에서 도박적인 투기 거품이 동시에 터져버렸으니 말이다. 영국은 '사우스시 회사(South Sea Company)'가 대중의 기대에 미치지 못하고 주가가 폭락했고, 프랑스도 '미시시피 회사(Compagnie du Mississippi)'가 투자자들의 미친 듯한 야망을 품은 채 침몰해버렸다.

이처럼 투자와 도박은 자본주의 초기부터 구분이 어려운 쌍둥이였다. 하지만 이런 불행한 경험에도 불구하고 주식회사는 400년이 넘는 역사를 자랑하며 지금까지 끊임없이 발전해왔다. 돈을 한곳으로 모아 프로젝트에 투입하는 능력과 자본의 기여도에 따라 이윤을 분배해주는 공정성, 비교적 간단하고 편리하게 돈을 넣거나 뺄 수 있는 유연성 등 주식회사의 장점은 자본주의를 이끄는 강력한 힘이었다. 이제 도쿄, 싱가포르, 파리, 런던, 뉴욕 등 전 세계가 모험적 금융의 매력에 빠져 주식 시장의 전광판을 주시하는 세상이다.

'돈 만들기(Making Money)'와 '은행 달리기(Bank Run)'

돈을 갖는 방법은 세 가지라고 말한다. 첫째는 돈을 모으는 일 (Save)이다. 소비하지 않고 아껴 쓰는 식이다. 둘째는 돈을 버는 길 (Earn)이다. 일하거나 투자를 통해 임금이나 이자, 이윤을 벌어들일 수 있다. 셋째는 돈을 만들면(Make) 된다. 얼핏 보면 가장 간단한 방법이다. 하지만 국가가 법정 화폐를 만들려면 얼마나 큰 노력과 폭력을 동원해야 하는지는 중세 중국에서 시작한 지폐가 20세기가 돼서야 세계적으로 보편화된 역사를 통해 확인할 수 있다.

국가는 폭력을 동원해 법정 화폐를 만드는 반면, 은행은 평화적으로 돈을 제조하는 기관이다. 은행은 사람들이 맡긴 돈을 보관하는 기관이지만 맡은 돈을 놀리지 않고 다른 사람들에게 빌려준다. 일반적으로 사람들은 은행이 가진 돈을 빌려준다고 생각하나 사실은 맡아놓은 돈보다 훨씬 많이 빌려준다. 이때 빌려 간 사람들이 정해진 만기에 갚기만 하면 아무 문제가 없다. 이런 기능이 제대로 작동하려면 사회가 은행이 발행하는 증서를 돈으로 인정하고 신뢰해야 한다.

경제사를 살펴보면 네덜란드와 스위스는 아주 일찍부터 자본 시장이 발달한 나라들이다. 돈을 활용하는 문화적 유전자가 매우 발달했다고 볼 수 있다. 네덜란드의 금융 기법은 자연스럽게 영국으로 이전되었고 다시 미국으로 전파되었다. 세계 자본주의의 핵심을 형성한 영국과 미국의 앵글로색슨 자본주의는 자본 시장을 적극적으로 활용한다. 이런 지역의 시민들은 저축해서 채권이나 주식에 투자하는 대중적 습관이 있고, 기업도 시장에서 채권이나

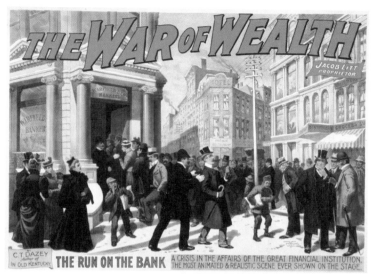
1896년 미국 뉴욕 브로드웨이의 드라마 〈부의 전쟁〉은 뱅크런의 사례를 다뤘다.

주식을 발행해 자금을 마련하는 데 익숙하다.

　반면 국가의 전통이 강한 프랑스나 중국, 경제 발전의 후발주자라고 할 수 있는 독일, 일본 등은 자본 시장의 발달이 더뎠다. 동원할 수 있는 시민의 저축도 부족했고 채권이나 주식에 투자하는 습관도 영국이나 미국만큼 보편적이지 못했다. 따라서 유럽 대륙이나 동아시아의 자본주의는 은행에 의존해서 발전했다. 런던의 시티나 뉴욕의 월스트리트가 세계 자본 시장의 중심을 형성하는 것과 달리 일본, 프랑스, 독일 등의 국가에서는 공룡 같은 은행들이 존재하는 이유다. 21세기 현재도 세계에서 자산 규모가 가장 큰 은행은 중국 정부가 투자한 4대 은행(중국은행, 중국공상은행, 중국건설은행, 중국농업은행)이다.

　사회에 있는 돈을 시장에서 모아 자금을 대는 일보다 부족한 자금을 국가나 은행이 만들어내는 일은 더 단순하고 간편하다. 물론 쉬운 만큼 위험성은 더 크다. 국가가 돈을 마구 찍어낸 독일은 1920년대 치명적인 인플레이션을 경험했고, 일본은 1980년대 은행이 과도하게 신용을 창출한 탓에 1990년 버블 붕괴에 이르렀다. 은행이 무너지는 또 다른 상황은 돈을 맡긴 사람들이 경쟁적으로 예금을 찾아가려 할 때다. '은행 달리기'라고 부르는 현상인데, 신용이 생명인 은행을 믿지 못해 사람들이 맡긴 돈을 집중적으로 인출하는 사태다. 1929년 대공황이 악화하면서 1930년대 미국도 이런 경험을 했고 결국은 은행을 잠정적으로 폐쇄해야만 했다. 돈을 위험하게 양산한 탓에 사람들이 은행으로 달려갈 수밖에 없는 상황이었기 때문이다.

글로벌 금융 시대

바야흐로 글로벌 금융 시대다. 한국만 보더라도 2020년대 영혼까지 끌어모으는 '영끌'과 빚을 져서 투자하는 '빚투'가 2030 세대의 일상 용어가 되었을 정도로 자본주의 금융의 유전자는 한반도까지 번졌다. 일찍이 일본의 '와타나베 부인'(일본의 개인 외환 투자자)이 국가 간 이자율의 차이를 활용하는 국제 투자에 나섰듯이 '동학 개미', '서학 개미'가 한국에서도 금융 시장의 중요한 행위자로 등장했다.

모든 달걀을 한 바구니에 담으면 곤란하다는 금융의 오랜 지혜는 이제 보편적 진실이 되어버린 듯하다. 주식, 채권, 부동산 삼위일체의 균형을 추구하는 것은 물론 달러, 유로, 엔의 세계 통화 질서도 투자자의 체크 리스트에 속한다. 부침이 심한 주식의 경우 시장의 평균적 움직임을 따라가는 인덱스 투자가 유행이다. 미국의 다우존스와 S&P500, 나스닥 등의 온도가 세계 경제의 체온을 좌우한다고 봐도 무방하다.

오늘도 금융의 영역은 쉴 새 없이 부풀어지고 있다. 경제의 금융화, 즉 실물 경제가 금융의 논리에 종속되는 현상은 신랄한 비판의 대상이다. 영국의 정치경제학자 수전 스트레인지(Susan Strange)는 1986년 《카지노 자본주의(Casino Capitalism)》라는 저서를 통해 글로벌 금융 자본주의의 맹점을 지적했다. 돈을 불리려는 세력이 도박하듯 세계 금융 시장을 쥐락펴락하면서 실물 경제와 사회의 균형을 깨뜨렸다고 분석했다.

하지만 투자와 도박은 어차피 쌍둥이며 이를 구분해내기는 쉽지 않다. 게다가 세계 금융은 인류가 문명의 새벽부터 추구해온 미래를 계산하고 준비하는 성향을 먹고 자라는 공룡이다. 한국처럼 금융 위기를 겪어본 나라들은 열심히 외환 보유고를 늘려 위험한 상황에 대비한다. 중국은 수출로 벌어들인 엄청난 외환 보유고를 미국 국채로 갖고 있다. 미·중 두 세력의 금융 의존이야말로 향후 세계 협력이나 평화의 요인이 될 수도 있다.

고령 사회로 진입하면서 노후를 준비하는 수많은 사람의 저축은 연기금으로 집중되어 투자처를 찾아다닌다. 연기금의 목적은 무척 온화한 노후 보장이다. 당연히 손해를 피하면서 되도록 높은 이윤을 추구한다. 하지만 연기금이 워낙 거대한 자금을 관리하기에 모든 국가와 기업은 연기금의 전략을 주목하고 눈치를 볼 수밖에 없다. 이처럼 이른바 자본 세력은 맹목적인 이윤 추구로 비판을 받으나 사실은 평범한 사람들의 미래를 준비하는 복지 장치에 불과한 경우가 많다.

그뿐 아니라 국가들도 나서 국부펀드를 조성함으로써 나라의 미래를 준비한다. 예를 들어 북해에서 석유 개발로 횡재를 맞은 노르웨이는 수익을 대부분 미래 세대를 위한 펀드로 조성했다. 석유나 가스로 번 돈을 당장 국민에게 나눠줄 수도 있지만 미래 세대에게 전달한다는 의미다. 노르웨이의 국부펀드는 유럽 주요 기업 주식을 2퍼센트 정도씩 골고루 보유하고 있다. 싱가포르나 서남아시아 산유국들도 유사한 국부 펀드 전략을 펴고 있다.

분산 투자의 개별적 지혜는 결과적으로 세계 금융을 하나로 묶는 역할을 한다. 중국이 미국의 국채로 외환 보유고를 관리하듯, 유럽의 은행과 보험 회사도 미국 금융 시장에 투자한다. 일본과 한국의 펀드는 인도나 브라질 등 브릭스의 미래에 한 발을 들여놓고, 미국의 연기금 또한 중국 상하이나 선전 시장에 말뚝을 박아놓는다. 이렇게 다양한 타임머신이 하나의 그물로 연결되었다.

2008년 금융 위기는 세계적으로 투자하면 위기도 세계화한다는 사실을 확인시켜줬다. 미국의 위험한 금융 테크닉이 사고를 일으키자 서로 긴밀하게 연결된 전 세계가 피해를 보는 상황이었기 때문이다. 안정성을 확보하기 위한 각자도생의 분산 투자 전략이 세계를 하나로 묶었고, 오히려 인류가 금융을 통한 운명 공동체로 발전하는 아이러니가 드러난 셈이다.

16

건강
20세기 이후 인류 최고의 지향점

자본주의는 흔히 물신주의의 대명사 취급을 받는다. 인간이 돈으로 표현되는 물질에 집착함으로써 정신적 가치를 도외시한다는 지적은 자본주의를 비판하는 단골 메뉴다. 하지만 물신주의의 표면을 조금만 파보면 곧바로 자본주의의 정신적 바탕이 드러난다. 사람들이 돈이나 물질, 즉 자본을 무한대로 축적하는 일에 집착하는 이유는 유한한 삶에 대한 공포를 떨쳐버리기 위해서다. 쌓여가는 돈의 액수를 바라보면서 영생의 환상을 가질 수 있기 때문이다.

이런 관점에서 자본주의란 근대에 나타난 새로운 현상이 아니다. 불로장생을 넘어 영생을 꿈꾸는 사례는 인류사를 가득 메운다. 불로초를 찾아다닌 진시황처럼 영생을 바라는 권력자들의 과욕은 동서고금을 막론하고 다반사다. 자본주의는 화폐라는 장치를 통해, 진정한 의미의 영생은 아니나 불로초의 환상을 현실화시킨 기발한 제도를 만들어냈다. 근근이 끼니를 때우던 시대는 가고 빈부의 차이는 있을지언정 누구나 투자와 저축, 보험과 연금을 통해 먼 미래를 계획하는 시대가 열린 것이다.

일본 화가 우타가와 토요하루(歌川豊春), 〈불로초를 찾아 떠나는 서복(徐福)〉. 진시황의 불로불사의 꿈을 담았다.

인류의 중요한 변화는 식량 생산을 위한 농경 생활을 하면서 시작했다. 자본주의 이전의 지구촌에서 인구의 규모는 해당 지역의 식량 생산성이 반영된 결과였다. 중국이나 인도가 많은 인구를 보유한 것은 그만큼 농업 생산성이 높았기 때문이다. 자본주의 시대는 경제나 사회 수준을 반영하는 대표적인 지표가 절대적인 인구 규모가 아니라 평균 수명이다.

자본주의는 인류의 역사에 결정적인 변화를 초래했다고 볼 수 있다. 자식을 많이 낳아 번성하라는 인구의 양적 팽창 성향은 자본주의가 발전할수록 줄어드는 추세다. 반면 자식을 적게 낳으면서 사람들이 점점 오래 살게 되는 고령화 사회야말로 자본주의 선진국의 특징으로 부상했다. 한국은 이런 자본주의적 변화의 최첨단을 달리는 사회로 떠올랐다. 가장 낮은 출산율과 100세를 향해 달리는 평균 수명이 말해주듯.

히포크라테스가 통일한 의술?

21세기 지구촌 사람들은 무엇을 가장 소중하게 여길까. 아마도 건강일 것이다. 건강에 나쁜 술을 마시며 건배를 할 때도 건강을 기원하니 말이다. 나라마다 조금씩 차이는 나지만 세계 국민총생산(GNP)에서 의료 지출은 10퍼센트 전후의 높은 비중을 차지한다. 이 중 공공 지출이 6퍼센트를 담당하고 민간이 4퍼센트 수준이다. 미국은 의료 지출 비중이 가장 높은 나라 중 하나인데, 1960년 GNP의 5퍼센트에 불과하던 수치가 2014년 17.4퍼센트까지 상승했다. 순수한 의료를 넘어 건강과 관련된 식품이나 체육 활동, 기기까지 포함한다면 그 중요성은 더욱 커진다. 말하자면 건강과 관련된 경제 활동이 자본주의의 손꼽히는 핵심 부문으로 성장했다는 뜻이다.

21세기 인류에게 건강은 자연스레 최고의 관심사가 되었다. 하지만 역사적으로 사람들이 항상 요즘처럼 신체에 관심을 가진 것은 아니다. 물론 동물과 달리 인간은 의술을 통해 육체적 고통을 극복하기 위해 노력해왔다. 태초부터 전쟁을 벌이고 부상자를 치료하는 관습은 형성돼 있었다. 21세기에서 전 세계 의사들의 지침이 된 히포크라테스(Hippocrates) 선서는 기원전 4세기쯤 만들어졌다. 적어도 2,000년 전 고대 그리스는 이미 의사라는 직업군이 존재하는 분업화된 사회였고 이들의 윤리관을 주도하는 선서가 필요했다는 방증이다.

히포크라테스를 태두로 삼는 서양 의학이 본격적으로 발전해 확산한 시기는 19세기이며, 그 이전에는 지역마다 문화에 따른 다양

히포크라테스, 고대 그리스 의학의 창시자.

한 의학이 존재했다. 의학은 사실 학문이기 이전에 철학이었고 세계관이었다. 동아시아를 지배한 사상은 음양오행설에 기초해 인간의 신체를 작은 우주로 보는 시각이었다. 예를 들어 신체 구조(근육, 혈맥, 살, 피부, 뼈)나 오장(간장, 심장, 비장, 폐장, 신장), 오관(눈, 혀, 입, 코, 귀) 등을 목화토금수의 오행과 연결해 구분하는 식이다.

동아시아의 전통 의학과 서양의 현대 의학은 지금도 여전히 쉽지 않은 공존을 모색하고 있다. 동아시아 사회는 현대화하면서 서양 의학이 도입되어 뿌리를 내린 상황이지만, 사람들의 사고 체계를 지배하는 전통적인 습관은 여전히 막강한 힘을 발휘하기 때문이다. 공존을 위한 노력은 국가별로 차이가 있다. 일례로 일본은 서양 현대 의학이 전통 의학을 흡수한 경우라면 한국은 한의학(韓醫學), 그리고 중국은 중의학(中醫學)이라는 독립적인 교육과 병원 체계를 장려해왔다. 특히 중국은 자국 전통문화의 우수성을 증명하는 분야로 중의학에 대한 정책적인 지원을 아끼지 않는 상황이다.

남아시아의 힌두 문명이나 서남아시아의 이슬람 문명도 각각 전통적 세계관에 기초한 의학을 발전시켜왔다. 예를 들어 힌두 문명은 사회와 신체를 모두 순수와 오염이라는 잣대로 바라본다. 사회적으로 종교 기능을 담당하는 브라만이 순수함의 상징이라면, 불가촉천민(不可觸賤民)은 오염의 대명사인 셈이다. 따라서 브라만

은 신체의 청결을 통해 순수함을 유지하고 가꾸는 일에 전념해야
했다.

기독교의 육체

현대 의학은 서양에서 발달했기에 동아시아나 힌두, 이슬람 등
의 다른 문화권에서 통용되던 의학과 대조적으로 보인다. 하지
만 의학의 발전은 서양에서도 기존의 전통적 사고를 극복함으로
써 가능했다. 유럽의 전통적 사고는 기독교 사상과 긴밀하게 연결
되었다. 기독교는 하느님의 말씀이 예수의 신체로 성육신(成肉身,
Incarnation) 되었다는 점에서 육체 또는 신체가 무척 중요한 역할
을 담당하는 종교다.

가톨릭 성찬식에 등장하는 포도주와 빵은 상징적으로 예수의
피와 살을 의미한다. 성경에 등장하는 예수는 인간의 영혼을 구하
고 신체의 고통에서 벗어나게 해주는 명의와 같은 존재였다. 동시
에 예수는 자신의 신체를 고통 속에 희생함으로써 인간의 영혼을
구하는 존재다. 예수를 모델로 삼는 기독교 사회에서 추구하는 영
혼의 구원은 상대적으로 육체를 위험하게 보는 전통을 낳았다. 심
지어 질병은 육체를 고통스럽게 하지만 그로 인해 영혼은 강화한
다는 믿음이 있을 정도였다.

16세기의 르네상스와 종교 개혁 시기부터 유럽의 기독교가 지
배하는 전통적인 사고는 서서히 변화하기 시작했다. 르네상스 미
술에서 섬세한 근육이나 얼굴의 표정을 통해 신체를 현실적으로
표현하는 기법은 변화된 가치관을 상징적으로 반영한다. 프로테

중세 이탈리아 살레르노의 의학교.

스탄트 국가의 신자들은 가톨릭 국가를 여행하면서 어떻게 사람
들이 차가운 돌바닥에 무릎을 꿇느냐며 육체를 학대하는 것에 대
한 놀라움을 표현하곤 했다. 신체의 편안함이 유럽 문화에 스며들
기 시작한 셈이다.

　17세기에는 당시 활발하게 발전하던 기계에 인간의 신체를 비
유하는 인식이 생겼다. 육체는 인간의 영혼을 타락하게 만드는 죄
를 짓는 도구가 아니라, 정확하게 시간을 알려주는 시계나 음악을
들려주는 오르간, 갖은 동력을 전달하는 피스톤 등에 비교되었다.
인간의 신체가 신이 내려준 정밀한 기계로 인식되면서 신체를 지
배하는 법칙에 관한 관심이 증폭되었다.

　유럽에는 중세부터 의학이라는 학문이 존재했고 대학에는 법대

와 함께 의대가 중요한 축을 형성했다. 그러나 18세기까지 유럽의 의학을 지배한 사고 체계는 비과학적인 체액(體液) 이론이었고, 여기에 기초해 사람들의 피를 뽑는 황당한 행위가 중요한 치료법이었다. 사회적으로 지위가 높은 사람일수록 어릴 때부터 심심하면 피를 뽑아 체액의 균형을 맞출 정도였다. 달리 말해 유럽은 대학이라는 공식적인 제도를 통해 의학을 교육했고 의사라는 직업 집단이 일찍이 존재했으나 의료 수준은 여전히 열악했다는 뜻이다.

의학 지식의 발전은 유럽에서도 19세기와 20세기에 본격적으로 이뤄졌다고 할 수 있다. 물론 이런 변화가 유럽에서 일어난 것은 우연이 아니다. 전통적인 신앙 체계에서 벗어나 인간의 신체를 객관적으로 보고 탐구하는 실험이 필요했으며, 과학을 통해 인간과 사회의 진보를 이루겠다는 과학자들의 열정이 빛을 발했다. 그 덕분에 의학과 보건 분야의 발전은 인류의 형태를 완전히 뒤바꿔 놓았다.

마르크스와 파스퇴르

인류의 역사에서 인간은 항상 육체적 에너지를 제공하는 존재였다. 19세기 산업혁명이 한창 진행되면서 석탄을 활용한 증기기관이 일반화될 때도 인간은 여전히 깊은 탄광에 직접 내려가 석탄을 캐내는 작업을 담당했다. 칼 마르크스(1818~1883년)의 《자본론》이 육체를 통해 노동을 제공하는 프롤레타리아야말로 자본주의의 가치를 생산하는 주인공으로 보았던 이유다. 노동이 없으면 가치도 만들어지지 못하고, 가치가 없다면 자본가나 자본주의는 존재할

핀란드 화가 알베르트 에델펠트의 작품. 세균학의 아버지로 불리는 프랑스 과학자 루이 파스퇴르. 1885년.

수 없다는 설명이다.

마르크스는 자본주의가 노동 계급을 착취하고 노동자의 삶을 피폐하게 만드는 현실에 분노했다. 그는 정치 혁명을 통해 이런 현실을 바꿔야 한다고 믿었고 국제 사회주의 운동을 주도했다. 마르크스와 비슷한 시기를 살았던 루이 파스퇴르(1822~1895년)는 과학을 통해 인류의 삶을 통째로 뒤바꿔놓았다. 마르크스가 러시아 혁명과 공산주의 실험을 이끌었다면, 파스퇴르는 위생과 장수의 시대를 연 셈이다.

의ㆍ과학 역사에서 파스퇴르의 절대적 기여는 눈에 보이지 않는 미생물이 많은 질병의 원인이라는 사실을 밝혀낸 것이다. 의학 분야에 이바지한 부분은 차치하더라도 인류의 위생 관념을 결정적으로 바꿔놓은 계기가 됐다. 병균의 전파를 막기 위한 기초적인 위생 개념을 보편화한 것은 아동의 사망률을 줄이는 데 크게 공헌했고, 특별한 선진국이나 부자 나라가 아니라도 태어난 아이들이 성인으로 성장토록 해 인구 증가를 가져왔다. 파스퇴르의 위생 혁명은 가난한 나라도 인구 폭발을 경험하게 만들어주는 메커니즘이었다.

파스퇴르는 프랑스에서 하나의 학파를 형성해 현대 의학의 줄기를 형성했다. 일명 '파스퇴르의 아이들'은 20세기 초 노벨 의학상을 휩쓸면서 프랑스 의학의 전통을 세웠다. 당시 모든 면에서 프랑스와 경쟁하던 독일은 로베르트 코흐(Robert Koch)가 1880년 베를린에 세균학 연구소를 설립해 파스퇴르 학파와 함께 현대 의학의 쌍두마차를 형성했다. 19세기 말 프랑스와 독일이 치열하게 선의의 경쟁을 하는 과정에서 수많은 병균이 발견되었다.

예를 들어 1883년 이집트에서 콜레라가 유행하자 프랑스와 독일 양국에서 연구팀을 파견해 세균을 확보하려 했다. 그 과정에서 26세의 젊은 프랑스 연구자는 콜레라로 목숨을 잃었다. 이런 희생에도 불구하고 두 팀은 모두 이집트에서 세균 확보에 실패했으나 독일의 코흐는 인도로 넘어가 콜카타에서 콜레라의 균을 확보하는 데 성공했다. 유럽의 경쟁이 인류에 도움을 주는 경우였던 셈이다.

1895년 독일의 빌헬름 뢴트겐(Wilhelm Röntgen)이 발견한 엑스선(X-ray)은 눈에 보이지 않는 광선이지만 인간의 신체를 꿰뚫어 볼 수 있게 한 혁명적인 업적이다. 현미경이 세균을 보여주듯 이제는 몸이 엑스선을 통해 서서히 숨은 비밀을 보여주는 시대가 열린 셈이다. 독·불 경쟁 구도 속에서도 소통과 협력은 이어졌다. 뢴트겐의 발명은 프랑스 퀴리 부부(Pierre Curie, Marie Curie)에 의

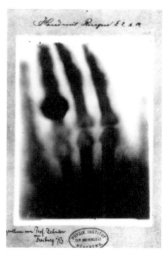

뢴트겐의 첫 엑스선 사진(부인의 손).

해 크게 발전했다. 불행히도 초기 방사선 연구자나 의사들은 백혈병으로 사망한 퀴리 부인처럼 건강이 악화하면서 병들어 죽어갔다. 이 또한 눈에 보이지 않는 엑스선의 영향이었다.

의학의 역사에서 19세기는 질병과의 전쟁을 벌인 시대, 20세기는 건강을 만들어가는 예방의 시대라고 말한다. 19세기 마취와 위생의 발전은 다양한 수술을 가능하게 만들었고 의학은 아프거나 불완전한 신체를 고치는 기능을 수행했다. 다른 한편, 앞서 살펴본 세균학의 발전은 백신의 보편화를 이끌어냈고, 뢴트겐의 방사선은 예방 의학의 시대를 알리는 변화였다. 의료가 인구 증가라는 구조적 변화를 초래할 뿐 아니라 경제의 중대한 부문으로 성장하는 계기였다.

격변의 20세기, 삶의 의료화

지식 또는 과학의 사회학에서는 무척 흥미로운 주장이 전개되기도 한다. 예를 들어 파스퇴르 이전에 과연 미생물이 존재했다고 말할 수 있냐는 것이다. 눈에 보이지 않는 것, 특히 그 존재를 의심조차 하지 않는 것에 대해 '있다/없다' 여부를 말할 수 있냐는 질문이다. 그런 의미에서 미생물이 인간의 의식에 존재하기 시작한 것은 19세기다. 이처럼 어떤 면에서 인간 사회를 지배하는 동력은 우리의 인식이고 정신인 셈이다.

의학이 발달하면서 20세기 인류에 나타난 획기적인 변화는 의료 시설의 확산이다. 인류는 태초부터 자연에서 태어나 자연에서 죽었다. 원시 사회에서 문명사회로 넘어온 인간은 집에서 태어났고 집에서 명을 거뒀다. 20세기가 되면서 경제 발전을 이룬 국가에서는 대부분 시민이 병원에서 출생하고 병원에서 사망한다. 현대인의 삶이 의료화된 모습이다.

방사선에서 시작한 신체의 탐구는 초음파, 레이저, MRI 등 다양한 과학 기술을 동원해 점차 의사의 눈이 모든 신체 부위를 탐지하게 되었다. 인간은 태어나지도 않은 태아 때부터 초음파를 통해 부모와 만난다. 어린이 앨범을 장식하는 첫 사진은 대개 초음파 태아 사진이다. 초음파는 또 태아의 성별을 구분해 원하는 아이만 출산하는 부정적인 결과를 낳기도 했다. 일부 국가에서는 초음파 검사가 남녀 성별의 불균형을 심화시킬 정도로 발전했다.

신체의 곳곳을 직접 관찰하는 내시경 검사도 일상화된 의료 기술로 등장했다. 이제 내시경은 위나 대장의 이상을 정확하게 진단하는 의료기를 넘어 신체 각 부위의 문제점을 치료하는 신기술로 자리 잡았다. 청진기로 가슴을 두드리는 의사의 이미지는 이제 호랑이 담배 피우던 시절의 이야기다. 의사란 다양한 기구를 동원해 신체의 안과 밖을 자유자재로 검토하고 해결책을 찾는 기술자에 가까워졌다.

최근 들어서는 전통적인 의사의 분석과 판단의 역할마저 점차 작아지는 경향이다. 예를 들어 외과 수술에 로봇이 점점 더 많이 등장한다. 내시경을 통해 신체에 들어가서 세밀한 수술 과정을 로봇에 의존하는 방식이다. 또 다양한 기술로 획득한 신체의 상태를 축적된 데이터에 기초한 인공지능으로 판독하는 시대가 열렸다.

인간 유전자에 대한 지식이 획기적으로 발전하면서 이제는 예방의학을 넘어 예언적 의학이 등장했다. 휴먼 게놈 프로젝트(Human

Genome Project)를 통해 인간의 유전자 지도를 그릴 수 있게 되었고, 개인의 유전자에 기초한 의료의 영역도 열리기 시작했다. 현대 의학은 질병을 예방하는 수준을 넘어 특정인이 특정 질병에 걸릴 확률에 기초해 삶과 행태를 통제하려는 단계에 도달한 것이다.

유럽 문화사에서 18세기를 지배한 구호가 행복이었다면, 낭만 주의의 19세기는 자유라는 가치를 내세웠다. 하지만 20세기 이후 인류의 최고 지향점은 건강이 되었다. 행복도 자유도 건강하지 못하면 누릴 수 없다는 인식이 대중적이다. 과학과 의학의 발전은 건강 수준을 놀랍게 개선하면서 장수(長壽)를 가능하게 만들었다. 유럽뿐 아니라 전 세계적으로 건강은 인류의 가장 절실한 희망으로 부상했고 의료는 어느 사회에서나 가장 중요한 산업으로 발전 했다. 최첨단 의료의 혜택을 받으려면 엄청난 경제적 자원을 필요로 한다. 그렇다면 자본주의와 건강의 상호 관계는 어떻게 진화한 것일까.

의료 서비스의 세계 지도

미국은 20세기 들어 의학 분야에서도 놀라운 발전을 이루며 유럽을 초월했다. 노벨 의학상은 한 국가의 첨단 의료 수준을 보여주는 상징적인 지표라고 할 수 있다. 20세기 전반기 프랑스, 독일 등 유럽 국가가 주도하던 시기는 가고 지금은 미국이 노벨 의학상 수상을 지배하는 시대가 되었다.

프랑스와 독일의 세균학이 서로 경쟁하던 시대에 첨단 연구란 파스퇴르나 코흐 같은 천재적 과학자의 개인적 노력에 의존했다.

하지만 자본주의 원리가 의학 연구에 투입되면서 천문학적 자본을 동원해 다수의 연구팀을 투입하는 국가에서 주도적인 역할을 하는 시대로 급변했다. 미국은 연방 예산이나 제약 회사의 투자, 대학의 자원 등을 적극적으로 활용해 첨단 의학의 발전을 주도하고 있다.

첨단 의학 연구는 미국이 주도하나 공공 의료 서비스라는 시각에서 살펴보면 미국은 오히려 후진국이다. 미국의 의료 서비스는 기본으로 민간이 주도하는 시장의 원리를 따른다. 따라서 21세기가 되어도 여전히 의료 보험의 혜택을 받지 못하는 사람들이 수천만 명이다. 버락 오바마(Barack Obama) 미국 대통령은 이런 상황을 개선하려 노력했으나 전 국민 의료 보험을 실현하는 데는 실패했다.

반면 유럽의 국가들은 전 국민을 포괄하는 공공 의료 서비스를 통해 정부가 적극적인 역할을 담당한다. 영국은 아예 의료 서비스 전체를 국가가 운영하는 국민보건서비스(NHS)를 설립했고, 프랑스나 독일 등도 주요 종합 병원은 공공 서비스에 속한다. 의료 보험은 유럽에서 기본적인 시민의 권리에 해당한다.

시장 중심의 미국 의료와 국가 중심의 유럽 의료는 세계를 양분하는 의료 서비스의 양대 모델이다. 국민의 평균 수명이 의료 시스템의 제일 핵심적인 성과라고 가정한다면 2020년 기준으로 미국(78.4세)은 프랑스(82.5세)나 독일(81.7세) 등 유럽 선진국에 한참 뒤진다. 참고로 평균 수명의 선두주자는 일본(84.3세), 스위스(83.4세), 한국(83.3세)이다. 동아시아의 한국이나 일본은 유럽식 의료 보험을 시행하면서 동시에 국민 중에 빈곤한 이민자 집단이 적은 사회다.

프랑스 화가 루이 레오폴드 부아이(Louis-Léopold Boilly), 〈백신〉.

　의료에 종사하는 전문 인력의 입장에서 세계의 의료 지도는 또 달라진다. 시장의 원칙을 적용하는 미국은 의료비가 가장 비싸고 따라서 의료 종사자가 받는 대우도 상대적으로 좋다. 공무원 박봉에 시달리는 다수의 영국인 의사가 언어가 같은 미국 시장으로 대거 이동하는 이유다. 그리고 영국의 의료 시장은 인도 같은 개발도상국 출신 의사들이 와서 메우는 모습이다. 최근에는 심지어 프랑스 간호 인력도 대우가 좋은 캐나다로 이동하는 흐름을 보인다. 미국과 유럽 의료가 벌이는 글로벌 경쟁의 한 측면이다.

　제약업은 자본주의에서 무척 중요한 산업으로 성장했다. 일례로 독일의 대기업 바이엘(Bayer)은 19세기 후반에 설립되었고, 1897년 아스피린을 개발함으로써 세계적으로 도약할 수 있는 발판을 마련했다. 아스피린은 원래 바이엘의 상표였으나 세계인이 일반 명사로 사용할 정도로 큰 성공을 거뒀다. 코카가 콜라의 대명사가 된 것처럼 말이다.

20세기 중반부터는 페니실린과 같은 항생제가 일상적으로 사용되면서 대량 생산되었다. 이때부터 박테리아와 인간의 노력이 벌이는 숨바꼭질이 시작되었다. 세균은 인간이 만든 항생제에 끊임없이 적응하기 때문이다. 또 비슷한 시기 먹는 피임약이 개발됨으로써 남녀관계도 변했다. 질외사정이라는 남성 중심 피임에서 여성이 피임의 주인공으로 등장하는 기반이 되었기 때문이다. 이처럼 단순한 약이지만 그로 인해 여성의 선택권이 강화되는 사회적 변화가 시작되었다.

인류는 하나의 공동체

현대인의 신체와 건강에 대한 인식은 전통 사회와 비교했을 때 엄청난 대전환을 겪었다고 할 수 있다. 전통적으로 동아시아에서 신체는 인간과 자연을 연결하는 수단이었고 인간의 몸을 하나의 소우주로 보았다. 유럽에서도 신체는 영혼의 부속물이라는 개념이 강했다. 하지만 현대로 넘어오면서 점점 신체는 영혼만큼 중요하게 인식됐고, 육체적 건강이 삶의 가장 중요한 가치로 떠올랐다. 영혼이 신체를 지배하는 문화에서 모든 개개인의 신체가 신성화되는 흐름이 21세기를 지배하는 듯하다.

21세기 미국을 시끄럽게 달군 오피오이드 사태는 이런 경향을 잘 반영한다. 오피오이드는 중독성이 강한 마약에 가까운 약물이다. 신체적 또는 정신적 안락을 추구하는 현대인의 성향과 수단을 가리지 않고 이윤을 챙기려는 제약 회사의 탐욕이 어우러져 심각한 약물 중독과 사고가 빈번하게 발생했다. 최근 선진국에서 광범위하게 추진 중인 레크리에이션용 마약의 합법화는 신체의 쾌락에 대한 금기가 점차 사라짐을 의미한다.

비슷한 차원에서 외모에 대한 사람들의 집착은 신체의 사물화를 의미한다. 인류사에서 화장이나 의상을 통해 외모를 꾸미는 일은 항상 존재했다. 특히 최근에는 신체를 변형시키는 다양한 기술들이 발전했다. 헤어스타일의 다채로운 변화에서 육체미를 가꾸는 보디빌딩까지 몸 자체가 정원처럼 꾸미는 대상이 되었고, 성형수술도 눈·코 등 얼굴뿐 아니라 지방흡입술처럼 전신 성형으로 시술 분야가 확대됐다. 또 선탠, 문신, 피어싱 등이 누구나 흔히 하는 시술 영역으로 깊숙이 들어왔다.

게다가 17세기 유럽에서 유행했던 기계로서의 신체라는 이미지는 이제 현실화되고 있다. 초인간주의(transhumanism)라는 경향은 인간의 시대를 넘어 새로운 지평선이 열린다는 의미다. 눈에 렌즈를 삽입하고 틀니 대신 임플란트를 심는 것은 출발점일 뿐, 생명과학이 발달하면서 2022년 초 미국에서는 말기 심장병 환자에게 유전자를 변형한 돼지 심장을 이식하는 수술도 시행됐다. 게놈 연구는 인간과 동물의 차이가 그리 큰 것이 아님을 증명한 바 있다. 실제 동물도 과거 식량과 노동력을 제공하는 단순한 존재에서 인간의 동반자로 인간화 과정을 거치고 있는 듯하다.

자본주의와 건강의 관계를 기술하면서 2020년대 지구촌을 강타한 코로나 위기를 언급하지 않을 수 없다. 코로나는 몇 가지 중대한 교훈을 남겼다. 우선 질병에 대한 인간의 승리가 그리 간단치 않다는 사실이다. 세균이나 바이러스는 인간의 노력에도 계속 적응하기에 완벽한 승리를 기대하기는 어렵다. 물론 1년도 안 되는 기간에 인간이 백신을 개발했다는 사실도 놀랍지만, 바이러스 또한 재빨리 돌연변이를 통해 백신 접종자에게 돌파 감염을 일으키는 능력을 보였다.

다음은 인류가 한 몸처럼 움직이는 하나의 공동체라는 사실이다. 중국 우한에서 발생한 바이러스가 세계를 위기로 빠뜨리는 데 채 반년이 걸리지 않았다. 남아공의 오미크론 변이가 세계에 확산하는 데도 불과 몇 달 정도면 충분했다. 지구촌은 이미 하나가 되어 인적 교류를 전면 차단하는 강제적인 철벽을 쌓지 않는 이상 거의 동시에 전염병 상황을 공유할 수밖에 없다는 뜻이다.

끝으로 동일 전염병에 대처하는 과정에서 동아시아와 서구는 문화적 차이를 극명하게 드러냈다. 흔히 이를 개인의 자유를 보장하는 민주주의와 강력한 방역 정책을 펼 수 있는 권위주의의 차이로 설명하지만, 실제 한국과 일본은 미국이나 유럽보다 중국에 가까운 양상을 보였다. 문화적 영향력이 정치 제도보다 더 강하게 작동하는 것일까. 21세기 지구촌은 통합한 듯 보이지만 같은 문제를 이해하고 해결하는 방법에서는 다양성을 보여주는 흥미로운 공동체다.

17

스포츠
놀이와 자본주의가 만든 호모 루덴스

자본주의 하면 노동을 떠올리게 된다. 마르크스는 자본주의란 자본가가 노동자를 착취하는 제도라고 정의하지 않았던가. 자본주의란 돈을 벌기 위해 사람들이 미친 듯이 일하는 세상이 아닌가. 그렇다면 노동에 반대되는 놀이는 자본주의와 대립한다고 생각하는 것이 자연스럽다. 이 장에서는 자본주의가 어떻게 놀이의 장까지 들어와 융합하게 되었는지 살펴본다.

평균적으로 수렵 채취 시대의 인간보다 농경 사회의 사람들이 더 많이 일해야 했고, 또 산업 사회 공장이나 탄광의 노동자가 농촌의 농민보다 더 강도 높은 노동을 해야 했다. 농한기를 여유롭게 즐기거나 농사를 짓다가 새참을 먹는 등 농촌 생활의 노동 리듬은 분명 꽉 짜인 공장 노동자의 하루보다 집중도가 약했던 것으로 볼 수 있다.

하지만 좀 더 자세히 살펴보면 자본주의나 문명의 발전 과정에서 인간의 노동 부담이 일률적으로 가중되었다고 말하기는 곤란하다. 문명의 발전은 사회적 분업을 통해 가능했다. 즉 노동에 종사하는 집단이 글을 읽거나 사무를 보는 사람들을 먹여 살리는 구조가 생겨난 것이다. 모두가 식량을 생산하는 세상에서 정치, 행정, 군사, 학문 등의 분야에만 종사하는 인구가 점점 더 많아지는 사회로 발전해왔기 때문이다.

자본주의가 본격적으로 발전한 지난 200여 년 동안 농업이 경제에서 차지하는 비중은 획기적으로 줄었다. 자본주의의 선두주자인 미국만 보더라도 농업에 종사하는 인구는 1870년대까지 50퍼센트가 넘었다. 그러나 21세기 들어 그 비중은 2퍼센트 미만으로 떨어졌다.

반면 서비스업이 경제에서 차지하는 비중은 폭발적으로 증가했다. 제조업이 자본주의 산업혁명의 핵심이었지만 제조업조차 서비스업에 경제 활동의 왕좌를 내주는 변화가 일어났기 때문이다. 21세기 현재 미국 GDP에서 서비스업의 비중은 80퍼센트라는 압도적 비율을 차지하며, 유럽연합도 그 비중이 70퍼센트 이상이다. 후발주자 중국 또한 2017년 기준 서비스업이 51퍼센트를 차지하면서 경제의 중심이 서비스 분야로 옮겨가는 중이다.

플레이와 엔조이, 놀이의 특징

자본주의의 폭발적 성장은 기존의 의식주 패턴을 뛰어넘는 수요 증가에서 비롯되었다. 조지프 슘페터가 강조했듯이 자본주의의 원동력은 창조적 파괴다. 의식주 분야에서 이런 변화는 초기부터 자명했다. 물을 마시던 사람이 콜라를 소비하면서 새로운 산업이 생성되는 형식이다. 집에서 여인들이 짜낸 옷이 아니라 공장에서 만든 의복을 시장에서 사면서 직물 산업은 급성장했다. 주거 형태도 손수 짓는 나만의 초가집에서 아파트와 같은 공동 주택으로 이전하면서 자본주의는 발전했다.

자급자족 시대에는 의식주가 인간의 자연적 필요를 충족하는 영역이었다면, 자본주의는 필요를 넘어 인위적 수요를 창출해내는 놀라운 능력을 발휘했다. 물론 자연적 필요와 인위적 수요를 구분하는 일은 쉽지 않다. 일반적으로 놀이는 생명을 유지하는 데 필수적이라고 여겨지지 않는다. 하지만 네덜란드의 역사학자 요한 하위징아(Johan Huizinga)는 《호모 루덴스》라는 저서에서 놀이야말로 인류에게 문명을 안겨준 결정적인 요소라고 주장한다.

앞서 언급한 하라리의 '호모 사피엔스'는 생각하는 사람, 사고하는 인간을 의미한다. 자본주의 발전의 축을 형성한 제조업은 '호모 파베르', 즉 무엇을 만드는 사람과 일맥상통한다. 인간은 도구를 사용함으로써 동물에서 더 높은 단계로 진화했다고 볼 수 있다. 하위징아가 주목하는 '호모 루덴스(Homo Ludens)'는 노는 사람, 또는 즐기는 사람으로 이해할 수 있다. 요즘 유행하는 영어를 사용한다면 플레이(play)와 엔조이(enjoy)라는 동사에 해당한다.

호모 사피엔스가 종교나 과학을 발전시키고, 호모 파베르가 기술과 공장을 세운 존재라면, 호모 루덴스는 20세기 자본주의 발전을 대표한다. 서비스업 대부분은 실제 사피엔스의 놀고 즐기는 특징과 잘 어울리기 때문이다. 농사 지어 집에서 밥을 해 먹으면 1차 산업이다. 공장에서 통조림을 만들어 팔면 제조업, 즉 2차 산업에 해당한다. 반면 레스토랑에 가서 분위기를 즐기면서 데이트를 한다면 서비스업인 3차 산업을 발전시키는 셈이다. 같은 먹거리도

피테르 브뢰헬(Pieter Bruegel), 〈아이들의 게임〉, 1560년.

이렇게 달리 분류될 수 있다.

　하위징아는 놀고 즐기는 특징은 이미 동물 세계에서부터 존재해왔다고 밝힌다. 서로 어울려 뛰노는 강아지들을 살펴보자. 이들은 예측할 수 없이 자유롭게 뛰어다닌다. 서로 부딪치고 물어뜯으나 그것은 장난일 뿐 피가 흐르거나 다치게 하면 곤란하다. 나름의 규칙이 존재하고 과한 행동을 자제하는 노력을 동반한다. 마치화가 난 듯 싸우려 들기도 하지만 사실은 단지 연기일 뿐이다. 무엇보다 놀이를 통해 강아지들은 큰 즐거움을 얻는다. 자유, 규칙, 자제, 연기, 즐거움 등은 동물을 넘어 인간까지 모든 놀이가 동반하는 특징이라고 할 수 있다.

자본주의와 스포츠라는 쌍둥이의 탄생

놀이의 정수(精髓)를 상징하는 스포츠를 살펴보자. 공교롭게도 자본주의와 근대 스포츠는 비슷한 시기에 같은 사회에서 태어난 쌍둥이와 같은 존재다. 19세기 영국에서 자본주의가 완성될 무렵, 근대 스포츠 또한 영국을 중심으로 발전해 세계로 전파되기 시작했다. 미래를 위해 무엇인가를 축적하는 인간의 본능이 자본주의를 통해 체계적으로 자리 잡게 되었듯이, 즐거움을 추구하는 또 다른 본능은 놀이를 통해 근대 스포츠라는 틀 안에 안착했다.

먹거리 분야에서 차를 음료로 소비하는 문화는 영국 자본주의 발전의 중요한 모멘텀이었다. 귀족들이 동아시아 무역에서 수입한 차를 도자기 잔에 뽐내며 마시기 시작한 뒤 점차 사회 전체로 확산했듯이, 엘리트 교육 과정에서 혈기 왕성한 젊은이들을 훈련하기 위해 개발한 축구나 럭비와 같은 근대 운동이 사회 각 분야로 퍼져나갔다. 소수의 지배층에서 점점 전 국민에게 확산하는 소비 패턴은 이후 모든 자본주의 사회의 등식이 되었다.

자본주의 제도가 생산 분야에서 개인주의적 가내수공업을 공장이라는 공동체로 확장했듯이 스포츠 또한 개인 단위의 대결이나 결투에서 집단적 대립으로 발전했다. 전통 사회의 스포츠는 기사(騎士)들 간의 개별 토너먼트가 모델이었으나 근대화하면서 학교를 중심으로 대결하는 습관이 생겼다. 학교 간 대립 모델은 공장이나 도시로 확산·전파되었고 다양한 종류의 클럽이 만개하는 모습이 되었다. 놀이는 이처럼 근대 시민 사회 형성에 골격을 제공하는 중요한 과정이었다.

스트라다누스(Stradanus), 〈칼치오〉(이탈리아 피렌체의 전통 공놀이), 16세기.

　자본주의가 규격화된 상품을 대량으로 생산해내듯 근대 스포츠는 똑같은 규격의 운동장과 공, 규칙을 적용하는 엄청난 통합의 기제로 작동했다. 지역마다 다른 규칙을 가졌던 세상에서 이제는 하나의 종목에 정해진 규칙이 전 세계적으로 적용되는 시대가 전개됐다. 축구는 제1차 세계대전 당시 전선이 고착되면서 무료함을 달래려는 군인에 의해 대중적인 게임으로 발전했다. 바야흐로 영국에서 시작된 대중 스포츠가 국제화의 시대를 맞게 된 것이다.

　스포츠와 자본주의, 그리고 제국주의는 모두 유럽이라는 지역에서 시작해서 전 세계로 확산해나갔다. 21세기에도 스포츠 관련 국제기구는 거의 예외 없이 유럽에 본부가 있는 이유다. 서울 국기원의 태권도와 말레이시아 쿠알라룸푸르에 있는 배드민턴만이 세계 본부가 유럽 밖에 위치한다. 그만큼 지구촌의 근대란 유럽 중심으로 만들어진 틀이었다.

　스포츠의 지형은 지역의 문화적 특성을 많이 반영한다. 미국에서 본격적으로 발전한 야구는 중남미와 동아시아 등 미국과 역사적으로 가까운 지역에서 유행하게 되었다. 또 영국의 크리켓은 과거 영국의 식민지였던 인도나 파키스탄 등 남아시아에서 대중적 지지기반을 확보하고 있다. 반면 세계적 인구 대국 중국은 독재자 시진핑의 엄청난 관심과 투자에도 불구하고 축구에서 여전히 월드컵 예선의 단계도 넘지 못하고 있다. 이 단체 스포츠에는 집중 투자만으로 도달할 수 없는 미묘한 사회 문화적 비밀 열쇠가 있는 것 같다.

민족주의와 스포츠의 결합

영국에서 축구의 발전은 클럽을 통해 공동체 간의 경쟁을 부추겼다. 전국의 학교가 서로 대항하는 형식의 대회는 영국에서 시작해 모든 스포츠의 기본 경쟁 형식으로 발전했다. 미국의 대학들은 미식축구나 농구를 통해 교내 결속력을 다지고 전국적인 홍보에 나선다. 일본이나 한국의 고등학교 야구도 비슷한 원리가 확산한 결과다. 다양한 스포츠의 국내 대회나 리그는 기본적으로 도시들이 경쟁하는 구도를 갖는다.

게임에 참여하는 것은 더 커다란 공동체의 일원임을 확인하는 과정이다. 규칙을 지켜야 하고 절제의 미덕을 발휘해야 한다. 동시에 즐거움과 자유를 만끽하는 순간이기도 하다. 엘리트 청소년의 교육을 위해 고안된 근대 스포츠가 시민 사회를 조직하고 길들이는 중요한 수단으로 발전한 셈이다. 특히 국가와 민족의 차원으로 경쟁과 시합이 확산하면서 스포츠는 지구촌을 하나로 묶는 역할을 톡톡히 수행하게 되었다.

프랑스의 피에르 드 쿠베르탱(Pierre de Coubertin) 백작이 창안한 근대 올림픽은 1896년 그리스 아테네에서 처음 시작했다. 전 세계 국가가 참여하는 스포츠의 보편적 축제를 시작한 셈인데, 역사적 기원이나 문화적 배경이 고대 그리스 문명에 뿌리를 두고 있다 보니 자연스레 유럽 중심적인 색채를 띠었다. 이후 전쟁이나 정치적 대립 등으로 일시 중단되거나 분열되는 우여곡절을 겪기는 했으나 지금은 100년 넘게 계속되는 인류의 중대한 행사로 자리 잡았다.

세계인의 잔치인 올림픽을 개최하는 국가는 선진국의 대열에 들어선 것으로 인식할 정도로 스포츠의 위상은 대단해졌다. 일본의 동경 올림픽(1964년), 한국의 서울 올림픽(1988년), 중국의 베이징 올림픽(2008년)은 각각 동아시아 3국의 선진화를 상징하는 역사적 계기로 인식된다. 나치 독일은 1936년 베를린 올림픽을 아리안 종족의 우수성을 선전하는 장으로 활용하려 했고, 공산국인 구소련이나 동독은 금지된 약물까지 동원해 뛰어난 성적을 자랑하려 했다.

스포츠의 경제적 중요성은 그 대중성에서 비롯된다. 특히 운동하는 사람뿐 아니라 구경하는 관객이 늘어나면서 스포츠는 관람을 통해 대리 만족을 느끼는 현대 사회의 중요한 기제로 부상했다. 선수와 관객, 참가와 관람이라는 분업이 이뤄지면서 직업적인 스포츠 선수들이 등장한 것이다. 아마추어가 대접받던 19세기의 올림픽 정신은 서서히 사라지고 20세기가 되면서 높은 기량을 자랑하는 프로 선수들이 스타로 부상했다. 관람 자체가 재미있는 축

1896년 그리스 아테네에서 열린 초대 근대 올림픽 게임 개막식.

구나 테니스가 아마추어 중심인 올림픽의 틀에서 일찍이 벗어나 독자적 프로 세계를 개척한 사실이 이런 변화를 잘 보여준다.

스포츠가 현대 자본주의 사회에서 갖는 중요성은 도시 건축에서도 쉽게 확인할 수 있다. 국제적인 대도시에 있는 가장 커다란 구조물은 대부분 경기장이다. 기차역이나 공항이 더 큰 공간을 차지할지는 모르겠으나 경기장만큼 수만 명의 관객이 동시에 입장해서 밀집하는 경우는 드물다. 21세기 현재 전 세계에는 10만 명 이상의 관람객이 입장할 수 있는 경기장이 10여 개 이상이다. 미국의 미식축구장, 유럽의 축구장, 인도의 크리켓 경기장에 이어 북한의 능라도 5월 1일 경기장까지 그 종목과 목적은 다양하다.

스포츠웨어 삼국지: 아디다스, 퓨마, 나이키

서울의 잠실 종합운동장이나 상암 월드컵경기장처럼 거대한 경기장이 해당 도시나 국가의 자랑스러운 건축물로 떠오르면서 세계는 경기장의 네트워크를 형성하게 되었다. 축구의 고장 유럽에서 스페인 마드리드의 베르나베우 경기장이나 바르셀로나의 캄프누 경기장, 영국 런던의 웸블리 구장 등은 성전(聖殿)에 가깝다고 표현할수 있다. 축구팬들 중에는 대통령 선거나 총선의 결과보다 월드컵결승전을 더 생생하게 기억하는 경우가 빈번하다.

게임이 진행되는 경기장이 건설 부문을 자극했다면 선수들의 옷이나 신발은 새로운 의류 세계를 열었다. 독일 남부 바이에른주의 다슬러(Dassler) 형제는 1920년대부터 선수용 스포츠 신발을 만들기 시작했다. 1940년대 두 형제는 각각 아디다스(Adolf Dassler, 동생)와 퓨마(Rudolf Dassler, 형)라는 회사로 독립했는데, 유럽 스포츠웨어를 지배하는 브랜드로 성장했다. 1970년대에는 미국에서 출범한 나이키가 도전장을 내밀면서 전 세계 스포츠웨어 시장은 세 회사가 나눠 갖는 모습이 되었다.

1970년대 운동화는 세계화를 개척한 첨병이었다고 말해도 무리가 아니다. 운동화야말로 21세기 지구촌 공급사슬의 전형을 만들어내는 실험이었다. 미국에서 디자인한 나이키 운동화는 주로 아시아의 저렴한 노동력을 이용해 만들어졌고 전 세계 시장에 배급되었다. 일본 아식스의 전신 오니츠카는 나이키 운동화 하청기업으로 성장했다. 당시만 해도 운동화는 선수들의 전용물이었지만 조깅의 국제적 붐으로 누구나 애용하는 신발이 되면서 시장을 넓혀갔다. 1980년대 중국의 개혁 개방은 신발을 포함해 거의 모든 소비 용품에서 아시아가 세계의 공장으로 자리 잡는 중요한 계기가 되었다.

1980년대부터는 스포츠의 세계화가 일상에서 본격적으로 진행

2018년 러시아 월드컵에서 사용된 아디다스 축구공.

되었다. 올림픽이나 월드컵 등 국제적 대회 때만 관심을 끌던 스포츠가 상시(常時) 전 세계 팬을 거느리는 시기가 도래한 것이다. 유럽의 축구나 미국의 농구는 일 년 내내 시즌을 운영하면서 다른 대륙의 관심을 끌었다. 농구 천재 마이클 조던(Michael Jordan)

은 나이키 운동화의 아이콘이 되었고, 그의 이름을 딴 '에어 조던 1(Air Jordan 1)' 운동화는 1980년대 중반 1억 달러 이상의 매출액을 기록했다. 이후 스포츠 스타를 통한 마케팅은 일반 시민의 일상에 침투해 가난한 지역의 아이들에게도 유명 브랜드 의류와 운동화를 신으려는 욕망을 심어줬다.

나이키와 조던의 합작 사례는 현대 스포츠를 지배하는 문화와 경제의 긴밀한 결합을 상징한다. 수준 높은 스포츠의 세계는 대중의 사랑과 지지를 한 몸에 받는다. 도시나 지역 등 공동체에 대한 애정은 노골적인 상업 마케팅과 섞여 스스럼없이 사람들의 무의식을 자극하고 길들인다. 이제 모든 스포츠 선수들은 열심히 달리는 자본주의 광고판이라고 표현해도 좋을 정도다. 심지어 아마추어 정신의 상징인 올림픽조차 이런 상업주의 스폰서의 그늘에서 벗어나지 못한다.

스포츠 영역의 확산

처음 스포츠가 대중적인 활동으로 발전했던 19세기 중반에 운동 중 사용하는 도구는 단순한 기본 장비였다. 아예 육상이나 수영처럼 맨몸으로 참가하거나 편한 옷과 신발 정도에 한두 가지 장비, 예를 들면 장대나 창, 공 등이 전부였다. 시간이 지나면서 인간의 놀이는 점차 복합적인 모습을 띠었고 재미를 가미하기 위한 기구나 장비가 개발됐다.

19세기 후반 유럽에서 축구가 인기를 구가하기 시작할 즈음 알프스산맥을 중심으로 눈 위에서 즐기는 동계 스포츠가 서서히 발전했다. 1924년에는 하계 올림픽에 이어 첫 동계 올림픽이 프랑스 샤모니에서 개최되었다. 이후 스키와 스케이트처럼 눈이나 빙판에서 즐기는 운동이 선진국을 중심으로 빠르게 확산했다. 하계 스포츠가 거대한 경기장 네트워크를 만들어냈듯이 동계 스포츠는 산을 깎고 리프트를 설치한 스키장을 양산했다. 마찰을 최소화하면서 지형의 높이를 활용한 스키나 스노보드는 빠른 속도가 주는 쾌감을 만끽하는 스포츠의 새로운 장을 열었다.

육상 분야에서 인간의 속도를 제일 먼저 자극한 기구는 자전거였다. 프랑스 전국을 일주한다는 의미의 '뚜르 드 프랑스(Tour de France)'는 1903년 처음 열렸는데, 수십 일간의 장기 경주였다. 산악 지역에서 오르막길의 힘든 노력과 내리막길의 빠른 속도는 자전거 경주의 묘미를 선사했다. 자전거에서 시작한 인간과 기계의 결합은 오토바이나 자동차 등으로 확산했고 모터스포츠라는 이름으로 불렸다. F1이라 불리는 자동차 경주는 속도의 경연장이며,

파리-다카르 랠리(Paris-Dakar Rally, 파리에서 출발해 세네갈 다카르에 이르는 자동차 경주)는 유럽과 아프리카를 잇는 사막의 경주 대회다.

토끼와 거북이의 이야기에서 등장하는 달리기의 모델이 점차 다양한 장비를 활용해서 새로운 스피드 경기를 개발해낸 셈이다. 검투사나 기사의 결투 모델은 경기의 규칙과 영역을 정해놓고 대결하는 격투기나 구기 종목으로 변형되었다. 과학 기술의 발전과 함께 기계나 컴퓨터를 활용한 새로운 종류의 게임들이 만들어졌다. 전통 스포츠의 모형을 따라 모터스포츠가 발달했듯 20세기 후반부터 e(전자)-스포츠가 유행하기 시작했다. 여기서도 어김없이 높은 실력의 프로 게이머들이 등장함으로써 아마추어와 프로의 두 세계를 형성했다.

인류의 놀이 가운데 빠뜨릴 수 없는 분야가 운이 적용되는 확률의 게임들이다. 고대에는 우연을 활용해 운세를 점치는 일이 유행했으나 점차 카드나 주사위 등의 도구를 통해 오락의 장을 여는 일이 빈번해졌다. 놀이판에 돈을 걸면서 도박이 탄생했고 자본주의와 도박의 결합은 라스베이거스나 마카오와 같은 환락의 도시를 잉태했다. 사막 가운데 솟아난 라스베이거스는 1931년 카지노 도박을 합법화하면서 발전하기 시작해 자칭 '세계 오락의 수도'이자 '죄악의 도시(Sin City)'로 우뚝 서게 되었다.

인간의 전략적 두뇌 게임인 체스, 장기, 바둑 등도 놀이의 중요한 부분을 차지한다. 흥미로운 사실은 이들 두뇌 게임을 둘러싼 자본주의적 부가(附加) 사업은 그다지 발전하지 못했다는 점이다. 자본주의란 이성적 게임이 아니라 인간의 욕망을 자극하는 감정적인 메커니즘이 작동하기 때문일까. 아니면 자본주의적 삶 자체가 이미 너무 계산적이기에 두뇌 게임에서는 충분한 해방감이나 쾌감을 느끼지 못하는 것일까.

사회 모든 영역에 침투한 게임의 논리

동물과 인간이 비슷하게 즐기는 놀이의 특징으로 다시 돌아가보자. 자유, 규칙, 자제, 연기, 그리고 즐거움이다. 미국의 역사학자 조이스 애플비(Joyce Appleby)는 《가차 없는 자본주의》에서 인류는 식량이 부족하고 생존 본능이 지배하는 시대에서 자본주의를 도입하면서 풍요의 시대로 진화했고, 사회 전반에 걸쳐 큰 변화가 진행됐음을 강조했다. 결핍에서 풍요로 오면서 경제뿐 아니라 정치와 사회, 문화가 모두 근본적으로 변했다는 주장이다.

그는 자본주의 사회를 하나의 문화적 시스템으로도 규정한다. 정치, 경제, 사회는 각각 따로 작동하는 영역이 아니라 하나의 가치 체계로 묶인다는 시각이다. 애플비의 문화 체계라는 개념을 수용한다면, 하위징아가 제시했던 놀이의 특징이 새로운 풍요 시대 문화를 대표하는 것은 아닌지 살펴볼 수 있다. 자유를 누리고 놀면서 여유를 갖고 자제력을 발휘하는 태도, 그 속에서 쾌락을 추구하는 일이야말로 배가 부른 뒤 누릴 수 있는 자본주의적 시대정신이 아닐까.

전통적으로 정치는 권력을 둘러싼 투쟁의 영역이었다. 결핍의 시대에 일어나는 투쟁은 목숨을 걸고 싸우는 영합 게임이었다. 승자가 권력을 독식하고 패자를 잡아먹거나 제거해버리는 생존의 대결이었다. 그러나 자본주의 국가의 전형적 정치 체제인 대의 민

인공적인 환락 도시 라스베이거스의 밤 풍경.

주주의는 헌법이라는 규칙을 바탕으로 선거라는 게임을 벌이는 한시적인 권력 경쟁의 축제다. 한국 정치를 지배하는 진영의 논리 또한 청 · 백군을 나눠 초등학생들이 벌이는 운동회와 매우 유사한 양상을 보인다.

경제 부문에서도 결핍의 시절에 투쟁할 때 사용되던 언어나 개념이 동원된다. 시장을 영토에 비유하고 경제 전쟁에서의 승패를 언급한다. 하지만 자본주의의 발전은 경제 분야에 게임의 규칙을 통해 승패의 결과를 제한하는 방향으로 변화해왔다. 비즈니스에서 유한책임의 원칙을 확립한 것이 대표적인 변화다. 파산이라는 제도 또한 재기와 도전을 가능하게 만드는 제도적 장치다. 무엇보다 경제 활동은 과거에는 신분과 결합한 종신의 굴레였으나 이제는 바꿀 수도 있고 근무 시간만 끝나면 벗어던질 수 있는 일시적인 계약으로 가벼워졌다.

사회 영역에서도 놀이의 논리는 지배적인 위상을 차지하게 되었다. 일례로 남성과 여성의 역할 분담은 동서고금을 막론하고 인간 사회의 가장 기본적인 구분으로 작동했다. 하지만 최근에는 남녀 구분이 차별로 인식되면서 정치나 경제 분야에서 성별의 장벽이 사라지는 방향으로 나아가고 있다. 사회적으로도 성별을 선택 사항으로 고려하자는 움직임이 드세다. 남녀의 생물학적 차이보다는 개개인의 주관적 선호가 우위를 점하는 변화가 나타난다는 뜻이다.

21세기 자본주의 세계에서 섹스는 이제 생물학적 재생산을 위한 엄숙한 행위라기보다 개인의 자유와 행복을 추구하는 수단일 뿐이다. 물론 여기서도 지켜야 하는 규칙이 존재한다. 상대방의 동의를 끊임없이 확인해야 하고 미성년에 대한 금기는 엄격히 지켜야 한다. 종교와 전통이 지배해온 성의 영역은 이제 피임의 발전으로 개인의 자유와 선택, 쾌락과 만족이 최우선의 가치로 여겨지고 있다. 호모 루덴스가 만개할수록 호모 사피엔스라는 종의 번식과 미래가 위협받지는 않을지 시간을 두고 지켜봐야 할 것 같다.

18

예술
근대 자본주의와 동행하는 소프트파워

예술과 자본주의, 얼핏 들으면 공존하기 어려운 상반된 개념이다. 예술은 천상의 아름다움을 추구하면서 영혼에 감동을 선사하는 영역인 반면, 자본주의는 인간의 물질적 필요를 위해 생산 활동을 보장하는 경제 체제다. 마르크스가 《공산당 선언》에서 자본주의를 "얼음처럼 차가운 이기적인 계산"이라고 지적한 이유이며, 실제 자본주의 사회는 인간의 동물적 본능과 계산하는 지적 능력을 이윤 추구로 인도한다.

하지만 예술과 자본주의는 모두 인간의 고유한 특성을 반영한다. 물론 동물도 아름다운 소리를 내고 멋진 몸짓을 한다. 하지만 인간처럼 아름다움 그 자체를 추구하기 위해 일생을 바치는 노력을 하지는 않는다. 또 동물은 겨울잠을 자기에 앞서 많은 영양분을 축적하나 인간처럼 무한의 자본을 축적하려는 허망한 노력을 하면서 일생을 낭비하지는 않는다. 예술과 자본주의는 둘 다 단기적 필요를 넘어 무한의 경지를 향해 끊임없이 노력한다는 공통점이 있다.

세계적인 명품 대기업 케링(Kering)을 운영하는 프랑수아 피노(François Pinault)가 원래 파리 주식 시장이 자리했던 건물을 인수해 2021년 현대예술관으로 개관했다.

실제 자본주의와 예술의 역사는 서로 긴밀하게 얽혀 있다. 중세 말기 유럽의 이탈리아 도시 국가에서 처음으로 자본주의가 만들어지기 시작했을 때, 비로소 근대 예술의 역사가 태동했다. 권력과 부와 종교가 하나로 뭉쳐 있던 상황에서 자본과 예술이 독자적인 터전을 성공적으로 마련하고 독립했기 때문이다. 왕이나 귀족의 전유물이던 부와 예술은 자본주의의 발전을 통해 부르주아나 대중으로 점차 확산해나가기 시작했다.

말하자면 평등한 근대를 향한 여정에서 자본주의와 예술이 동행했다는 뜻이다. 21세기에 자본주의는 부의 불평등을 상징하게 되었지만, 초기 자본주의는 돈을 통해 특권을 뛰어넘을 수 있는 해방을 의미하는 제도였다. 중세의 신분 사회는 아무리 '금수저'라도 귀족 사회에 동참할 수 없는 거대한 장벽이 드리워져 있었다. 르네상스의 이탈리아 도시 국가는 신분의 장벽 대신 구매력이 있는 사람이라면 자유롭게 왕족 행세를 할 수 있는 문호를 개방했다. 그리고 왕족 행세의 첫 관문은 바로 예술이었다.

오페라와 부동산

인류 사회에서 권력을 가진 자들은 예술을 발전시켰다. 권력 집단은 물질적인 부도 독점했기에 의식주의 모든 영역에서 풍족한 자원을 활용해 아름다움을 추구하는 사치를 누릴 수 있었다. 재료를 아끼지 않는 미식을 발전시키고 화려하고 다양한 옷을 수시로 갈아입었으며, 웅장한 집에 살았다.

물론 권력 집단은 사치스럽게 물질적 풍요를 과시하는 게 아니라 예술을 통해 자신들이 고귀한 가치를 추구한다는 사실을 강조했다. 기독교 문명의 사랑, 서구 기사도에서의 명예, 유교 문화에서 강조하는 덕(德) 등은 저마다 추구하는 지향점은 달라도, 예술은 이 모든 가치를 강조하고 장려하는 수단으로 활용됐다. 지배자들은 예술을 통해 사회의 가치를 드높이고 대중과 소통하면서 베푸는 모습을 보였다.

1600년 이탈리아 피렌체에서 그 시대의 가장 획기적이고 혁명적인 종합 예술이 탄생했다. 프랑스 국왕과 피렌체 메디치가의 결혼 행사를 기념해 오페라라는 장르가 탄생한 것이다. 화려한 무대를 꾸민 뒤 가수들이 시적인 가사를 노래로 부르고 음악을 오케스트라가 연주하는 형식이었다. 다만 오페라는 초대받은 왕족과 귀족만 제대로 구경할 수 있는 행사였다.

그로부터 37년 뒤 같은 이탈리아의 부르주아 도시 국가 베네

베네치아에서 개관한 최초의 오페라 전용 극장 산 카시아노를 재현한 모습.

치아는 산 카시아노(San Cassiano) 오페라 전용 극장을 개관했다. 입장권을 산 사람이라면 왕족이나 귀족이 아니라도 오페라를 감상할 수 있는 자본주의적 예술이 탄생하는 순간이었다. 이후 100여 년 동안 베네치아에는 15개의 오페라 전용 극장이 문을 열었다. 그만큼 귀족이 특권을 누리던 문화 생활에 부르주아들은 목말라 있었다. 요즘 오페라 하우스와 같은 문화 시설은 공적 투자가 필요하다. 그러나 당시 베네치아에서는 오페라가 얼마나 인기였는지 매우 높은 이윤을 창출할 수 있는 부동산 투자처로 각광받을 정도였다. 이후 18·19세기 유럽에서 오페라 하우스는 대도시의 얼굴이라고 할 정도로 유행하면서 인기를 누렸다.

오페라가 이탈리아 자본주의의 주역인 부르주아가 선호하는 음악 장르였다면, 초상화나 풍경화는 네덜란드 자본가들이 열광하던 미술 장르였다. 17세기 세계 자본주의의 중심이었던 암스테르담에는 부동산 열풍이 불었다. 당시 네덜란드 부르주아들은 주택을 경쟁적으로 장식했는데, 얼마나 열심이었는지 그림 값이 집값의 절반 정도에 해당했다.

렘브란트 판 레인(Rembrandt van Rijn)이나 요하네스 페르메이르(Johanes Vermeer)와 같은 위대한 화가가 부상할 수밖에 없는 예술 시장이 형성되어 있었던 셈이다. 희귀하고 아름다운 모양의 튤립에 투기하는 열풍인 튤립 마니아도 동시대인 17세기 네덜란드에서 자본주의와 미를 추구하는 열망이 결합해서 만들어낸 광기다. 튤립 광기를 21세기 서울에서 경험하려면 결혼식장의 사치스러운 꽃장식을 보면 이해가 쉽다.

소설과 영화, 새로운 형식의 자본주의

자본주의 초기에 풍요의 혜택을 누렸던 것은 소수의 부르주아였다. 마찬가지로 오페라 극장을 왕래하거나 거실에 초상화와 풍경화를 걸었던 것도 소수의 부르주아였다. 문학은 처음부터 약간 다른 특징을 보였다. 오페라나 연극, 발레 등은 현장에서 연주자, 배우, 무용수가 직접 공연을 했다. 미술은 독보적인 작품을 독점적으로 소장해야 가치가 있다. 하지만 책은 인쇄술의 발달로 대량 찍어낼 수 있게 되면서 특수한 문화적 영역이 되었다.

근대 민족주의를 분석한 베네딕트 앤더슨(Benedict Anderson)은 《상상의 공동체》에서 이른바 프린트 자본주의(Print capitalism)

가 하나의 언어로 묶인 상
상의 공동체를 만들어내는
데 결정적으로 공헌했다고
강조했다. 책은 문화였지만
동시에 상품이었다. 앞서
살펴본 베네치아는 오페라
뿐 아니라 인쇄와 출판 분
야에서도 유럽의 수도 역
할을 했다. 하지만 대중적
출판은 미국에서 본격적인
발전을 이룩했다.

영화 〈바람과 함께 사라지다〉의 주인공 클라크
게이블(Clark Gable, 레트 버틀러 역)과 비비안 리
(Vivien Leigh, 스칼렛 오하라 역).

　다양한 언어로 나뉜 유
럽 대륙과 비교해 미국은 영어로 통합된 거대한 문화권이자 시장
의 기능도 담당했다. 베스트셀러라는 표현이 미국에서 본격적으
로 등장한 것은 우연이 아니다. 1935년 미국 뉴욕의 맥밀런 출판
사는 마가렛 미첼(Margaret Mitchell)이라는 무명 여성 작가의 첫 소
설 《바람과 함께 사라지다》를 출간했다. 그리고 이 소설은 일 년
만에 100만 부 이상의 판매량을 기록하며 엄청난 성공을 거뒀다.

　이것은 그야말로 새로운 형식의 자본주의였다. 산업혁명을 통
해 부상한 자본주의란, 과학과 기술을 활용하는 생산 기법을 동원
하고 다수의 노동자가 힘겹게 재료나 상품을 만들어낸 뒤, 전국
상점을 통해 판매하고 유통하는 구조였다. 반면 출판 자본주의는
작가가 자신의 골방에 박혀 상상의 나래를 펴는 개인의 정신세계
가 가치 창출의 핵심이었다. 출판 자본주의만큼 아이디어가 부를

창조하는 모델은 찾아보기 어렵다.

자본주의는 창조적 파괴가 아닌가. 출판 자본주의의 단계를 훌쩍 뛰어넘어 등장한 주역이 영화 산업이다. 17세기 오페라가 당시의 혁신적인 종합 예술이었듯 20세기 영화는 기존의 연극과 소설과 음악과 춤을 결집한 새로운 장르였다. 소설이란 개인이 쓴 이야기를 개별적으로 읽는 형식이다. 영화는 개인이 쓰고 회사가 만들어 대중이 즐기는 특수 상품이다.

현대 자본주의와 예술의 가장 대표적인 조합은 미국에서 생성된 영화 산업이다. 1939년 개봉된 영화 〈바람과 함께 사라지다〉는 새로운 시대를 연 상징적 작품이다. 캘리포니아의 할리우드는 이때부터 세계 영화 산업의 메카로 부상했고 미국 소프트파워의 대명사로 떠올랐다.

예술 자본주의의 신세계

영화는 처음부터 많은 자본을 동원해야 하는 산업으로 시작했다. 기존의 공연 예술은 무대와 객석을 갖춘 하나의 멋진 극장이면 족했으나, 영화는 작품을 여러 극장에서 동시에 상영하기 위해 다수의 극장 네트워크를 보유하는 것이 유리했다. 그래서 초기 영화 산업 회사들은 직접 극장을 운영해야 했다. 20세기폭스, MGM, 파라마운트, 워너 브라더스, RKO 등 1930년대 5대 영화 제작사는 모두 자신만의 극장 체인을 보유했다.

영화 제작도 점점 많은 자본을 요구했다. 1927년 워너 브라더스가 제작한 최초의 유성 영화 〈재즈 싱어〉는 50만 달러를 투자한 결과물이다. 또 극장에는 고가 스피커 등 오디오 시스템을 갖추는 투자가 필수적이었다. 고대 로마의 마차 경주가 등장하는 〈벤허〉나 남북전쟁 장면을 찍었던 〈바람과 함께 사라지다〉는 각각 400만 달러 이상의 투자금이 들었다.

성공 여부가 불확실한 가운데 이 규모의 자금을 투자한다는 것은 소수 자본가

최초의 유성 영화 〈재즈 싱어〉의 포스터.

만의 특권이었다. 1930년대 대공황으로 영화 산업도 위기를 맞게 되면서 뉴욕의 은행들이 주요 제작사를 인수하곤 했을 정도다. 리먼 브라더스, 체이스 맨해튼, 뱅크 오브 아메리카 등 월스트리트의 은행가들이 돈 가방을 들고 할리우드에 등장했다.

영화의 성공 여부는 투자 능력도 중요하나 감독의 연출 실력이나 배우의 인기가 결정적으로 중요하다. 〈바람과 함께 사라지다〉의 제작자 데이비드 셀즈닉(David O. Selznick)은 촬영을 시작한 뒤 감독을 두 번이나 갈아 치웠다. 또 MGM사 전용 클라크 게이블이라는 인기 배우를 남자 주연으로 캐스팅하기 위해 독립 제작을 포기하고 MGM의 투자를 허용해야 했다.

예술의 산업화를 극단적으로 추진한 사례는 월트 디즈니다. 자존심이 강한 감독이나 변덕이 심한 배우를 모두 피할 수 있는 제작 방

식이 등장한 것이다. 1928년 등장한 '미키 마우스'는 디즈니가 부모이자 주인이었다. 디즈니는 1938년 개봉한 〈백설공주〉를 제작하기 위해 300명의 애니메이터를 동원해 200만 장의 그림을 그리게 한 뒤 25만 장을 추려 영화를 완성했다. 이들 그림은 모두 손으로 그려 색칠한 것으로 디즈니사는 대형 미술 공장이라 불릴 만했다.

게다가 디즈니는 캐릭터 사업의 원조이기도 하다. 계약을 통해 미키 마우스의 이미지를 판매함으로써 시계, 인형, 음식, 연필, 공책, 식기, 액세서리 등 다양한 용품에 영혼과 상혼을 동시에 불어넣는 역할을 했다. 코네티컷의 잉거솔 워터버리(Ingersoll Waterbury) 시계사는 1933년부터 2년간 200만 개의 미키 마우스 시계를 판매할 만큼 디즈니 캐릭터는 인기 만점이었다.

TV와 안방극장 속으로

유성 영화가 미국에서 대중적 인기를 끌며 예술의 자본주의화를 주도하던 시기에 또 다른 변화가 꿈틀거리고 있었다. 전파를 통한 라디오 기술이 발전하면서 방송이라는 개념이 생겨났다. 영화가 이미지와 소리를 종합한 제품이었다면, 라디오는 소리를 동시에 수많은 사람이 들을 수 있게 전달하는 기기였다.

라디오가 미국에서 대중적 관심과 인기를 끌게 된 것은 1921년 국제 복싱 시합 덕분이었다. 당시 미국 헤비급 챔피언 잭 뎀프시(Jack Dempsey)와 프랑스 챔피언 조르주 카르팡티에(Georges Carpentier)의 시합이 미국 저지시티에서 열렸다. 현장 관객만 9만 명이었지만 더 많은 사람이 미국과 프랑스 주먹의 대결에 동참할 수 있도록 RCA(Radio Corporation of America, 미국 라디오 회사)는 극장이나 뉴욕 타임스퀘어 등에 경기 중계 시설을 설치했다. 덕분에 뎀프시가 4라운드에 카르팡티에를 KO로 물리치는 순간을 복싱 팬들은 생동감 있게 경험할 수 있었다.

이후 라디오는 미국인들의 생활 필수품으로 등장했다. 특히 야구 경기를 비롯한 스포츠는 물론 다양한 음악이 미국의 가정 깊숙이 파고들었다. 1920년대 미국의 라디오 판매량은 수백만 대에 달했고, 농촌의 경우 전기가 없는 지역이 많아 배터리를 부착한 라디오가 날개 돋친 듯이 팔렸다. 말하자면 전기가 들어와 전등을 켜기 전에 라디오가 먼저 미국 시골 가정으로 침투했다는 뜻이다. 라디오 수신기가 미국 전역에 네트워크를 형성하면서 미국은 전국이 함께 호흡하는 사회가 되었고 같은 음악의 리듬에 춤추는 나라가 되었다. 대중음악이 탄생한 것이다.

라디오가 소리만 전달하는 한계를 극복한 것은 1947년 TV가 등장하면서다. 영화관이 큰 스크린이라면 TV는 집 안에서 볼 수 있는 작은 스크린이었다. 요즈음 한국에서 아파트를 분양할 때 냉장고나 세탁기 등을 빌트인으로 제공하듯, 1950년대 미국은 TV가 포함된 개인 주택의 판매가 유행이었다. 1955년 미국은 이미 전국에 2,600만 대의 TV가 보급된 상태였다.

TV는 영화와는 다른 특성을 가졌다. 영화가 대규모 투자로 두 시간의 비싼 구경거리를 제공한다면 TV는 공짜인 대신 일상적으로 즐겨 볼 수 있는 프로그램을 제공해야 했다. 안방극장에 드라마가 등장하게 된 계기다. 1951년 시작한 〈루시를 사랑해(I Love Lucy)〉는 보통 사람의 일상을 스크린에 옮겨놓은 듯한 시트콤의 원조라고 할 수 있다.

복싱이 라디오의 대중화를 크게 도운 것처럼 미식축구와 TV는 시너지를 일으키며 발전했다. 미식축구는 폭력적이고 부상이 많아 야구만큼 자주 경기를 개최할 수가 없었다. 현장 입장권을 주로 판매하는 스포츠 경제에서는 불리했던 수익 구조다. 그러나 TV 중계를 통한 관람은 경기가 너무 많은 것보다 오히려 적절한 간격을 두는 것이 유리하다. 미식축구의 챔피언을 결정하는 슈퍼볼 게임의 날은 미국에서 독립기념일, 추수감사절, 크리스마스와 함께 4대 축제가 될 정도로 중요한 '국경일'이 되었다.

소유와 향유의 세계

미국이 개척자적인 역할을 담당한 영화 산업이나 라디오, TV 등은 세계를 향해 확산해나갔다. 자본의 집중적 투자가 필요한 영화 산업에서 미국의 거대한 시장과 할리우드라는 생산 기지는 확실한 비교 우위를 제공했다. 반면 유럽이나 일본 영화는 대중성보다는 예술성을 살려 국제적 생존을 나름 모색했다. 유럽의 칸, 베네치아, 베를린 3대 영화제가 미국의 아카데미 오스카상에 비해 예술성을 높이 평가하는 배경이다.

유럽, 특히 프랑스는 영화는 예술 분야라 일반적인 시장의 법칙을 그대로 적용해서는 곤란하다는 논리를 개발했다. 예술이란 한 나라의 정신에 속하므로 보호해야 마땅하다며 자유무역의 적용 대상에서도 제외해야 한다는 원칙을 주장해왔다. 그 결과 TV에서 국내 또는 유럽 영화를 특정 비중 이상 방영하도록 강제하고 있으며 영화 산업에 대한 지원을 아끼지 않는다.

　물론 영화는 문화적 상품이며 가격 경쟁력만 중요한 것은 아니다. 예를 들어 인도의 뭄바이에서는 발리우드(Bollywood, 봄베이+할리우드)가 거대한 힌두 영화 메카를 구성하고 있으며, 아프리카 나이지리아에도 날리우드(Nollywood, 나이지리아+할리우드)가 생겨났다.

　라디오와 TV는 음악이나 무용, 연극, 드라마, 영화 등을 저렴한 가격에 즐기는 기회를 제공했다. 그러나 개개인 소유권을 가져야 직성이 풀리는 자본주의 정신은 컬렉션이라는 형식으로 공연 예술 분야까지 마수를 뻗쳤다. 1948년 LP, 즉 롱플레이라는 음반이 시장에 나오면서 판을 수집하는 아마추어들이 등장했다.

　창조적 파괴의 원칙에 따라 LP 다음으로 1960년대에는 카세트테이프가 등장했고, 1980년대부터는 콤팩트디스크(CD)가 등장했다. 컬렉션이 형성될 만하면 주기적으로 또 다른 매체가 등장해 기존의 컬렉션을 고물로 만들어버리는 모습이다. 이처럼 모든 음향을 디지털화하는 데 성공한 21세기에 들어서자 LP가 다시 유행하는 기현상도 나타났다. 마치 공간을 차지하는 물질적 축적만이 뿌듯한 만족감을 제공한다는 듯이.

　영상 시장에서는 1970년대 표준 전쟁이 벌어지기도 했다. 유럽의 필립스가 개발

역사상 최대 판매 앨범은 마이클 잭슨(Michael Jackson)의 〈스릴러(Thriller)〉로 공식 판매량만 5,000만 장 이상이다.

한 VHS와 일본의 베타맥스가 비디오 시장을 지배하기 위한 경쟁에 나선 것이다. VHS가 결국 표준 전쟁에서는 승리했으나, 일본제조 업체들이 영상 장비 산업에서 VHS라는 유럽의 기술을 더 잘활용해 큰 승리를 거뒀다. 카세트테이프나 비디오테이프는 모두음악과 영상을 즐기는 동시에 자신의 소리와 이미지를 녹화할 수있었기에 일기와 같은 가족생활의 기록 장치로 활용되었다.

예술과 자본의 세계 지도

음반이나 영화처럼 대중적 예술이 현대 자본주의와 함께 발전을거듭했다고 해서 전통적 엘리트 예술이 사라진 것은 아니다. 예를들어 미술 시장은 폭발적으로 성장했다. 기존의 유럽이나 미국뿐아니라 일본이나 중국 같은 신흥 부국의 부호들이 컬렉터로 뛰어들었기 때문이다. 희귀성의 원칙에 따라 국제 시장에서 인정받은작품 가격은 천정부지로 오르기 마련이다.

고급 예술 시장을 지배하는 두 경매 회사는 모두 영국에서 출범한 크리스티(Christie's)와 소더비(Sotheby's)다. 전자는 프랑스 명품 재벌 피노 그룹에 속하며 후자는 미국으로 소유권이 넘어갔다. 2017년 크리스티 경매에서 레오나르도 다빈치의 작품 〈살바토르 문디(Salvator mundi)〉는 산유국 아랍에미리트의 아부다비(Abu Dhabi) 왕가가 4억 5,000만 달러에 구매해 미술 작품의 가격 신기록을 세운 바 있다. 한국의 대표 재벌 삼성도 예술 컬렉션에서 두각을 나타내며 세계 시장의 큰손으로 활약한 바 있다.

유럽과 미국을 중심으로 클래식 음악은 여전히 고급 예술의 정점을 형성한다. 베를린과 빈 필은 교향악단의 최고봉으로 활약하며 오스트리아 잘츠부르크 축제는 세계 클래식 음악계 최고 실력자들의 연중 행사다. 밀라노는 여전히 오페라의 중심이고 런던, 뉴욕, 파리는 클래식 음악계의 중심 무대다.

레오나르도 다빈치의 〈살바토르 문디〉는 역사상 가장 비싸게 팔린 미술품이다.

흥미롭게도 경제 발전의 궤도에 오르는 동아시아 국가들도 클래식 음악의 중심으로 서서히 진입하는 모양새다. 일단 피아노가 대중적 인기를 끌며 일본의 야마하나 한국의 삼익과 영창, 중국의 펄리버(Pearl River Piano, 珠江) 등 악기 제조업 분야에서 클래식 음악의 세계로 접근한다. 현재 중국에는 4,000만 명의 피아노 인구가 있으며, 펄리버는 연간 10만 대 생산 능력을 자랑하는 세계 1위 피아노 업체다. 다수의 노력은 소수의 훌륭한 연주자를 낳고, 시간이 지나면 지휘자가 탄생하기도 한다. 도쿄, 서울, 타이베이, 베이징에는 국제적 수준의 음악당들이 건설되었으나 아직 세계적 오케스트라나 음악 축제, 콩쿠르가 부상하지는 못했다.

동아시아, 적어도 한국은 엘리트보다는 노래, 드라마, 영화 같은 대중 예술에서 K-팝, K-드라마, K-영화 등의 놀라운 성공을 거두고 있다. 역사적 뿌리와 전통이 족보처럼 작동하는 서구 중심의 엘리트 예술과 비교해 대중적 장르는 훨씬 개방적이고 집중적인 노력으로 단기간에 결실을 거둘 수 있는 구조이기 때문일 것이다.

이처럼 예술과 자본주의는 시작부터 21세기 지금까지 함께 손잡고 걸어온 동반자다. 인류사의 권력자들이 예술을 통해 자신들의 폭력적 지배를 포장하고 미화했던 것처럼 자본가들 역시 자신들의 돈벌이가 단지 수전노의 집착이 아닌, 위대한 문화적 가치를 향한 발걸음이라고 증명하려는 듯하다.

프랑스 사회학자 피에르 부르디외(Pierre Bourdieu)는 이런 현상을 《무관심의 이익(L'intérêt au désintéressement)》이라는 저서에서 설명했다. 물질적 이익에 초연한 태도가 오히려 더 큰 사회적 이익을 안겨준다는 역설이 인간 사회를 지배하는 기본이라는 지적이다. 자본주의 정신이 널리 지배하는 오늘날까지 '돈이 나의 목표'라는 자본가는 찾아보기 어려운 이유이며, 성공한 사업가가 예술에 투자하거나 박물관을 세우는 까닭이다.

19

관광
인간을 자극하고 유혹하는 새로운 풍요

2020년 초부터 세계를 강타한 코로나 19 팬데믹 위기로 관광업은 가장 심각한 경제적 손해를 입은 산업이다. 전염성이 강하면서 동시에 치명적일 수도 있는 신종 바이러스의 특징으로 인해 인류의 이동과 교류가 거의 중단되거나 크게 줄어들었기 때문이다. 21세기 들어 세계 관광의 큰 손으로 부상한 중국은 코로나 시기 3년 동안 해외여행을 거의 차단한 상태였다. 반면 유럽이나 미국 등 대부분의 국가는 백신 접종과 다수 국민의 감염 경력을 토대로 격리 기간을 없애는 등 여행을 보다 빨리 자유화했다. 똑같은 질병이지만 중국과 서구는 전혀 다른 대응을 보였고, 이는 정치뿐 아니라 문화적 차이도 반영된 듯하다.

하지만 코로나와 관광, 즉 질병과 사람의 이동이 충돌하는 관계가 21세기 세계화 시대의 특징이라고 속단하면 곤란하다. 인간의 이동과 전염병은 태초부터 인류의 발자취를 결정하는 중대한 동력이었기 때문이다. 흑사병, 콜레라 등의 전염병으로 수많은 사람이 질병으로 숨졌으나, 아시아와 유럽은 끊임없이 교류를 지속해왔다. 인간은 왜 위험을 무릅쓰고 이동하고 여행하고 교류하게 되었을까.

인류는 애초에 꾸준히 이동하는 동물이었고 농경 시대로 돌입하면서 가까스로 정주(定住)를 시작했다. 하지만 이동과 활동, 새로운 것에 대한 호기심은 인간의 본능에 가깝고 교류는 항상 커다란 경제적 이익과 문명적 혜택을 가져왔다. 개방적인 집단이나 교류가 활발한 지역에서 경제가 발달하고 문명이 꽃피었음을 보여주는 인류사가 이를 증명해준다.

게다가 사람의 교류는 또 예기치 못한 선물도 제공했다. 세균과 질병의 교류로 인해 유라시아 지역에 면역이 강한 인간 집단이 형성되었다는 재레드 다이아몬드의 이론(《총 균 쇠》)이 강조한 사례. 반면 교류가 없어 병균을 경험하지 못했던 아메리카 대륙의 취약한 거주민들은 갑작스러운 질병의 도래에 말살되고 그로써 유럽인의 지배가 가능했다는 지적이다.

여행하고픈 충동

여행이나 관광이 발달할 수밖에 없는 근본적인 이유는 호모 사피엔스의 본성에서 쉽게 찾을 수 있다. 인간은 사회적 동물이라 고립되는 상황을 가장 두려워하고 싫어한다. 실제 말 안 듣는 어린이부터 죄를 지은 어른까지 자유를 제한하는 감금은 흔한 처벌이며, 특히 집단에서 고립시키는 독방 감금은 가장 가혹한 벌이다.

코로나 팬데믹 초기부터 환자가 폭발적으로 발생했던 미국이나 유럽은 여러 차례 사회가 봉쇄되는 상황을 맞았다. 외출이 금지되자 사람들은 도시를 떠나 시골로 이동했다. 시골에서는 마당을 이용해 바람을 쐬고 햇볕을 쏘일 수 있었으며, 매일 산책하기도 수월했기 때문이다. 유럽에서는 사람들이 선호하는 부동산이 도심에서 지방으로 옮겨갈 정도였다.

18세기 일본에서 가이드북을 들여다보는 여행객.

코로나 위기로 해외여행 길이 막히자 사람들은 국내로 발길을 돌렸다. 이는 한국뿐 아니라 전 세계적으로 나타난 보편적인 현상이다. 마치 여행을 하지 않고서는 답답해서 살 수 없다는 듯이. 심지어 동아시아 일부 국가에서는 비행기를 타고 하늘만 한 바퀴 돌아오는 논스톱 비행이라는 초현실적 여행 상품도 등장했을 정도다.

여행과 관련된 고전적 이야기는 동서양을 막론하고 사람들의 상상력을 사로잡아왔다. 고대 그리스 호메로스(Homeros)의 《오디세이아》는 전쟁을 마치고 귀국하는 군대의 길고 험한 여정을 이야기한다. 중국의 《서유기》도 진리를 찾아 인도에 다녀오는 삼장법사와 손오공의 모험 여행 소설이다. 일상을 벗어나 이동하는 영웅의 사연은 선악의 대결이나 정의와 복수와 같은 줄거리를 따라 문명의 틀을 만드는 데 공헌했다.

현실과 허구가 뒤섞이고 신과 인간이 어울리는 신화적 배경을 넘어 유럽과 동아시아에서는 교류와 여행이 지배 계층의 특권처럼 부상했다. 유럽의 왕들은 여러 곳에 성과 궁을 짓고 계절에 따라 이동하며 생활했으며, 유럽의 자본가로 성장하는 상인 계층은 지역을 넘어 이동하고 해외에 체류하는 일이 기본적인 조건이었다. 이탈리아 도시 국가에서 움튼 유럽의 자본주의는 배를 타고 지중해를 누비면서 출범했고, 네덜란드와 영국이 대서양을 통해 세계 바다를 지배하면서 지구를 통제하기에 이르렀다.

동아시아 문화에서도 지배 계층은 중앙집권적 정치 제도 속에서 임지를 돌며 생활했으며 일본처럼 봉건제가 발달한 나라에서는 영주가 영지와 수도를 정기적으로 오가며 상업 문화를 발전시키는 데 공헌했다. 영주의 가족은 중앙의 도쿠가와 막부에 인질로 잡혀 있었고 정기적으로 중앙 권력을 찾아가 충성심을 증명해야 했기 때문이다. 영주를 호위하는 신하와 무사, 하인들의 이동은 여행과 관련된 사업의 발전을 가져왔다.

또 문화적으로 유럽의 왕족과 귀족이 사냥에 몰두하며 자연을 누볐다면, 동아시아의 관료와 지식인들은 여유롭게 산수와 풍류를 즐기는 부류였다. 전투를 일삼는 무사들이 귀족의 중심을 형성한 유럽과 유교와 학문을 권력의 기반으로 삼았던 동아시아의 대조적인 문화 차이다.

귀족 청년의 교육 여행

동아시아에서는 여행과 관광이 비슷한 느낌을 전달한다. 굳이 한자를 풀어가며 분석해보면 여행(旅行)은 움직임이나 이동의 의미를 담고 있다. 영어의 'Trip'에 가깝고 프랑스어의 'Voyage'와 비슷하다. 반면 관광(觀光)은 빛, 다시 말해 선진 문물을 보는 행위, 더 나아가 느끼고 배우는 행위를 함축한다. 유럽 언어의 투어리즘 (Tourism)과 통하는 말이다.

실제 유럽에서 투어리즘의 기원에는 영국 귀족 청년들이 대륙을 돌며 했던 투어 또는 그랑투어(Grand Tour)라는 여행이 있다. 영국이 세계적 강대국으로 부상하던 17세기 영국 귀족들은 자식과 개인 교사가 프랑스, 독일, 이탈리아 등을 함께 여행하게 했다. 르네상스 이후 유럽 문명의 중심이 되었던 지역을 돌면서 문화와 예술을 배우고 익히도록 한 것이다.

투어는 한 바퀴 돈다는 의미를 지닌다. 그냥 이동하는 여행과는 결이 다르다. 게다가 상업이나 전쟁을 위해 공간을 가로지르는 행위와도 구분된다. 유럽에서 상인들은 오래전부터 육지와 바다를 오갔고, 십자군은 중세에 이미 서남아시아까지 이동해 전쟁을 치르곤 했다. 반면 영국 청년들은 순수한 관찰과 배움, 경험과 고찰을 위한 여유로운 여행을 즐겼던 셈이다.

프랑스의 대문호 스탕달(Stendhal)은 1838년《투어리스트의 회상록(Mémoires d'un touriste)》이라는 작품을 통해 문화와 교양을 쌓기 위해 개인적으로 다니는 여행자를 투어리스트라 불렀다. 이후 투어리즘, 즉 관광이라는 표현이 점차 일반적인 용어가 됐다. 투어는 한 바퀴를 뜻하기 때문에 출발한 지점으로 돌아오는 현상이다.

교육 여행뿐 아니라 인류사에는 투어리즘의 사례들이 이미 존재했다. 유목민은 대개 주어진 영역 내에서 계절에 따라 이동하며 일정 시간이 지나면 같은 곳으로 돌아온다. 종교적 목적으로 여행하

이슬람교도의 의무 가운데 하나는 사우디아라비아의 메카와 메디나 순례다.

고 돌아오는 일도 빈번했다. 모든 이슬람교도에게 권장되는 메카 여행이 대표적이지만 성지 순례는 기독교에서도 자주 관찰할 수 있는 여행의 사례다. 여행의 획기적인 발전을 가져온 요인은 무엇보다 교통의 발달이다. 특히 19세기 산업혁명이 진행되어 철도가 전국에 깔리고 증기기관 덕분에 여행의 속도는 빨라지고 가격이 저렴해지면서, 귀족이나 부자들만이 누렸던 관광의 특권이 점차 대중화, 민주화의 길을 걷게 되었다.

철도가 가져온 사회적 변화

대중적 관광의 발전은 역시 영국이라는 현대 자본주의의 본고장에서 시작됐다. 18세기 귀족 청년들이 큰돈을 들여 유럽 대륙을 여행할 때 부모들은 영국 국내에서 온천이나 해수욕을 즐기곤 했다. 바스(Bath)나 브라이튼(Brighton)은 귀족들의 대표적인 휴양도시였고 런던과 이들 도시를 연결하는 유료 도로는 영국에서 관리가 가장 잘되는 훌륭한 길이었다.

철도가 개설되기 직전인 1835년 런던과 브라이튼 사이의 합승 (合乘) 마차 여행객은 이미 연간 12만 명 정도에 달했다. 일찍이 휴양도시는 바닷바람을 쐬며 산책하려는 사람들로 붐볐던 셈이다. 당시에는 수도 런던에서 불과 80km 남쪽에 있는 해안 도시까지 가는 데 무려 6시간이나 걸렸다. 1841년 기차가 개통되고 관광객이 폭발적으로 증가하면서 1862년 부활절에는 하루에 12만 명의 여행객이 몰려왔다. 여행 시간은 두 시간으로 줄었고, 12실링이던 마차 가격은 기차비 3실링으로 대폭 싸졌기 때문이다.

19세기 영국의 철도 회사들은 대중을 현혹해 여행에 나서게 만들려고 별의별 아이디어를 쏟아냈다. 맨체스터와 리버풀 사이에는 세계 최초의 여객기차 노선이 운영되었는데, 바자회에 참여하는 사람들에게 특별 할인된 기차표를 팔곤 했다. 웨일스 지역에서는 사형 집행 구경을 위한 기차 여행도 있었는데, 관광객을 위를 형장을 아예 기차역에 설치했다.

철도를 통한 관광의 발전은 민주적인 사회가 부상하는 중요한 계기였다. 말을 타는 귀족과 걸어서 여행했던 수많은 보통사람 사이의 격차는 엄청난 것이었다. 하지만 기차는 기껏해야 일등석/이등석의 차이가 있을 뿐 귀족과 노동자 수천 명이 같은 철로 위를 함께 이동하는 운명 공동체였다. 부를 과시하고 싶던 귀족은 말과 마부를 싣고 기차로 이동한 다음 목적지에서 다시 개인용 말과 마차를 타곤 했다. 마세라티 자동차를 비행기에 싣고 해외여행을 떠나는 형국이었다.

자본주의와 관광의 만남을 상징하는 인물은 토머스 쿡(Thomas Cook, 1820~1890)이다. 놀랍게도 쿡을 사업으로 이끈 것은 종교적

1851년 영국 런던의 만국박람회가 열린 크리스탈 팰리스.

신념이었다. 독실한 침례교도였던 그는 어느 날 기차를 타고 가면서 이 획기적인 교통수단을 금주(禁酒) 사업에 동원하면 좋겠다는 아이디어를 얻었다. 1841년 100여 명의 손님을 모집해 단돈 1실링으로 왕복 기차 여행을 하면서 금주를 위한 피크닉에 참여할 수 있는 표를 팔았고, 이 사업 아이디어는 대성공이었다.

고객의 교통과 식사를 동시에 해결해주는 패키지여행의 발명이었던 셈이다. 쿡의 혁신적 사업 아이디어는 1851년 런던 크리스탈 팰리스에서 열린 만국박람회를 계기로 전국적인 명성을 얻었다. 이때는 교통과 식사는 물론 숙박까지 해결해준 덕분에 무려 16만 명이나 되는 지방의 관광객들이 쿡의 회사를 통해 런던 박람회를 구경할 수 있었다.

관광 산업의 세계화

영국 국내에서 시작한 대규모 패키지여행은 점차 해외까지 그 범위를 넓혀갔다. 영국의 만국박람회에 이어 파리에서 열린 만국박람회는 영국인의 해외여행을 보편화하는 데 크게 공헌했다. 쿡은 최고급 호텔을 선정해 음식이 영국인의 입맛에 맞도록 관리하는 등 세밀한 부분까지 신경을 썼다. 호텔과의 관계에서 단체관광 회사의 협상력을 아낌없이 발휘한 모습이다.

1867년 파리 만국박람회 때 쿡은 한 해 2만 명의 고객을 책임질 정도로 사업을 키웠고, 1878년에는 그 수가 7만 명을 넘었다. 구매력을 가진 상류층에서 시작한 해외여행이 점차 대중으로 확산되는 과정이었다. 물론 이 많은 관광객을 수용하기 위해 파리 공터에 임시 건물을 지어 숙박하도록 했다.

영국에서 철도와 만국박람회를 통해 인기를 끌기 시작한 관광 산업은 증기 여객선이나 버스, 항공기 등 새로운 교통수단이 등장할 때마다 매번 비슷한 방식으로 더 많은 사람을 더 멀리까지 여행하도록 만드는 기회가 되었다.

1960년대부터 일본을 선두로 한국, 중국 등이 점차 세계 여행의 주요 고객으로 부상했다. 대륙을 횡단하는 항공 루트가 개발되면서 장거리 여행이 수월해졌기 때문이다. 깃발을 들고 루브르 박물관을 휘젓고 다니는 동양인 단체 관광객은 익숙한 광경이 되었고, 동아시아의 집단주의니 뭐니 해석도 분분하다. 하지만 이는 단지 매우 경제적인 해외여행의 방식일 뿐이고 쿡의 사례에서 보듯 유럽의 관광 산업도 19세기 중반 비슷한 양상으로 시작했다.

19세기에 '여행 계획'을 세우는 유럽의 부르주아 모습.

대중적 여행 산업은 발전을 거듭해 21세기 해외여행은 많은 지구인의 일상이 되었다. 2012년 해외여행객 수가 상징적으로 10억 명을 돌파했으니 말이다. 당연히 이 엄청난 인구가 일시적으로 이동하는 데 필요한 교통, 숙소, 식사 등 기본적인 요소를 해결하는 사업이 번창했다. 관광 인프라를 제대로 갖춰야 경쟁력을 가질 수 있고 더 많은 고객을 유치할 수 있다는 의미다.

물론 가장 중요한 요소는 볼거리다. 초기 사형 집행이나 만국박람회가 잘 보여주듯, 사람들의 호기심을 끌고 지갑을 열도록 만드는 행사나 관광 자원을 개발하는 일에 국가들이 경쟁하기 시작했다. 이제 월드 엑스포나 올림픽 게임, 월드컵은 세계인의 행사가 되었고, 다양한 분야의 별의별 축제가 전 세계적으로 관광객을 유혹한다. 축제나 행사야 일시적이지만, 기본적인 관광 자원을 개발해 장기적인 산업을 발전시키려는 노력이 지구적 유행이다. 대표적으로 박물관 설립은 관광객에게 볼거리를 만들어 제공하려는 노력이다.

2010년 통계에 따르면, 미국이 1만 7,500여 개의 박물관을 보유하고 있으며 독일의 박물관 수는 6,300개, 일본이 5,700개, 중국이 3,900개로 그 뒤를 이었다. 지금은 중국이 일본이나 독일을 따라잡았을 가능성이 크다. 영국의 '개 목걸이' 박물관부터 인도의 '화장실', 스페인의 '장례 마차'나 미국의 '탄 음식(Burnt food)' 박물관까지 세계 각지에서 관광객 유치를 위한 기발한 아이디어들이 넘쳐난다.

풍요의 자본주의

영국에서 처음으로 근대적 관광 산업이 부상할 때부터 여행은 계급적 성격이 강하게 드러나는 분야였다. 영국의 귀족이나 부자들이 국내 도시를 떠나 해외로 눈을 돌린 중요한 이유도 관광의 대중화로 인해 휴양 도시들이 군중으로 가득 차기 시작하면서다. 이들은 스위스 알프스산맥이나 프랑스 남부의 해변으로 멀리 떠나갔고, 덕분에 스위스의 다보스나 인터라켄, 프랑스의 니스 등이 국제 관광의 중심으로 떠오르는 원동력으로 작용했다.

프랑스의 사회학자 뤼크 볼탄스키(Luc Boltanski)와 아르노 에케르(Arnaud Esquerre)는 《풍요(Enrichissement)》라는 저서를 통해 자본주의의 변화에 주목했다. 자본주의는 상당히 오랜 기간 대량 생산과 소비라는 방식으로 발전을 거듭해왔으나 풍요 사회에 돌입하면서 새로운 논리를 개발했다는 주장이다. '완전 자본주의(Capitalisme intégral)' 논리의 핵심은 부가 축적되면서 나타나는 풍요가 다시 부를 낳는다는 점이다.

초기 자본주의 시대에는 새것이 헌것보다 비싸다. 물건도 그렇

이탈리아 로마의 트레비 분수에 모인 관광객들.

고 집도 마찬가지다. 하지만 풍요로운 완전 자본주의에서는 오래
된 것이 새것보다 소중하고 비싼 경우가 빈번하다. 새로 지은 전
원주택을 구경 오는 것은 친구들뿐이지만, 100년 넘은 고택(故宅)
은 관광 자원이 되고, 천 년이 되었으면 유네스코 유산 목록 등재
를 시도해볼 만하다. 19세기에 지어진 멋진 성보다 2,000년 전 유
적의 작은 돌기둥이 더 소중하게 여겨지는 논리다.

  기능을 중시하던 초기 자본주의가 발전하면서 문화적이고 역사
적 의미를 따지는 '풍요의 자본주의'로 이행한다는 설명이다. 관
광 자원에는 이런 논리가 가장 뚜렷하게 적용되는 셈이다. 두바이
의 최첨단 건물과 아부다비의 박물관보다 파리의 역사적 문화유
산을 선호하는 이유이고, 심지어 자연조차 남아메리카의 안데스
보다는 유럽의 알프스를 구경하고 싶게 만든다. 알프스는 코끼리
를 몰고 로마를 공격한 한니발 장군부터 하이디 소녀까지 역사적

이야기와 문화적 의미가 담겨 있기 때문일 것이다.

자본주의 경쟁에서 후발주자는 막강한 이점을 누린다. 저렴한 노동력과 최첨단 설비를 동원해 값싼 상품을 대량 생산하는 데 매우 유리하기 때문이다. 하지만 오랜 세월 풍요를 누려온 사회가 보유한 물질적 토대와 문화적 자본은 턱없이 부족하다. '세계의 공장' 중국이 열심히 저렴한 물건을 만들어 번 돈을 유럽 여행에서 명품 쇼핑으로 소비하는 구조가 형성되는 이유다. 명품이 담고 있는 명성과 문화적 가치는 단기간에 만들어지는 것이 아니기 때문이다.

일이 되어버린 레저

자본주의 문명사회에서 살아가는 현대인의 삶은 일과 여가로 분명하게 나뉜다. 여기서도 초기 자본주의와 성숙한 자본주의의 차이를 발견할 수 있다. 전근대 사회에서는 일과 여가가 뒤섞여 있었다. 농촌이건 도시의 작업장이건 일하면서 농담도 하고 새참도 즐기며 술도 한두 잔 마셨다. 하지만 근대 자본주의에서는 테일러리즘이나 포디즘 등의 이름으로 노동과 휴식의 확실한 구분이 도입되었다.

초기 자본주의에서 휴식은 노동을 위한 재생의 시간, 즉 레크리에이션의 시간이었다. 공장에서 종일 근무하기 위해 밤잠을 자고 에너지를 보충한다는 식의 사고방식이었다. 그러나 자본주의가 발전하면서 관광을 포함한 레저의 개념이 서서히 움텄다. 휴식은 일하기 전에 쉬는 시간이 아니라 여유를 즐기고 개성에 따라 취미

17세기 인도에서 황제가 사랑하는 부인을 기리기 위해 만든 타지마할.

생활을 하는 기회라는 의식이 퍼지기 시작했다는 뜻이다.

선진국을 기점으로 휴일이나 유급 휴가는 19세기부터 점차 늘어났고 노동시간은 꾸준히 줄어들었다. 이제 성숙한 선진 자본주의에서는 노동을 위한 휴식이 아니라 레저를 위한 노동으로 우선순위가 뒤바뀌었다. 요즘 한국에서 유행하는 워라밸(Work-life balance, 일과 삶의 균형)도 노동 중심의 초기 자본주의에서 풍요의 자본주의로 넘어가는 과도기적 현상일 것이다.

다만 자본주의의 힘은 너무나도 강력해서 레저도 노동이나 생산과 유사한 원칙의 지배를 받는다. 특히 여행이나 관광의 영역에서 이런 경향은 뚜렷하다. 예를 들어 여행은 정확하게 목적과 수단으로 나뉜다. 목적은 도달해야 하는 장소이고 경험해야 하는 순간이다. 인도에 가면 타지마할을 봐야 하고 베이징에서는 자금성을 빠뜨릴 수 없다. 석양이 지는 발리의 해변을 산책하고 사라져

버릴 도시 베네치아에서 카푸치노를 마셔야 한다.

현대 사회가 공장이나 사무실에서 매뉴얼로 행동 지침을 제공하듯 여행을 떠나는 사람들은 모두 한 손에는 여행 가이드북을, 다른 손에는 카메라나 스마트폰을 들고 정해진 장소에서 '추억 생산'을 하기에 바쁘다. 인터넷만 뒤지면 훌륭한 사진이 넘쳐나지만 '내 얼굴이 들어간 내가 찍은 사진'에 대한 집착은 대단하다.

'죽기 전에 해보고 싶은 일들'이라는 의미의 버킷 리스트는 삶에 대한 매우 특수한 접근법이다. 장을 보듯 목록을 만들어 반드시 이루고야 만다는 목적의식도 대단하고 시간을 허투루 쓰지 말고 얼른 행동에 옮겨야 한다는 채찍질도 자본주의 생산 방식과 흡사하다. 그리고 이런 리스트는 개인적이라는 착각을 주지만 실제로는 각종 가이드나 인플루언서들이 정한 메뉴에서 선택할 수밖에 없다.

유네스코가 지정한 보존할 가치가 있는 자연이나 역사 유산은 곧바로 방문할 만한 가치로 해석되어 최상급 관광 자원으로 부상한다. 지역과 국가마다 이런 상징적 자본을 얻기 위해 치열하게 투쟁을 벌이는 이유다. 여행은 점차 소중한 무언가를 발견하기 위한 과정이 아니라 미리 정해진 코스를 답사하는 또 다른 노동으로 변했다.

게임이나 예술과 마찬가지로 관광에서도 발견할 수 있는 분명한 사실은, 의미를 만들어내는 상상력과 창의력이 점점 부를 창출하는 재료로 부상하고 있다는 점이다.

20

미디어
수단이 목적을 지배하게 된 세상

인류 최초의 발명품으로 꼽히기도 하는 언어는 인간을 문명 세계로 이끈 일등 공신이라 할 수 있다. 지구촌 곳곳에서 생활하던 인간 집단은 언어를 통해 교류하고 협력하면서 비약적인 발전을 이룰 수 있었다. 지리적으로 가까운 공동체는 비슷한 언어로 교류하나 거리가 멀어질수록 소통 자체가 점점 어려워지고, 어느 지점이되면 서로 다른 공동체 간에는 상대방 말을 이해하기가 거의 불가능하다. 언어가 인류의 공통분모이자 차별화의 요소라는 뜻이다.

언어란 기본적으로 정보를 다루는 수단이다. 인간은 언어를 활용해 다양한 정보를 보다 효율적으로 정리하고 축적할 수 있다. 무척이나 무질서한 세상을 언어라는 도구 덕분에 잘 포착할 수 있고 또 효율적으로 포장할 수 있기 때문이다. '비가 온다'라는 간단한 말은 실제 매우 복합적인 현상의 축약적 표현이다. 언어는 복잡한 정보를 신속하고 간편하게 전달하는 마력을 가지고 있다. 발없는 말이 천 리를 가는 원리다. 만일 언어 차이로 대화가 불가능한 경우라면, 통역이라는 '슈퍼 능력자'들의 도움을 받아야 한다.

여러 언어를 자유자재로 구사하는 이들이 사회적 권력을 얻었던 배경이다.

우리가 일상에서 가장 문화적이라고 생각하는 언어 현상과 가장 경제적이라고 여기는 화폐는 여러 측면에서 매우 유사하다. 언어가 정보를 정리하고 축약하는 수단이라면, 화폐 역시 재물의 가치를 측정하고 표현하는 도구다. 말이 순식간에 천 리를 가듯 돈은 눈 깜짝할 사이에 가치를 이동하는 마법을 부린다. 언어 전문가들이 서로 다른 공동체를 연결하는 능력을 통해 권력을 획득하듯 화폐를 다루는 상인들은 부를 쉽게 얻는 세상이다.

화폐와 언어, 자본주의와 문화는 이처럼 비슷한 구조와 양상을 보여준다. 게다가 이 둘은 외모만 흡사할 뿐 아니라 또 다른 불가분의 관계로 연결되어 있다. 특히 근대를 연 자본주의 경제와 민족주의 문화는 시작부터 긴밀하게 짝을 이루며 발전해왔다.

성경과 인쇄와 자본주의

현대 사회에서 언론 또는 매체와 동일 의미로 사용되는 라틴어 미디어(media)는 미디움(medium)의 복수형으로 수단이라는 뜻이다. 소리를 통해 사람들 간에 소통을 가능하게 하는 언어는 대표적인 미디어였다. 이후 인류는 문자를 발명함으로써 언어로 표현된 내용을 간직하고 전달하는 미디어를 추가로 확보하게 되었다. 말을 글로 쓰면 언어와 문자라는 두 미디어를 활용하는 셈이다.

물질문명을 탐구하면서 여러 차례 확인한 사실은 원활한 소통을 위해서는 물질적 기반이 매우 중요하다는 점이다. 동아시아와

안톤 폰 베르너(Anton von Werner), 〈보름스 국회의 루터(Martin Luther at the Diet of Worms)〉. 16세기 루터는 성경의 번역가이자 베스트셀러 작가의 원조라고 할 수 있다.

서양을 구분하는 첫 번째 차별화는 문자에서 현저하게 드러난다. 동아시아 문명의 기반이 된 한자는 뜻을 전달하는 표의(表意) 매체이지만, 유럽의 언어를 표현하는 방식은 알파벳으로 소리를 전하는 표음(表音) 시스템이다.

고대에 표의/표음 두 문자 미디어가 형성되었을 초기에는 양 지역의 사회적 차이는 그다지 크지 않았다. 한나라와 로마 제국이 동아시아와 유럽에서 거대한 영역에 걸쳐 문자의 혜택을 확산했으나, 당시만 해도 극소수의 엘리트만이 문자를 습득하고 활용할 수 있는 사회였기 때문이다. 하지만 중세가 진행되면서 유럽에서는 표음문자와 민족 언어가 결합하면서 대중적 미디어의 시대가 열렸다.

중세까지 유럽의 종교와 문화를 지배하는 언어는 라틴어였으나 점차 영어, 프랑스어, 독일어 등이 득세하기 시작했다. 특히 종교개혁은 소수의 성직자가 독점하던 라틴어 성경과 미사의 장벽을 깨고 보통사람들의 언어로 성경을 번역해 개개인이 신과 직접 소통하는 길을 활짝 열었다.

한 연구에 따르면 1500년 유럽에는 1억 명의 인구에 2,000만 권의 책이 존재했을 것으로 추정되었는데, 1600년에는 장서의 수가 2억 권 정도로 폭증했다. 지금부터 5세기 전에 이른바 출판 자본주의(print-capitalism)가 출범하면서 근대 세계로 빠르게 진입한 셈이다. 양가죽에 필사본으로 만들던 책을 종이와 활자를 통해 대량 인쇄하면서 출판은 자본주의 시대를 알리는 초기 공산품으로 등장했다.

종교의 영향력이 막강하던 시대였던 만큼 성경은 가장 잘 팔리는 상품이었다. 특히 종교 개혁의 아버지 마르틴 루터(Martin Luther)는 실제 성경을 독일어로 옮긴 번역가였고 당대 최고의 베스트셀러 작가였다. 1518년부터 1525년 사이 독일에서 팔린 모든 책의 3분의 1은 루터가 번역한 성경이었고, 1522년과 1546년 사이 루터의 독일어 성경은 무려 430여 차례나 인쇄됐을 정도였다. 성경이라는 종교와 인쇄라는 기술이 자본주의 상품이라는 경제와 만나는 근대가 탄생하는 순간이었다.

책이 만든 민족주의

물론 루터를 성공적인 번역가이자 베스트셀러 작가라고 부르는 일은 현대 독자의 이해를 도울 수 있으나 역사적 오해도 불러일으킬 수 있다. 당시 교회의 허락을 받지 않고 성경에 손을 대는 일은 큰 죄로 다스려질 수 있었기 때문이다. 일례로 루터의 영향 아래 성경을 영어로 몰래 번역했던 윌리엄 틴데일(William Tyndale)은

1536년 사형을 당했다.

　루터가 성경 번역을 통해 독일어의 근간을 형성하는 데 크게 공헌했듯, 프랑스어권의 칼뱅주의 개신교와 영어권의 《킹 제임스 성경(King James Bible)》은 각각 근대 프랑스어와 영어를 완성하는 데 결정적인 주춧돌이 되었다. 1535년 출간된 프랑스어 성경을 번역한 사람은 프랑스 출신 종교 개혁가 장 칼뱅(Jean Calvin)의 사촌인데, 번역서에 칼뱅이 직접 라틴어 서문을 썼다. 또 영국 국왕 제임스가 주도한 《킹 제임스 성경》은 앞서 언급한 틴데일 번역본을 기초로 1611년 출간되었다.

　기독교, 특히 개신교가 지배하는 사회에서 성경은 일상의 양식이어야 했다. 아마 현대인이 스마트폰을 종일 들여다보는 일과 유사했을 것이다. 신부가 라틴어로 집전하는 미사에 참석한 신도는 그 내용을 이해하기 어려웠다. 아마도 그들은 성당의 웅장함과 화려함 속에서 신을 상상했을 것이다. 반면 자신의 언어로 전달되는 종교 메시지는 이해가 쉬웠고 일상의 말로 표현하는 기도도 일상화되었다. 자본주의가 인쇄술을 빌려 종교의 세계를 완전히 뒤바꿔놓았듯이 각국의 언어로 번역된 성경은 민족주의를 잉태하는 의외의 결과를 낳았다.

　민족을 '상상의 공동체'라고 정의한 베네딕트 앤더슨은 그 출발점으로 출판 자본주의와 민족 언어의 형성을 꼽았다. 예전에는 라틴어를 사용하는 거대한 문명권과 무수히 많고 다양한 지역의 구어(口語)가 공존했다. 하지만 영어, 프랑스어, 독일어, 스페인어 등의 부상으로 라틴어권이 분할됨과 동시에 서로 소통하지 못하던 다양한 구어 집단은 중재자 역할을 하는 출판언어(print-language)

를 중심으로 민족 단위로 통합되었다.

같은 글을 읽는 사람들은 하나의 공동체라는 인식을 자연스럽게 공유할 수 있었다. 게다가 계속 변화하는 구어와 달리 출판물은 언어를 고정하는 경향이 강하다. 유럽 주요 언어가 17세기에 확정되어 지금까지 계속 내려오는 이유다. 언어는 사람들이 매일 활용하는 살아 있는 생명체지만 동시에 고정된 형식을 가졌기에 영원한 민족의 상징이라고 여기는 것이다. 출판물을 통한 민족 언어의 부상은 이처럼 생명력과 영구성

북아일랜드 화가 존 레이브리(John Lavery, 1856~1941), 〈미스 오라스(Miss Auras)〉. 책은 상상의 공동체를 만들어내는 데 크게 공헌했다.

15세기 그리스어와 라틴어 텍스트를 금속 활자로 찍어낸 《구텐베르크 성서》.

을 통해 근대 민족의 얼개를 제공했다.

책이 문자를 통해 소통하던 사람들을 하나의 공동체로 묶었다면 신문은 동시성을 추가함으로써 더 끈끈한 연결 고리를 만들었다. 신문이 본격적으로 발전하기 시작한 18세기에 뉴스를 전문적으로 전달하는 종이 매체의 등장은 일종의 혁명이었다. 기독교 유럽에서 민족 언어로 된 책은 종교와 같은 보편적인 메시지를 전달

했으며 사용하는 언어만 달랐다. 하지만 뉴스는 그야말로 독립적인 현실과 관심을 가진 공동체를 기반으로 민족 집단을 강화하고 형성하는 메커니즘으로 작동했다.

정보가 돈이 되는 세상

16세기 유럽에서 성경을 밑천으로 삼는 출판 자본주의가 커다란 성공을 거뒀듯이, 19세기 영국과 미국에서는 민주주의 정치 경쟁을 기반으로 하는 언론 자본주의가 기지개를 켰다. 물론 프랑스나 독일에서도 뉴스를 파는 신문은 존재했으나 이들 국가에서는 국가의 검열과 통제가 심한 편이라 자유를 먹고 자라는 언론의 특성을 제대로 발휘하기 어려웠다. 무엇보다 독자들은 정부의 구미에 맞는 일방적 메시지보다는 자신이 지지하는 후보자나 정당의 목소리를 듣고 싶어 했다.

19세기 말 미국은 특히 근대적 신문 시장이 발전한 본고장이다. 현재 퓰리처는 미국 언론에서 훌륭한 기자에게 주는 가장 권위 있는 상(賞)으로 꼽힌다. 사실 조지프 퓰리처(Joseph Pulitzer)는 남북전쟁 때 미국으로 이주하기 위해 군대에 자원했던 헝가리 이민자다. 1870년대 중서부 세인트루이스에서 독일어로 발행하는 신문으로 성공을 거둔 그는 1880년대 뉴욕에서 영자(英字)신문 〈뉴욕월드(New York World)〉를 발행하며 대중 언론의 시대를 열었다.

그때까지만 해도 신문이란 엘리트 식자층의 전유물이었다. 하지만 퓰리처의 〈뉴욕월드〉는 엘리트를 포기하고 노동자나 이민자와 같은 대중 독자를 지향했다. 무미건조한 정치인의 연설이나 의

회의 입법 과정은 생략하고 살인이나 강도, 사건·사고 등을 중심으로 독자에게 다가갔다. 문체도 이민자조차 이해할 수 있도록 매우 쉽게 작성했다. 그림과 사진을 첨가한 시각적 구성으로 숨통을 틔게 해줬고, 일기예보나 경마 소식으로 일상의 관심을 반영했다. 덕분에 적자에 시달리던 〈뉴욕월드〉는 5년 만에 20만 부 이상을 판매하는 거대한 매체로 성장했다.

신문 시장에서 퓰리처의 혁신은 윌리엄 랜돌프 허스트(William Randolph Hearst)를 통해 한 단계 더 나아갔다. 퓰리처가 독자의 생활과 취향을 파악해 신문을 바꿔놓았다면, 허스트는 독자의 정치적 관심과 '팬덤'까지 활용해 판매 부수를 늘렸다. 1896년 대선에서는 윌리엄

20만 부의 유통을 자랑하는 1센트짜리 〈시카고 데일리 뉴스〉 광고.

제닝스 브라이언(William Jennings Bryan)이라는 30대 민주당 아웃

사이더 정치인이 대중적 인기몰이를 하며 돌풍을 일으켰는데, 이때 허스트가 〈뉴욕모닝저널(New York Morning Journal)〉을 활용해 그를 적극적으로 지지했다.

허스트의 〈뉴욕모닝저널〉은 선거 당일 뉴욕 맨해튼의 상공에 열기구를 띄워놓고, 미국 전역에서 전신으로 도착하는 실시간 개표 상황을 깜박이는 램프 불빛으로 알렸다. 라디오나 TV가 등장하기 한참 전에 이미 어디서나 볼 수 있는 해와 달에 착안한 중계를 시도했던 셈이다. 선거를 전후해 허스트는 신문 판매 150만 부라는 엄청난 규모에 도달했다. 〈뉴욕모닝저널〉이 지지했던 브라이언 후보는 패했으나 신문은 승승장구하면서 결국 퓰리처의 〈뉴욕월드〉를 제치고 선두로 나갔다.

뉴스와 광고의 동거

미국 최대 도시 뉴욕의 신문 시장에는 퓰리처나 허스트와는 전혀 다른 전략을 앞세운 아돌프 옥스(Adolph Ochs)라는 언론인도 있었다. 그는 켄터키 채터누가 출신으로 1896년 대선을 앞두고 엘리트 신문 〈뉴욕타임스〉를 장악했다. 뉴욕시 금융계의 지원을 등에 업고 적자 신문을 인수한 옥스는 퓰리처나 허스트의 대중 중심의 센세이셔널리즘 유혹을 거부하고 보수적 정치 노선과 품격 관리를 지향했다. 미국이나 유럽에서 대중지와 권위지로 신문 시장의 계급적 차별화가 이뤄지는 순간이었다.

자본주의 논리가 그렇듯 신문 시장에서도 대중지와 권위지의 가장 큰 차이는 가격이었다. 박리다매의 대중 전략을 지향하는 퓰리처는 신문 가격을 1센트까지 내림으로써 뉴욕 시장의 모든 경쟁지 가격 인하를 주도했다. 하지만 이런 상황에서도 뉴욕타임스는 3센트의 높은 가격을 유지함으로써 가격 경쟁에 신경을 쓰지 않는다는 점을 명확하게 드러냈다.

신문은 대중지나 권위지를 막론하고 광고와 결합함으로써 새로운 수입원을 개발했다. 사람들이 궁금해하는 소식을 전하면서 동시에 노골적인 상품 광고를 끼워 넣음으로써 객관성이 중요한 정보와 이윤을 추구하는 상품의 유혹이 한 매체에서 동거하게 된 셈이다. 상품 광고를 객관적인 정보로 착각하기도 쉽고, 뉴스가 판매 부수를 늘리기 위한 허풍이나 정치적 프로파간다(propaganda)로 오해받기도 수월한 상황이 되었다. 이처럼 성경으로 성공한 출판 자본주의는 신문을 통해 뉴스와 자본주의의 공생으로 발전했다.

미국 뉴욕 언론에서 아직도 명성을 유지하며 건재하는 신문은 국제적 권위를 자랑하는 〈뉴욕타임스〉다. 영국의 〈타임스〉나 프랑스 〈르몽드〉와 함께 미국의 〈뉴욕타임스〉, 〈워싱턴포스트〉 등은 세계적으로 유명한 일간지들이다. 하지만 이들이 유명한 이유는 권위지로 엘리트들이 선호하기 때문이지 판매 부수가 많아서는 아니다.

미국에 이어 근대 신문 시장에서 신세계를 연 것은 동아시아 일본이라고 할 수 있다. 권위지와 대중지가 그다지 차별화되지 않았고 한 도시를 넘어 전국적인 시장을 지배하는 언론으로 발전시켰기 때문이다. 미국에서 〈뉴욕타임스〉, 〈워싱턴포스트〉, 〈보스턴글로브〉, 〈LA타임스〉 등은 특정 대도시를 대표하나, 일본에는 〈요미우리〉, 〈아사히〉, 〈마이니치〉 등 전국적인 신문이 여럿 공존한다.

미국과 유럽은 가판대에서 신문을 사는 습관이 일반적이었지만, 일본은 집까지 신문을 배달하는 서비스를 발전시켜 광범위한 독자층을 확보했다. 기껏해야 수십만 부에 불과한 미국이나 유럽의 주요 신문에 비하면 일본은 신문의 전성시대인 20세기 후반 다수의 전국 신문이 수백만 명의 구독자를 자랑하며 일부는 전설적인 1,000만 부를 초과하는 기록도 세웠다.

안방에 등장한 대통령

전신(電信)으로 소식을 전하는 방식은 유선과 무선 두 종류다. 앞서 교통수단의 발전을 살펴보면서 길을 놓아 차가 다니는 육로와 바다와 하늘처럼 그 자체가 길처럼 기능하는 해상과 항공 교통을 비교했다. 사람이나 물자가 아닌 정보를 전달하는 분야도 비슷한 선택지가 존재한다. 미국과 유럽은 19세기 말에 이미 해저 케이블을 통해 유선으로 연결되어 있었다. 무선보다 안정적이고 보안 유지에 수월했기 때문이다. 반면 무선은 이동하는 선박에 설치해 활용하기에 안성맞춤이었다.

1912년 타이타닉호의 침몰 사건은 무선 통신의 중요성과 활용 가능성을 널리 인식하게 만들어준 계기가 됐다. 대서양을 항해하던 호화 유람선 타이타닉호는 사고를 당하자 무선으로 구호를 요청했고, 덕분에 인근의 배들이 동원될 수 있었다. 운 좋게 구출된 사람들과 사망자 명단이 무선으로 전송되었고, 상품이나 주문 관리를 위해 무선 전송팀을 운영하던 뉴욕 워너메이커 백화점에서는 이를 받아 신문보다 빨리 운집한 군중에게 알릴 수 있었다.

타이타닉호의 침몰은 신문과 라디오의 시대를 연결하는 중요한 사건이었다.

1896년 대선 상황을 시민들에게 전파한 열기구에 이어, 취재와 기사 작성, 편집, 인쇄, 배송 등의 과정을 뛰어넘는 새로운 형식의 실시간 뉴스 보도가 탄생하는 순간이었다.

1920년대 라디오는 미국에서 가장 인기 있게 팔려나가는 상품이었다. 신문 자본주의에 성공했던 미국은 라디오의 일상화에서도 선두를 달리면서 전국에 수백만 대를 보급했다. 앤더슨이 말했던 책이나 신문은 사람들이 민족이라는 거대한 단위를 '상상'하게 만들었으나, 라디오는 민족을 '실감'하게 해준 도구다. 정확하게 같은 시간에 같은 이야기를 들으며 같은 음악에 춤출 수 있는 시대가 열렸다.

이제 민족의 역사는 라디오에서 흘러나오는 특정 방송과 결부되었다. 예를 들어 1930대 미국의 루스벨트 대통령은 〈화롯가 이야기(Fireside chats)〉라는 라디오 정기 방송을 통해 경제 대공황으로 고통받는 국민에게 친근한 목소리로 직접 호소하는 새로운 정치 문화를 만들었다. 1940년 6월 18일 샤를 드골(Charles De Gaulle) 장군의 런던 방송은 프랑스가 나치 독일에 계속 저항해나가겠다는 레지스탕스 운동의 시발점으로 역사에 남았고, 1945년 8월 15일 일본 천황의 항복 선언도 일본을 넘어 세계사의 전환점을 세계인이 공유하는 계기가 됐다. 물론 이 모든 역사는 라디오를 통해 이뤄졌다.

이제는 발 없는 말이 천 리를 넘어 특정 인물에게 전달되는 정도가 아니라 지구촌 곳곳에 수백만, 수천만 명에게 동시에 확산 가능한 능력을 확보했다. 전통 사회에서 커다란 단위의 인류 공동체를 그리기 위해서는 상상력과 노력이 필요했다. 반면 현대 사회는 끊임없이 민족과 시장과 상품이 개인에게 강요되면서 오히려 상상력을 빈곤하게 만드는 시대가 되었다.

나눔과 합침의 게임

이 글을 시작하면서 언급했던, 언어가 가지는 보편성과 특수성의 복합적인 관계는 언어를 넘어서는 다양한 미디어를 통해서도 가능하다는 사실을 잘 확인할 수 있다. 라디오는 언어를 사용할 경우 인류를 민족 언어 공동체로 나누나, 음악을 틀어주면 오히려 한 가족으로 묶는 기능도 한다. 라디오의 뒤를 이어 발전한 텔레비전 또한 이 같은 보편성과 특수성을 모두 가지고 있다.

영국의 BBC는 1920년대 라디오로 출범한 이후 곧바로 영상까지 송출하는 데 성공했다. 하지만 텔레비전이 본격적으로 대중에 뿌리를 내리게 된 것은 제2차 세계대전이 끝난 다음 1950년대 미

1950년대 TV를 시청하는 미국의 한 가족의 모습.

국에서다. 특히 흑백에서 컬러로 이미지를 전송하는 기술이 발달하자 텔레비전은 사람들의 관심을 끌어들이는 마술 상자로 돌변했다.

　신문에서 라디오, 텔레비전으로 주요 매체가 진화하면서 자본주의 사회의 광고 또한 점차 강력한 힘을 발휘했다. 신문에 실리는 구인·구직이나 부동산 광고는 정보와 선전을 조합한 형식이었다. 라디오에서 흘러나오는 광고는 음악에 맞춰 브랜드를 소비자의 뇌리에 주입하는 방식으로 점점 과감해졌고, 연이어 텔레비전에서는 각종 자극적인 이미지를 활용해 소비자 욕망을 불러일으키는 도구로 발전했다.

　뉴욕 신문 전쟁에서 보았던 정치 게임과 미디어의 결합은 라디오나 텔레비전에서도 반복되었다. 스포츠나 예술 등 놀기를 좋아하는 '호모 루덴스'뿐 아니라 권력 경쟁에 몰두하는 정치 동물로서 인간도 TV의 중요한 시청자였기 때문이다. 최대 TV 시장 미국에서 24시간 뉴스 채널 CNN이 등장한 것은 1980년이다. 정치 캠페인은 이제 유권자와 직접 만나는 집회보다 미디어를 통한 이미지가 훨씬 더 중요해졌다. 1996년에는 폭스와 MSNBC가 뉴스 채널로 경쟁에 뛰어들었다. 전자가 보수층을 노리는 전략이었다면 후자는 컴퓨터 소프트웨어로 성공한 마이크로소프트와 전통 TV 채널 NBC의 결합이었다.

미국 뉴스 채널 CNN의 성공은 국제적으로도 경쟁의 장을 만들었다. TV 세계의 맏형 BBC는 물론 아랍 세계를 대변하려는 알자지라, 21세기 중국의 세계를 향한 야욕을 대표하는 CGTN 등은 미국의 특정 시각과 분석으로만 세상을 바라봐서는 곤란하다는 반발인 셈이다. 그 결과 지금은 텔레비전만 틀면 굉장히 다양한 언어로 색다른 시각과 해석을 접할 수 있는 세상이다. 나눔의 원칙이 작동하는 셈이다.

동시에 텔레비전을 지배하는 기술도 다양하게 변화했다. 처음에 지상 공중파 시설을 통해 방송하던 방식은 점차 케이블이나 위성 TV로 확산했다. 지구 주위를 맴도는 수많은 위성은 인류의 동시성을 쉽고 일상적으로 만들었다. 미디어의 발달로 시차와 상관없이 월드컵 결승전을 세계인이 동시에 관람하는 시대다.

21세기에는 엄청난 양의 정보를 처리할 수 있는 컴퓨터 능력과 환상적인 영상을 제공하는 텔레비전이 IP TV를 통해 만났다. 수십 개 언어로 자막을 제공하는 수준을 넘어 언어의 디지털화는 동시통역의 경계를 빠르게 개척해나가고 있다. 미디어의 통합성이 강화되는 이런 융합의 원칙이 인류의 평화로운 공존을 도울지, 아니면 오히려 분쟁의 씨앗이 될지 관심을 가지고 살펴볼 일이다.

21

교육
인간을 거대 자본으로 만든 지식 사회

19세기 마르크스가 관찰한 자본주의 세상은 무척 단순하고 간단했다. 한편에는 자본을 가진 부르주아가 있었고, 다른 편에는 아무 것도 갖지 못한 프롤레타리아가 존재했다. 프롤레타리아의 원래 의미는 가진 게 신체뿐이라 노동밖에 할 수 없는 사람이다. 자본주의란 부르주아의 자본과 프롤레타리아의 노동이 결합해 만들어내는 폭발적 생산력을 의미했다. 그 혜택은 오롯이 부르주아에게만 돌아갔으므로 자본주의란 결국 자본이 노동을 착취하는 제도였다.

21세기에도 이런 시각은 여전히 막강한 영향력을 발휘한다. 자산 없이 육체 노동을 하는 사람들이 불안정한 노동 조건에 노출되어 착취당하는 현실은 사라지지 않았기 때문이다. 자본주의가 기계를 사용하는 자동화 시스템과 컴퓨터를 활용하는 정보화 사회로 발전했으나 아마존 물류 센터나 택배 노동자, 맥도날드 조리사나 우버 기사의 삶은 여전히 팍팍할 뿐이다. 무산계급을 뜻하는 프롤레타리아 대신 프리캐리어트(pricariat), 즉 취약 계급이라는 표현이 새롭게 등장했다.

지난 200여 년 동안 자본주의 사회에서 착취와 불평등은 계속되었으나 동시에 다양한 변화가 일어났다는 사실 또한 외면하기 어렵다. 자본의 소유 여부로 부르주아와 프롤레타리아가 구분되던 시대에서 훨씬 복합적이고 교묘한 계층 사회로 진화했다. 인적 자본(human capital)이라는 표현이 보여주듯 교육은 경제적 자본이 없는 사람에게도 높은 소득을 누리거나 안정적인 삶을 추구할 수 있는 길을 열어줬다.

교육을 통해 지식이나 능력을 습득함으로써 사회적으로 성공을 이루고 인정받는 시대가 등장한 것이다. 프랑스의 사회학자 피에르 부르디외가 문화적 자본의 중요성을 강조한 이유다. 자본주의가 변하기도 했으나 마르크스가 세상을 지나치게 경제적인 잣대로만 세상을 파악하려 했기에 나타난 착시 현상이기도 하다. 지식이나 문화를 다음 세대로 전달하는 교육은 사실 인류 초기부터 사회의 뼈대를 형성했다.

칼이냐, 책이냐?

자본주의 세상이 열리면서 돈이 만물의 척도가 되었으나 그 이전에도 인류가 가장 중요하게 여겼던 요소는 물질적인 풍요와 물리적인 힘, 그리고 문화적 능력이었다. 어니스트 겔너(Ernest Gellner)라는 인류학자는 《쟁기, 칼, 책》이라는 저서를 통해 경제, 정치, 문화라는 인류 사회를 지탱하는 세 개의 기둥을 확인한 바 있다. 농사를 상징하는 쟁기가 경제적 기반을 지칭한다면, 칼은 폭력의 통제라는 정치 영역을, 책은 지혜와 역사를 담은 문화 영역을 뜻했다.

고대 동아시아에서 공자는 인간 사회에서는 그 무엇보다 문화가 중요하다는 사실을 강조했다. 그는 《논어》에서 정치란 먹거리(食)와 군사적 힘(兵), 그리고 믿음(信)이라는 문화적 바탕 위에 서 있어야 한다며 그 가운데 백성의 신뢰가 가장 핵심이라고 설파했다. 동아시아의 유교 문화가 폭력을 야만적 행위로 간주하고 책을 통한 문화적 수신(修身)을 중시한 이유다. 동아시아를 지배하는 국가 권력이 칼보다는 책을 기반으로 하게 된 배경이다. 무력을 통해 천하통일을 이룬 권력자나 오랑캐도 문화적 소양을 쌓아야 정통성을 확보하는 문명을 형성한 것이다.

　　상대적으로 고대 그리스 로마 문명은 칼과 책이 거리를 두고 서로를 견제하면서 균형을 이룬 듯하다. 그리스와 로마 문화는 신체

로마 시대 폼페이 모자이크 벽화에 드러난 플라톤의 아카데미아.

적 단련과 전투에서의 용기를 높이 평가했고, 전쟁을 통해 영토를 확장하고 지배력을 공고화하는 일을 국가의 근본으로 여겼다. 로마 제국의 시저(Caesar)부터 중세의 샤를마뉴, 근세의 카롤루스(Carolus)나 루이 14세, 나폴레옹까지 유럽의 전형적 지도자는 끊임없이 전투를 불사하는 전사다.

물론 서구 문명에서도 책과 문화는 중요했다. 고대 그리스에서 플라톤이 만든 아카데미아는 천 년의 역사를 자랑하며 서양 철학의 전통을 남겼다. 유럽을 지배하게 된 기독교 문화 또한 '책의 종교'라고 불리는 유대교에서 유래했다. 다만 책이 권력의 통로였던 동아시아와는 달리 칼과 책은 권력과 종교라는 서로 다른 영역을 지배한 셈이다.

특히 중세가 되면 기독교를 대표하는 교회가 지식의 보루로 작동하면서 대학이라는 독특한 제도를 만들어낸다. 한편에서는 수많은 왕과 귀족과 도시가 전쟁을 일삼는 와중에 다른 한편에서는 유럽 대부분을 지배하는 교회가 영혼의 평화를 위해 기도했다. 그리고 대학은 그 틈새에서 자신만의 지식과 문화의 공간을 형성해나갔다.

지식의 민주화

이처럼 유럽에서는 칼과 책이 서로 다른 영역을 차지하면서 경쟁하는 관계였는데, 시간이 지나면서 긴밀한 협력 관계로 발전했다. 유럽에서 권력을 지배하는 왕과 귀족은 근본적으로 전쟁을 업으로 삼는 무사(武士)들이다. 하지만 시간이 지나면서 대학 교육을 받은 뒤 법이나 행정을 담당하는 관료들이 필요했다. 법대 졸업식에서 가운을 입었던 사람들이 관료가 되면서 법복 귀족이라 불리는 집단이 탄생했다.

그러나 한국의 양반처럼 문·무관을 대등하다고 여기거나 문관 위주로 사고해서는 곤란하다. 유럽에서는 20세기 중반까지 무관이 국가 권력의 핵심이었고 문관은 보조 역할에 불과했다. 특히 무관은 영토와 혈통에 기초한 세습이 당연시되는 귀족이었지만, 문관이란 관료가 된 다음에도 돈을 내야 지위를 자식에게 물려줄 수 있었다. 칼의 귀족이 법복 귀족 제도를 '평민의 비누(savonette à vilain)', 즉 신분 세탁기로 불렀던 이유다.

중세부터 근세까지 프랑스에서 본격적으로 부딪친 전통 귀족과 법복 귀족의 대립은 가문의 혈통과 개인의 능력이 복잡하게 얽힌 투쟁이었다. 1789년 프랑스 대혁명은 만인이 법 앞에 평등함을 선포했다. 그것은 민주 사회를 향한 인류의 커다란 발걸음이었다. 특히 가문의 혈통을 내세워 정치 권력을 독점하고 특권을 누리는 봉건주의의 종말을 알

16세기 프랑스 파리대학교에서 지식인들이 회의하는 모습.

렸다. 이후 평등의 혜택을 가장 집중적으로 누릴 수 있었던 것은 개인의 능력을 최대한 발휘할 준비가 되어 있었던 법복 귀족과 그 자녀들이었다.

앞서 부르디외가 정확하게 지적했듯이 자본의 종류는 다양하다. 돈으로 환산되는 경제적 자본이 제일 먼저 떠오르나 지식이나 교양으로 표현되는 문화적 자본도 있다. 경제건 문화건 자본의 본질은 부익부 빈익빈의 경향이 강하다는 점이다. 다만 문화적 자본은 개인의 능력으로 포장되기 쉽기에 훨씬 세련되고 교묘한 성격을 갖는다. 부르디외가 볼 때 마르크스는 경제 자본에 대해 너무 집착한 결과 왜곡된 시각을 갖게 되었다.

프랑스 대혁명이 펼친 평등한 세상은 보편 교육이라는 지식의 민주화와 직결된다. 16세기 시작한 종교 개혁이 누구나 성경을 읽을 수 있도록 문맹 퇴치에 앞장섰다면, 19세기 의무 교육의 확산은 시민의 기본 조건을 규정했다. 특히 투표권과 교육은 불가분의 관계를 맺었다. 투표권을 널리 확산하기 위해서는 시민이 정치를 판단하고 선택할 능력이 있어야 했기 때문이다.

의무 교육 제도의 도입

고대 그리스의 대표적 철학자 플라톤은 《국가》에서 이상적인 국가에는 이상적인 국민이 필요하고, 이상적인 국민은 이상적인 교육을 통해 만들어진다고 주장했다. 중세 유럽에서 교회와 신학을 중심으로 발전한 대학이 엘리트 교육의 근원이라면, 플라톤의 정치철학은 대중 교육의 뿌리라고 할 수 있다. 특히 르네상스를 거처 18세기 계몽주의 시대에는 《에밀》의 저자 장 자크 루소가 대중을 위한 공공 교육의 필요성을 강조했다.

유럽에서 모든 시민을 대상으로 의무 교육을 시작한 것은 누구나 성경을 직접 읽어 하느님의 말씀을 접해야 한다는 루터의 종교 개혁부터다. 16세기에 이미 뷔르템베르크나 스트라스부르 등 프로테스탄트 영향 아래 있는 도시에서 의무 교육을 시행했고, 17세기가 되면 스코틀랜드나 신대륙의 매사추세츠 등 다른 프로테스탄트 지역까지 의무 교육이 확산했다. 식민지 시대인 1636년에 이미 하버드대학교가 신학교로 출범한 이유도 교육의 중요성이다. 청교도들은 신대륙에 도착한 지 불과 20년 만에 대학부터 세운 셈이다.

1763년 프로이센은 근대식 의무 교육 제도를 선도적으로 수립했다. 남녀 불문하고 모든 아동이 6~13세 사이에 종교, 읽기, 쓰기, 노래 부르기 등의 교육을 받도록 했다. 대부분 군인 출신의 교사들은 지방 정부에서 월급을 받도록 했고 소득을 보충하기 위해 누에를 치도록 장려했다. 이어 덴마크(1814년)나 스웨덴(1842년) 등 북유럽의 프로테스탄트 국가들이 의무 교육 제도를 도입해 근대 세계를 열었다.

가톨릭 국가인 프랑스에서는 혁명 세력이 19세기가 돼서야 대중 교육을 뒤늦게 추진했다. 한편에는 가톨릭교회의 신부가 교리를 가르치는 교육을 담당했고, 다른 한편에서는 마을마다 세워진 초등학교에서 교사가 공화국 정신을 가르쳤다. '어린 영혼'을 두고 신부와 교사가 대립하는 모습이 전국에서 재현되었다. 하지만 200여 년이 지난 2020년 현재 프랑스에서 신부는 거의 사라졌고, 초중등 교육을 담당하는 교원은 110만 명으로 교육부가 전국 최

교회와 경쟁하기 시작한 공립 초등학교의 교육 광경. 19세기는 유럽에서 초등학교 교육이 보편화되는 시기였다.

대 고용주로 부상했다.

교육과 민주화의 상호 관계를 살펴본 한 연구에 따르면, 역사적으로 의무 교육법이 제정된 이후 30여 년 뒤에는 남성의 일반 투표 제도가 도입되었고, 50여 년 후 민주화를 이룰 수 있었다. 고대 플라톤의 예측이 수천 년 뒤에 실현되었다고 할 수 있는 셈이다. 21세기 현재는 전 세계 대부분 국가에서 의무 교육 제도를 실천하고 있다. 교육은 정치뿐 아니라 경제 발전과도 긴밀한 관계를 갖는다.

자본주의와 지식 사회

유럽에서 특허 제도(1474년)를 처음 발전시킨 세력은 다름 아닌 이탈리아의 자본주의 요람 베네치아였다. 이어 영국은 발명을 촉진하기 위해 1624년에 특허 제도를 정비했다. 덕분에 성장이 본격적으로 궤도에 오른 19세기 산업혁명 시기에 영국 사회는 지식의 결과물을 경제적으로 매우 유용하게 활용했다. 과학과 기술의 혁신을 생산 과정에 도입함으로써 석탄이나 석유 등 에너지를 활용하는 방법이나 철강, 섬유 등 새로운 소재를 만들어내는 능력을 크게 키울 수 있었기 때문이다.

생산 과정이 점점 복잡해지면서 자본주의 산업 사회는 최소한의 기초 교육을 받은 인력이 필요해졌다. 19세기의 전형적 노동자가 광산에서 석탄을 파내는 단순 육체 노동자라면, 20세기에는 자동화 공장에서 매뉴얼을 읽고 기계를 작동시키며 보고서를 점검할 수 있는 노동자가 필요했다. 현대 자본주의의 노동 수요란 아무리 간단한 작업도 학교 교육을 받지 않고서는 수행하기가 불가능한 수준으로 발전했기 때문이다. 자동차나 지게차, 크레인 등 무엇 하나 면허증 없이 작동할 수 있는 기계는 없다.

게다가 현대 자본주의 기업은 지식에 기초한 산업에 크게 의존한다. 첨단 기업은 적어도 투자의 3분의 1 정도를 연구개발(R&D)이나 마케팅 등에 할애한다. 선진국 클럽인 OECD에서 대학 교육을 받은 성인은 1975년 22퍼센트에서 2000년 41퍼센트까지 상승했다. 대학을 나오지 않으면 적당한 일자리를 찾기가 힘들어졌다. 세계은행의 통계에 따르면, 고등 교육 자체가 세계 총생산의 1퍼센트, 즉 3,000억 달러의 지출을 차지하며 대학은 8,000만 명의 대학생을 위해 350만 명의 교직원이 일하는 거대한 산업 분야가 되었다.

자본주의의 발전은 소비에서도 최소한의 교육을 받지 못한 사람은 제외하거나 골탕 먹이는 효과를 낳았다. 해외여행을 가서 낯선 언어를 사용하는 슈퍼에서 장을 보려면 당장 '문맹인'의 설움을 뼈저리게 느낄 수 있다. 실제 현지어를 몰라서 동물 사료를 사서 사람이 먹는 사고도 종종 발생한다. 제조 일자와 유통기한을 혼동하기도 하고, '먹는 약은 바르고, 바르는 약은 먹는 일'도 일어난다. 집 안을 가득 메운 수많은 전기 · 전자 제품은 사용법이 복잡하다. 자본주의 소비 사회에서 깨알같이 쓰인 제품 설명서를 읽을 능력이 없다면 소비를 포기하는 편이 차라리 낫다.

앞서 언급한 인류학자 겔너는 《민족과 민족주의(Nations and Nationalism)》에서 교육과 자본주의의 유기적 관계를 명백하게 지적했다. 그는 학교와 군대가 사회를 하나로 통합하는 결정적인 제도라며, 인간에게 정신적 교육과 신체적 훈련이 없다면 자본주의가 작동하는 근대 사회는 존재하기 어렵다고 지적했다. 학교와 군대는 민족이라는 거대한 공동체 안에 서로 대체 가능한 원자화된 개인들을 생산해내고, 이들은 규격화된 생산과 소비의 기능을 충실하게 수행하는 현대 자본주의 사회의 구성원으로 만들어진다는 이론이다.

달리 표현해 학교란 대량 생산과 대량 소비를 하는 기본 행위자를 양성함으로써 현대 사회의 조건을 충족시키는 제도다. 자본주의가 발전을 거듭하고 고도화될수록 교육에 대한 사회의 수요와 공급은 늘어나고 팽창한다. 자본주의와 지식 사회는 손을 맞잡고 전진하는 한 쌍의 동반자인 셈이다.

자격증의 시대

중세 대학은 크게 네 분야로 나뉘어 있었다. 신학, 문 · 리학, 법학,

의학이다. 신학은 모든 학문의 제왕적인 역할을 담당했고 문학, 철학, 역사, 과학 등 전통적인 학문을 다루는 문리대가 있었다. 그리고 법대와 의대라는 응용 학문이 전문적이고 실용적인 지식 교육을 담당했다.

과거의 법학이 국가 통치와 직결된 학문으로 법복 귀족이 되는 지름길이었다면, 현대의 법학은 국가는 물론 시민 사회 내부의 다양한 분쟁을 해결하는 분야로 발전했다. 국가가 통치하는 사회에서 법이 지배하는 세상이 되었기 때문이다. 법학은 이제 국가 관료는 물론 판사와 검사를 양성하고, 변호사를 교육한다. 또 공증인, 법무사, 변리사, 세무사, 노무사, 회계사, 중개사 등 다양한 직업 교육의 기초 학문이기도 하다. 다양하고 복잡해진 현대 사회의 규칙과 관련된 수많은 직업이 등장했으니 말이다.

앞서 자본주의와 건강 부분에서 살펴봤듯이 의학 분야도 놀랄만큼 계속 팽창하고 있다. 경제 발전이 가져온 장수(長壽) 사회는 생명과 건강을 다루는 의학 교육의 중요성을 강화했고, 그 결과 의사는 물론 약사, 간호사, 간호보조원, 물리치료사, 산후조리사, 의료 기기를 다루는 기사 등 다양한 직업을 낳았고 해당 분야에 관한 교육이 확산했다. 최근에 신체에 문신을 새기는 상대적으로 단순해 보이는 일이 의료 행위에 해당하는지에 대한 논쟁은, 현대 사회에서 전문 지식과 교육에 대한 기준과 요구가 얼마나 강한지 보여준 바 있다.

법학과 의학은 중세 대학부터 내려오는 전통이지만 현대 사회에서 이제 자격증은 모든 직업의 법적 조건으로 등장했다. 우선 생산 활동에 참여하는 산업 인력에게 다양한 기사 자격증을 요구

1878년 설립된 미국 볼티모어의 피보디(Peabody) 도서관. 원하는 사람은 누구나 무료로 지식을 접할 수 있는 곳이 되었다.

한다. 또 서비스 산업이 폭발적으로 증가하면서 각종 분야에서 상담사나 미용사, 영양사, 화예사, 장례사 등 자격증이 필요한 직업은 계속 늘어나는 추세다.

중세 길드가 그랬듯이 모든 직업을 관장하는 조직들은 폐쇄적이고 제한적인 운영으로 기존의 자격증 소유자들의 이익을 보호하려 한다. 예컨대 어느 국가에서나 의사나 변호사 집단은 숫자를 제한하려고 한다. 반면 해당 교육 사업을 하거나 시장 자체를 늘리려는 혁신자들은 오히려 확장하려고 애쓴다. 자본주의적 논리는 근본적으로 후자에 가까우며, 실제 자본주의의 조국인 미국에서는 모든 분야에서 제한을 풀고 시장을 확장하려는 노력을 가장 적극적으로 한다. 많은 나라에서 택시 기사 자격증에 도전장을 내민 우버가 대표적인 예다.

브레인 비즈니스

《자본주의 대 자본주의(Capitalisme contre capitalisme)》라는 저서에서 선진국 간에도 사회 체제가 서로 다르다는 점을 강조한 미셸 알베르(Michel Albert)는 교육 분야를 세심하게 살펴봐야 한다고 주장했다. 교육을 민간 시장의 원칙에 맡기는지, 아니면 국가가 책임을 지는지에 따라 그 사회의 성격이 현저하게 다르다는 뜻이다. 일반적으로 유럽에서 교육은 공공 기관의 책임이다. 미국은 공립과 사립이 경쟁하는 구조이며 민간 시장의 원칙이 강하게 작동하는 사회다.

특히 고등 교육을 살펴보면 유럽과 미국의 차이는 뚜렷하다. 유럽은 대학들이 대부분 공립이며 고등 교육은 무상에 가깝다. 반면 미국은 고등 교육이 사립 중심으로 운영되고 공립도 국제적 기준으로 보면 상당히 높은 학비를 요구한다. 교육을 시민의 권리라고 생각하는 유럽과 개인적 투자라고 여기는 미국의 시각이 각각 반영된 결과다.

이처럼 미국에서 교육은 경제적 행위다. 학비는 교육 서비스에 대한 가격이며 미래를 위한 투자다. 많은 대학생이 은행에서 돈을 빌려 학비를 대고 나중에 직장을 구한 뒤 돈을 벌어 갚아나가는 시스템이다. 국가 예산으로 대학을 운영하는 유럽 대륙과는 전혀 다른 세상인 것이다. 게다가 미국 대학은 학비 외에도 동문의 기부금이나 수익 사업 등 다양한 수입원을 개발했다.

미국에서는 비싼 학비에도 불구하고 여전히 많은 사람이 대학에 가기를 희망한다. 교육 수준에 따라 미래의 직업과 지위, 소득

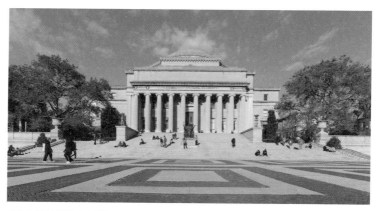
미국 뉴욕의 컬럼비아대학교. 미국은 세계의 인재를 끌어들이는 두뇌의 중심이 되었다.

이 결정되기 때문이다. 투자와 소득의 상관관계가 비교적 명확하게 드러난다는 뜻이다. 문제는 누구나 이런 전략을 추구하다 보니 장기적으로는 학력 인플레이션이 심각하게 표출된다는 점이다. 관광이나 박물관 가이드를 하기 위해서도 석사 학위가 필요하다는 하소연이 나오는 현실이다.

　게다가 세계 교육 시장은 점차 하나로 통합되어가는 중이다. 2000년에 200만 명에 달했던 지구촌의 유학생 수는 지난 2019년 600만 명으로 3배 정도 불어났다. 국제 고등 교육 시장에서 수요와 공급의 추세는 뚜렷하다. 유네스코 통계에 따르면 가장 많은 유학생을 유치하는 나라는 미국, 영국, 호주 등 영어권 국가들로 전체의 33퍼센트를 차지한다. 그 뒤를 독일, 러시아, 프랑스 등 유럽 국가들이 잇는다.

　100만 명에 가까운 유학생을 받는 미국을 살펴보면 유학생을 내보내는 나라의 국적 분포도 명백하다. 중국이 36만 명, 인도가 20만 명으로 전체의 절반을 초과하는 수치다. 한국은 5만 명 정도로 3위다. 통합된 지구촌 고등 교육 시장에서 미국은 가르치고 중국과 인도는 배우는 입장이다. 공부가 끝나면 자국으로 돌아가기도 하지만 많은 중국인과 인도인은 미국에 남아 일하면서 미국 경제를 살찌운다.

　교육의 비즈니스화로 미국이 수익을 창출하는 것도 중요한 현실이지만, 인류의 차원에서 더 의미 있는 결론은 미국이 보여주는 개방성과 포용성이다. 교육의 문을 개방해 지구촌 곳곳의 두뇌를 흡수하는 미국의 능력은 결국 문화적 경쟁력이다. 공자 이래 중국은 지난 2,000년 동안 온갖 오랑캐의 무력에 힘없이 굴복당하면서도 문화적인 힘을 발휘해 침략자를 흡수해 교화시키는 능력을 발휘해왔다. 이렇듯 문을 활짝 열고 적도 끌어안는 과거 중국의 유연한 사회 통합 역량이 21세기에는 개방 사회인 미국으로 넘어간 것처럼 보인다.

22

전쟁
파괴와 축적이 얽힌 자본주의

자본주의란 기본적으로 생산 활동을 통해 부를 축적하는 체제다. 반면 전쟁은 주로 쌓아둔 재산을 파괴하는 활동이다. 이처럼 상반된 개념이지만 역사적으로 자본주의와 전쟁은 서로 긴밀한 관계를 형성해왔다. 전쟁이 초래한 피해를 복구하려면 평소보다 훨씬 더 큰 노력과 자원을 동원해야 한다. 자본주의란 창조적 파괴라는 슘페터의 사회과학적 상식이 그대로 적용되는 상황이다.

막스 베버는 자신의 정치 경제학을 집대성한 《경제와 사회》라는 저서에서 사람들이 원하는 것을 얻는 방법을 둘로 구분했다. 하나는 힘을 사용해 상대방의 것을 빼앗는 방법이고, 다른 하나는 교환을 통해 평화롭게 주고받는 방법이다. 전자는 폭력을 동원한 정치나 전쟁으로 연결되지만, 후자는 시장이라는 제도를 통해 경제 영역을 형성한다. 그 결과 아주 기초적인 정치와 경제의 구분이 만들어지고, 폭력과 교환의 세상이 분리되었다고 볼 수 있다.

물론 현실은 이런 개념적 구분과는 달리 두 영역이 서로 밀접하게 연결되어 있다. 사람들이 평화롭게 물건을 교환하기 위해서는 질서가 존재해야 한다. 힘이 세거나 자신이 더 영악하다고 생각하는 사람들은 공정한 교환보다 속이고 빼앗는 편이 더 수월하기 때문이다. 이런 폭력이나 사기의 유혹을 제거하고 방지하기 위해서는 강한 폭력, 즉 정치와 국가가 필요하다. 달리 말해 국가가 존재하거나 최소한의 질서가 보장되지 않는 상황에서 시장이나 교환 체제는 존재하기 어렵다는 뜻이다.

국가와 시장이라는 개념적 구분과 역사 속에 나타난 실질적인 결합의 실마리를 풀어보는 작업이 시급한 이유다. 잘 알려져 있듯이 고대 문명이란 정치와 종교와 경제의 권력이 집중된 시대였다. 이집트의 파라오부터 바빌로니아의 신전을 거쳐 중국의 황제까지 위정자는 종교적 권위와 정치적인 힘, 경제적 자원을 모두 집중적으로 통제하는 권력이었다. 경제가 독립적인 영역을 형성하는 자본주의의 발전은 매우 긴 시간에 걸쳐 점진적으로 이뤄진 과정이다.

자본의 도시와 영토의 국가

유럽과 동아시아의 역사를 비교해보면 뚜렷한 차이가 드러난다. 동아시아는 미국의 정치학자 프랜시스 후쿠야마(Francis Fukuyama)가 지적했듯이, 이미 2,000년 이전 진시황 때부터 국가라는 확고한 제도를 완성했다. 종교와 정치와 경제를 포괄하는 모든 사회를 지배하는 국가 시스템이 만들어진 것이다. 지금도 중국 공산당은 종교를 지휘하고 경제를 주도하는 강한 국가를 이끌고 있다.

반면 유럽은 이미 중세에 정치와 종교가 구분되어 있었다. 독립적인 지휘 체제를 갖는 가톨릭교회와 이와 별개로 다수의 왕국이나 공국, 도시 국가 등이 공존했다. 로마에 중심을 둔 교회는 거대한 영토를 지배했지만 정치 체제는 매우 작은 단위로 나뉘어 있었던 셈이다. 정치는 왕족과 귀족이 지배하는 영토 국가와 상인이 주도하는 도시 국가로 구분할 수 있었다. 유럽에서 왕족과 귀족은 명예를 중시하고 전쟁을 업으로 삼는 무사 집단이다. 상인은 이윤을 추구해 자본을 축적하는 합리적이고 계산이 빠른 실리를 추구하는 집단이다.

　중세 유럽에서는 각 집단을 대표하는 두 종류의 국가가 성장했다. 한편으로는 전쟁에 뛰어난 능력을 발휘하는 프랑스, 잉글랜드, 카스티야(스페인), 오스트리아 등의 영토 국가가 있었고, 다른 한편에는 무역에서 돈을 벌어 자본을 쌓아가는 베네치아, 제노바, 피렌체 등의 도시 국가가 번성했다. 전자가 혈통을 중시하고 전쟁 능력이 뛰어난 왕족이 지배했다면, 후자는 무역으로 번성한 가문이 협력해 공동으로 지배하는 공화국 체제를 운영했다.

　동아시아 역사를 기준으로 유럽 역사를 공부할 때 가장 충격으로 다가오는 사실은, 앞서 언급했듯 군주들이 전쟁을 치르기 위해 외국에서 자금을 빌렸다는 점이다. 국가가 자국민을 동원하고 세금을 거둬 전쟁을 치른다는 동아시아적 개념과 전혀 다른 논리다. 잉글랜드나 프랑스의 국왕은 전쟁을 치르기 위해 이탈리아 피렌체나 제노바, 베네치아의 상인·금융 가문으로부터 자금을 동원했고 그에 대한 이자를 지불했다. 전쟁에서 패배하거나 지출이 너무 많으면 종종 파산을 선고하기도 했다. 유럽 역사는 전쟁만큼이

1643년 로크루아 전투의 스페인 부대. 유럽에서는 16세기부터 보병의 중요성이 부각되면서 영토 국가가 도시 국가와의 경쟁에서 우위를 점하게 되었다.

나 빈번한 왕실 파산으로 점철되어 있다.

달리 말해 유럽에서 전쟁은 국가가 '충성'스런 국민을 동원해 무력으로 충돌하는 어느 정도 '성스러운' 활동이면서 동시에 하나의 비즈니스였다는 뜻이다. 따라서 투자한 만큼 자금을 뽑아낼 수 있을지 세밀한 계산이 필요했으나, 명예를 중시하는 조급한 왕족들은 막무가내로 전쟁을 벌이곤 했다. 전쟁에 동원되는 군사력을 돈을 주고 사야 하는 용병(傭兵) 시스템도 일찍부터 존재했다. 가난한 산골 마을 출신의 스위스 용병 부대는 계약에 따라 전투를 벌이는 가장 대표적인 집단이었다.

원래 유럽에서 엔트르프르뉴어(Entrepreneur)란 중세 군대를 지휘하는 대장을 가리키는 프랑스 단어였다. 이후 음악 단장을 지칭하다가 19세기가 되면 기업가를 부르는 용어로 돌변한다. 21세기 현재는 중세의 군대나 음악에 관한 어원은 완전히 사라지고 기업가라는 의미만 남았다. 군대건 오케스트라건 기업이건 조직을 조율하고 주도하는 역할은 일맥상통한다는 뜻이리라.

민족 국가와 군대의 대중화

영토와 자본이 경쟁하는 중세에서 승자는 더 넓은 땅을 지배하는 왕족과 귀족들이었다. 실제 프랑스, 잉글랜드, 스페인, 오스트리아 등의 왕실이 빈번하게 이탈리아의 도시 국가들을 침공하며 굴복시켰다. 영토는 사실 더 많은 인력을 동원할 수 있는 능력이라고 표현하는 것이 더 정확하다. 중세 말기가 되면 기마병보다 보병이 전투에서 훨씬 중요한 역할을 담당하게 되면서 영토 국가가 우위를 점하게 되었다. 경제적으로 표현한다면 노동이 자본보다 우세한 상황이 된 셈이다.

16세기부터 유럽의 대항해 시대가 전개되면서 더 많은 배를 만들어야 했다. 그 결과 노동력은 물론 목재에 대한 수요가 폭발적으로 늘어났다. 거대한 해군으로 세계의 바다를 누비던 영국은 나무를 모두 베어버려 석탄 개발에 나서야 할 정도였다. 18세기 말 72정의 함포를 장착한 중형 함선을 만들려면 100년 이상 자란 큰 떡갈나무 3,000그루, 면적으로 따지면 15헥타르(15만m², 4만 5,375평)의 숲이 필요했다. 함선을 만들기 위한 군비 경쟁으로 유럽의 숲이 모두 파괴된 것은 말할 것도 없다.

18세기 말 프랑스의 대혁명은 왕들이 지배하는 영토 국가를 넘어 민족 국가의 시대를 열었다. 혁명은 인류 역사에서 주권재민의 원칙을 확고하게 선포함과 동시에 전쟁의 비즈니스를 더욱 치열하게 만들었다. 왕들의 전쟁을 넘어 국민의 전쟁 시대가 도래했기

16세기 유럽의 대항해 시대는 엄청난 양의 배를 제조하기 위해 목재를 동원했다. 유럽의 숲은 파괴되었고 석탄과 같은 새로운 연료의 시대를 열었다.

때문이다. 민주국가의 시민이라면 당연히 무기를 들고 국방에 나서야 한다는 '시민-군인(Citizen-Soldier)'의 모델이 등장했다. 수십만의 시민을 동원한 프랑스 나폴레옹의 군대를 막기 위해 유럽 전역에서 징병제가 확산했다. 프로이센은 1806년 프랑스에 패한 뒤 철저하게 징병제를 도입한 대표 사례다.

물론 유럽에서도 나라마다 문화적 차이는 존재한다. 예를 들어 영국은 징병제의 강제성이 자원병 제도보다 열등하다고 여겼다. 자유의 나라 영국에서 시민들은 자발적으로 애국심을 발휘해 군대에 지원해야 하고 그래야 도덕적 우월성을 유지한다고 믿었다. 실제 제1차 세계대전이 발발하자 초기 5주 동안 영국 시민 48만 명이 군대에 자원하는 놀라운 일이 일어났다. 하지만 1916년까지 장기간 참혹한 전쟁이 계속되자 더는 자원병을 동원하기가 어려워졌고 이때부터 영국도 징병제를 도입할 수밖에 없었다.

중세 유럽의 '엔트르프르뉴어'는 작은 규모의 부대를 경영하면 됐다. 하지만 근대 국가가 되면서 수십만 또는 수백만 규모의 시민 군대를 운영해야 하는 도전에 직면하게 되었다. 프랑스와 프로이센에서 시작된 징병제는 20세기 들어 영국이나 미국, 일본이나 구소련까지 확대되었기 때문이다. 종교에서 정치가 독립하고 잇달아 경제 분야가 정치에서 분리된 상황에서, 전쟁의 비즈니스라는 영역 또한 새로운 자율적 시스템으로 등장하게 된 셈이다.

'영구 국채'를 동원한 영국의 능력

언급했듯이 중세 유럽의 왕들은 도시 자본으로부터 돈을 빌려 전쟁을 치르곤 했다. 국제정치와 금융의 밀접한 관계가 일찍 형성된 모양새다. 왕조가 근대적 국가로 발전하면서 금융과의 관계도 변모하게 되었다. 금융 시장이 발달한 국가일수록 쉽게 자금을 빌려 쓸 수 있었고, 국제 관계에서 전쟁을 치르거나 동맹국을 끌어들일 때 우위를 점하게 되었다.

암스테르담 금융 시장의 발전은 네덜란드가 17세기 세계를 지배하는 군사력을 키우는 데 결정적인 요인이었다. 자본주의 발전의 모태로 여겨지는 주식회사 제도는 암스테르담에서 동인도주식회사의 형식으로 1600년경 출범했다. 이 회사는 네덜란드 정부로부터 동방 무역의 독점권을 인정받은 군사 집단이다.

이에 질세라 영국의 런던에서도 영국판 동인도주식회사가 비슷한 시기 발진했다. 네덜란드 회사가 인도네시아를 식민지로 삼아

1815년 워털루 전투는 프랑스와 영국, 러시아, 프로이센, 오스트리아 연합군이 벌인 역사의 결정적 순간이었다.

침공하는 동안 영국 회사는 인도를 지배하는 데 성공했다. 그것은 마치 일본의 토요타나 중국의 화웨이, 한국의 현대가 해외에 식민지를 건설해 지배하는 것과 같은 그림이다. 유럽에서 근대 자본주의의 출범이 제국주의와 근본적으로 같은 뿌리를 두고 있음을 보여주는 대표적 사례들이다.

영국은 프랑스와 세계 각지에서 제국주의 경쟁을 벌이면서 금융 제도 발전의 혜택을 톡톡히 누렸다. 1694년 잉글랜드은행이 출범한 이유는 경제 발전을 위해서가 아니라 전쟁 자금을 지원하기 위해서였다. 당시 영국은 루이 14세가 지배하는 프랑스와 전쟁을 벌이면서 '영구(永久) 국채'를 발행함으로써 원금 상환의 걱정 없이 이자만 지불하는 금융 혁신을 이뤘다.

18세기 중반이 되면 영구 국채는 콘솔(Consol)이라는 이름으로 당시 세계 금융의 가장 신뢰할 만한 자산으로 등장했다. 20세기 미국 국채(Treasury Bond)가 세계 금융에서 담당하는 역할을 이미 영국의 콘솔이 개척했다는 뜻이다. 그 결과 1780년대 영국과 프랑스의 국채 수준은 비슷했으나 프랑스는 영국의 2배에 달하는 재정 부담을 질 수밖에 없었다. 금융 제도와 시장의 차이로 유럽의 자본가들은 프랑스보다 영국을 신뢰했기 때문이다. 말하자면 영국과 프랑스가 충돌한 나폴레옹 전쟁은 영국의 자금력과 프랑스의 병력 동원 능력의 대결이었던 셈이다.

산업혁명과 전면전의 시대

산업혁명은 경제 분야만 획기적으로 변화시킨 것이 아니라 전쟁도 탈바꿈하게 만들었다. 걸어서 이동하던 군대는 이제 기차를 타고 신속하게 대규모로 이동하게 되었다. 소총은 기관총으로 대체되어 선진 군대의 파괴력은 놀랍게 늘어났다. 이후 등장한 대포, 탱크나 장갑차, 전함, 비행기 등은 군인 못지않게 무기 생산 능력과 이를 뒷받침하는 경제력이 전쟁의 결과를 결정하는 변수로 등장했음을 알렸다.

경제적 능력이 전쟁의 승패를 가른 대표적인 사례는 미국의 남북전쟁이다. 남부는 전쟁 기간(1861~1865) 동안 10억 달러를 지출했는데, 그중 40퍼센트만 세금이나 채무로 충당하고 나머지 60퍼센트는 무작정 화폐를 찍어냈다. 그 결과 남부 지역 인플레이션은 4년간 92퍼센트에 달했다. 반면 북부는 23억 달러를 지출했지만 그중 60퍼센트를 관세나 국채 등으로 충당할 수 있었다. 국내는 물론 국제적 자금 동원 능력의 결정적인 차이가 전쟁의 승패를 가른 셈이다.

게다가 산업 능력도 북부가 압도적 우위에 있었다. 전쟁 초기 철도 길이는 북부가 3만 5,500km였고 남부는 1만 4,500km였다. 북부의 공장 수는 11만 개에 달했지만 남부는 1만 8,000개에 불과했다. 전쟁 기간 북부는 170만 정의 총을 생산했는데, 남부는 생산량이 거의 없어 초기에 보유한 총으로 전쟁을 치렀다. 이런 결정적 차이에

1917년 제1차 세계대전 당시 미국의 전비를 마련하기 위한 리버티 본드 포스터. 금융 동원 능력은 역사적으로 전쟁의 중요한 변수로 작용했다.

도 불구하고 남부가 전쟁을 그토록 오래 계속할 수 있었다는 사실이 신기할 정도다.

20세기 전반기를 피로 물들인 두 차례의 세계 전쟁은 사회 전체를 동원하는 미국 남북전쟁의 불균형을 국제적 차원에서 재현했다. 제1차 세계대전에서 이미 독일과 영국의 금융은 큰 차이를 드러냈다. 전쟁 중에 독일이 6개월 단위의 단기 국채(Kriegsanleihen) 발행에 의존한 데 반해 금융 강국 영국은 장기 국채를 동원해 프랑스, 러시아, 이탈리아 등에 자금을 지원했다. 나중에는 미국까지 가세해 '자유 채권(Liberty Bonds)'으로 연합 세력의 전쟁 비용을 담당했다.

전면전의 성격이 점차 강화된 제2차 세계대전 당시 참전국 정

부는 전쟁을 수행하기 위해 경제를 총체적으로 지배하게 되었다. 이미 계획 경제 체제를 갖췄던 구소련은 말할 나위도 없으나 나치 독일 역시 국가가 국민소득의 70퍼센트를 통제하는 상황이었고, 자유주의 영국도 국가 경제의 55퍼센트 정도를 정부가 관리했다. 미국의 경우 1944년 정부의 전쟁 지출은 국민총생산의 42퍼센트 수준까지 상승했다. 미국은 다른 나라에 비해 비중이 상대적으로 낮았으나 워낙 경제 규모가 커 절대 액수는 최고 수준이었다.

전쟁을 치르지 않는데도 군비 경쟁으로 경제가 무너져버린 경우는 냉전 시대 구소련의 사례에서 발견할 수 있다. 핵무기의 등장으로 미국과 구소련이 직접적인 군사 충돌은 피하는 가운데, 제2차 세계대전 이후 반세기 가까이 계속된 양대 초강대국의 군비 경쟁에서 구소련은 무릎을 꿇었고 1990년 해체의 길을 가게 되었다.

전쟁, 사회를 바꾸다

통상 전쟁을 연구하는 학자들은 국가 간 관계를 설명할 때 주로 영토의 변경이나 경제적 득실을 따져본다. 하지만 오랜 기간 유럽 역사를 탐구한 미국의 정치사회학자 찰스 틸리(Charles Tilly)는 "전쟁은 국가를 만들었고 국가는 전쟁을 치렀다(War made the state, and the state made war)"는 설명을 통해 근대 국가의 등장이라는 핵심적 정치 변화가 전쟁을 통해 이뤄졌다고 주장했다. 달리 말해 국가가 전쟁을 치른다는 기존의 전제에서 벗어나 전쟁을 통해 국가라는 존재가 탄생한다고 봐야 한다는 의미다.

미국 캔자스 위치타의 보잉 공장. 폭격기 B29 생산 라인.

핵무기 실험 장면. 거대한 도시도 초토화하는 절대적 파괴의 무기가 등장함으로써 전쟁은 새로운 시대로 돌입했다.

　전쟁을 통해 만들어지는 근대성은 비단 국가만이 아니다. 무기를 개발하기 위한 과학과 기술의 발달은 물론 금융도 상당 부분 전쟁의 필요에 따라 발전했음을 확인했다. 무엇보다 군대라는 조직과 징병제라는 제도는 근대 사회에서 평등 이념의 확산에 결정적으로 공헌했다. 유럽이나 일본처럼 봉건제가 존재하던 사회에서 무기를 지니는 특권은 무사 계급의 상징이었다. 하지만 징병제란 국민 누구나 총칼을 들 수 있는 권리를 뜻했다.

　제1차 세계대전에서 남성들이 군대에 징집되어 전쟁을 치르는 동안 후방에서 공장을 가동하는 주역은 여성이었다. 이를 계기로 남성이 없어도 경제 활동은 계속되고 제품도 생산되며 세상이 돌아간다는 사실을 확인했다. 1920년대가 되면 여성의 권리가 대폭 증진되면서 투표권이 확산했다. 이런 역사적 변화는 남녀평등과 전쟁의 관계를 명백하게 증명한다.

유럽의 제국주의 국가들은 두 차례의 세계대전을 치르면서 식민지의 인력을 군대에 동원했다. 특히 영국과 프랑스는 남아시아와 아프리카의 인력을 전쟁에 동원해 '총알받이'로 활용하곤 했다. 전쟁이 종결되자 목숨을 담보로 하는 '혈세'를 바친 식민지 주민들은 독립을 주장하게 되었고, 실제로 20세기 중후반 몰아닥친 탈식민화 바람은 전쟁의 장기적 결과라고 봐야 한다.

전쟁의 목표는 원래 인간의 평등이나 해방과 무관했다. 하지만 국가의 명운을 걸고 벌이는 다급한 위기 속에서 전통은 무너지고 혁신과 변화가 나타나곤 했다. 그리고 이런 사회 변동은 예기치 못했던 결과들을 낳았다. 가장 불평등한 조직이라 여겨지는 상명하복의 군대와 파괴적인 전쟁이, 결과적으로는 평등한 민주 사회와 자본주의를 도래하게 만든 주춧돌이 되었다는 역사의 아이러니를 볼 수 있다.

21세기 전쟁과 자본의 힘

지금부터 2,000년 전 로마 제국의 정치인 마르쿠스 툴리우스 키케로(Marcus Tullius Cicero)는 "전쟁의 핵심은 무한한 돈(nervos belli, pecuniam infinitam)"이라고 지적한 바 있다. 근대의 역사는 키케로의 진실을 반복적으로 보여줬다. 전면전이건 냉전이건 장기적인 경쟁에서 경제력과 전투력은 비례할 수밖에 없다는 사실이 매번 확인되기 때문이다. 이런 관점에서 우리가 사는 21세기는 몇 가지 구조적인 변화와 경향을 보여주고 있다.

하나는 중국의 부상이다. GDP로 비교했을 때 중국은 2014년 미국을 구매력평가기준(PPP)으로 따라잡았으며, 2020년대에는 명목상으로도 추월할 기세다. 중국은 군인으로 동원할 수 있는 인구도 미국의 4배 이상인데, 경제력까지 미국을 앞선다면 사실상 세계 최강 군사 세력으로 부상할 기반을 갖게 된다. 실제 중국은 경제 발전과 동시에 군사적 근대화를 중요한 목표로 삼고 국가의 역량을 집중하고 있다.

다만 분쟁이나 전쟁이 발발할 경우 이런 경제력을 장기적으로 유지할 수 있을지는 의문이다. 과거 나치 독일이나 제국주의 일본의 사례에서 볼 수 있듯이 막상 전쟁이 터지면 해당 국가의 자체 능력도 중요하나, 미래를 동원하는 금융 분야의 능력과 우방을 끌어들이는 외교적 역량이 결정적으로 작동하기 때문이다. 미국과 유럽은 여전히 세계 금융을 좌우하는 힘을 보유하고 있으며 중국보다 강력한 동맹 체제를 유지하고 있다.

안보와 관련된 또 다른 경향은 민주 사회에서 전쟁 중에 희생되는 인명(人命)에 대한 민감성이 매우 높아졌다는 사실이다. 미국은 가장 강력한 군사 대국이면서 동시에 사상자를 극소화하기 위한 전략을 펴고 있다. 압도적 군사력에도 불구하고 미국이 베트남이나 아프가니스탄, 이라크 등지에서 성공을 거두지 못하고 철수할 수밖에 없었던 중요한 이유다. 미국을 비롯한 민주 세력의 군사력이 향후 점점 기술과 자본에 의존할 수밖에 없는 배경이다.

2001년 이슬람 근본주의 집단인 알카에다의 미국 9.11 테러의 충격은 긴 역사 속에서 분리되어온 종교와 군사와 경제를 하나로 다시 묶어버렸다. '알라의 분노'를 빙자해 소수의 광신 테러리스트들이 세계 군사 대국 미국의 국방부 펜타곤과 미국 경제를 상징하는 세계무역센터 쌍둥이 마천루를 타격했기 때문이다. 유럽과 서방에서 종교·정치·경제 등 각자의 영역으로 분리되어 발전해온 역사는 단 한 번의 대형 참사로 순식간에 동시 호출되었다. 축적과 파괴, 자본주의와 전쟁의 복합적 관계는 여전히 서로 얽매여 진화하는 중이다.

23

정치
자본주의와 함께 성장한 민주주의

1992년 일본계 미국의 정치학자 프랜시스 후쿠야마는 《역사의 종말》을 출간해 세계적인 반향을 불러일으켰다. 그간 민주주의나 경제적 위기 상황을 과학적으로 설명하려는 시도는 많았으나 '종말'이라는 단어는 종교적 광신도나 사용할 만한 극단적 표현이었다. 게다가 인류 공동체의 삶을 지칭하는 역사의 종말이라니!

충격적인 제목만큼이나 후쿠야마의 핵심 주장도 논쟁거리였다. 역사란 기본적으로 서로 다른 이상을 목표로 추진하는 세력들의 다툼이다. 그런데 이제 온 인류가 '시장민주주의'라는 하나의 이상향을 갖게 된 만큼 역사는 끝났다는 주장이었기 때문이다. 정치적으로는 자유민주주의가 승리했고, 경제 분야에서는 시장자본주의가 효율적 생산 체제로 확인됐다는 시각을 반영하는 진단이었다.

당시 역사적 흐름은 후쿠야마의 주장에 힘을 실어줬다. 구소련의 붕괴로 20세기를 지배했던 냉전의 대립이 종결됨으로써 자본주의가 공산주의를 물리치고 자유민주주의가 독재를 무릎 꿇게 했기 때문이다. 공산권에 속했던 다수 국가는 자본주의 시장경제를 도입하려 노력했고, 전 세계에 불어닥친 거센 민주화 바람으로 수많은 독재 체제가 무너져 내렸다.

물론 후쿠야마의 주장에 대한 많은 반론과 비판도 끓어올랐다. 가장 강력한 비판은 흥미롭게도 그의 스승 새뮤얼 헌팅턴(Samuel Huntington)에게서 나왔다. 헌팅턴은 《문명의 충돌》을 통해 문화와 기본적 가치관을 달리하는 집단들이 여전히 세계 역사를 놓고 투쟁을 벌이고 있으며, 미래의 역사는 이런 투쟁으로 점철될 것이라고 예언했다.

헌팅턴과 후쿠야마의 상반된 시각은 21세기 현재 여전히 지구촌 현실을 비추는 틀이 될 수 있다. 세계의 통합과 분열 현상은 상반된 듯 보이지만, 실제로는 공존하면서 서로를 지탱하는 관계일 수도 있다. 지금까지 물질문명에 관한 이야기를 통해 살펴봤듯이 자본주의는 세계를 통합하나, 문화는 여전히 차별화를 만들어간다.

정치적 자본주의

사람들은 자본주의와 국가를 대립적으로 보는 경향이 있다. 신자유주의의 아이콘인 미국의 로널드 레이건(Ronald Reagan) 대통령은 "정부는 우리 문제에 대한 해결책이 아니라 우리의 문제 그 자체"라고 말했다. 그러나 역사를 보면 국가와 자본주의는 손잡고 함께 성장한 동반자다. 자본주의 생산품이 우리의 일상을 점차 지배하는 동안 국가는 등기소를 만들어 재산의 기록을 관리했고, 법원을 통해 분쟁을 해결했으며, 혁신적 아이디어를 보호함으로써 비즈니스의 질서를 제공해왔다.

1731년 인도 뭄바이(당시 봄베이)항의 영국 동인도주식회사 선박. 군사력과 무역 기능을 동시에 갖고 있었다.

막스 베버는 정치와 경제를 구분하면서 정치는 폭력과 지배의 영역이고, 경제는 교환과 계산의 영역이라고 규정했다. 물론 이런 구분은 이론적인 것으로 현실 속에서 정치와 경제의 논리가 항상 공존한다. 거시적 관점에서 볼 때 역사의 흐름이 과거에는 대부분 폭력, 즉 정치에 의존해 물질적 수탈이나 축적이 이뤄졌으나, 근대 자본주의에서는 경제가 점차 독립적인 영역을 형성하게 되었다고 설명할 수 있다.

베버에 따르면 고대부터 이른바 정치적 자본주의라고 부를 수 있는 현상이 존재했다. 물질적인 축적을 자본주의 현상으로 본다면 강한 군사력을 보유하는 국가가 주변 지역을 지배하면서 계속 부를 약탈해 축적하는 구조를 정치적 자본주의라고 부를 수 있다. 고대 사회를 지배했던 제국들은 모두 무력을 통해 경제적 부를 징수하거나 약탈하는 방식으로 중심부의 물질적 축적을 이뤘다. 고대 중국의 만리장성이나 이집트의 피라미드, 그리스의 파르테논

신전이나 로마의 콜로세움은 모두 정치적 지배가 물질적 동원력을 보장한다는 사실을 상징적으로 보여준다.

베버는 16세기부터 18세기까지 유럽 세력이 지구촌을 누비며 상업적 네트워크를 형성해 물질적 교환을 활발하게 추진했던 대항해 시대에는 '상업적 자본주의'가 지배했다고 본다. 그러나 엄밀하게 따지면 정치와 교환의 논리가 공존했다. 유럽은 세계의 상업을 지배하기 위해 순수한 물질 교환의 논리뿐 아니라 대포와 함선, 군사력을 앞세웠기 때문이다.

16세기에 스페인과 포르투갈이 세계를 사과 자르듯 절반으로 나눠 각각 차지한 황당한 역사도 유럽의 압도적 군사력이 없이는 불가능한 일이었다. 17세기 네덜란드가 인도네시아의 향신료를 세계 시장에 배포한 일이나, 18세기 영국이 중국의 차(茶)와 인도의 천을 세상 곳곳에 유통한 배경 또한 막강한 해군력에 있다. 자본주의 역사를 정확하게 해석한다면 산업 혁명 이전까지의 단계는 군사력으로 발현되는 정치력이 적어도 상업만큼 중요한 자본주의였던 셈이다.

국가자본주의

정치 권력을 활용해 물질적 축적을 추구하는 행위는 이후에도 계속되었다. 1917년 자본주의를 부정하면서 등장한 소련이라는 공산주의 국가도 본질적으로는 물질적 축적을 포기하지 않았다. 사회주의, 공산주의 등 다양한 명칭을 사용했으나 궁극적으로는 폭발적인 생산을 통해 물질적 축적과 풍요를 얻고자 했다. 실제

1960년대까지 구소련의 니키타 흐루쇼프(Nikita Khrushchyov) 공산당 서기장은 미국이나 영국을 물질적으로 따라잡아 추월할 것이라고 호언장담했었다. 이 시도가 여지없이 실패했다는 사실은 우리 모두가 잘 알고 있다.

현대 사회에도 다양한 정치적 자본주의가 존재한다. 평화로운 경제 활동보다 사람들을 정치적으로 동원해 물리력이나 폭력을 활용해 더 큰 이익을 얻는 상황이다. 일례로 아프리카의 '실패한 국가(Failed state)'에서는 지지자들을 모아 무기를 나눠주고 군사력을 키워 내전을 일으킨 뒤, 국가 권력을 차지하는 방법이 사업을 벌이는 것보다 훨씬 쉽게 돈을 버는 길이다.

반드시 실패한 국가가 아니더라도 정치가 사업보다 더 많은 경제적 이익을 가져다준다면 정치적 자본주의가 지배한다고 볼 수 있다. 유능한 젊은이가 국가 선출직으로 나가 나라의 돈을 쉽게 주무르며 축재할 수 있다면, 굳이 골머리를 앓으며 취직하거나 사업을 할 이유가 없다. 21세기까지 그리스와 같은 사회에서는 정치 활동이 수월하게 많은 이익을 독점할 수 있는 길이었다. 이런 현실은 그리스 정치를 구조적으로 부패하게 만들어 유럽연합에서 탈퇴를 의미하는 심각한 그렉시트(Grexit) 위기를 초래했다.

자본주의적 성공을 거둔 일부 사회에서도 정치는 부자가 되는 지름길을 제공한다. 21세기 현재 중국이 전형적인 사례라고 할 수 있다. 중국은 공산당의 주도 아래 인류 역사상 가장 획기적인 경제 발전을 이뤘으나 여전히 정치 논리가 경제를 지배하고 있다.

중국에서 마윈(馬雲, Ma Yun)과 같은 혁신적 사업가는 14억 인구의 거대 시장을 활용해 알리바바라는 초대형 기업을 키워냈다.

중국을 단순한 정치적 자본주의가 아니라 국가자본주의라고 부를 수 있는 이유다. 부를 창출하는 시장과 강한 국가가 공존하는 구조다. 하지만 공산당은 마윈처럼 성공한 기업가를 정치 논리를 동원해 통제하고 길들이려 하고 있다.

중국의 '붉은 자본주의'에서 성공하는 또 다른 길은 정치적 커넥션이다. 중국 공산당 지도부의 자녀들이 온갖 특혜를 누리며 경제적 성공을 거뒀다는 사실은 비밀이 아니다. 공산당의 금수저로 태어나지 않더라도 요직에 있는 정치인들과 친분만 가지면 경제적 성공의 길은 수월하게 열린다. 2023년 중국에서 유능하고 미래가 촉망받는 젊은이라면 돈을 벌기 위해 사업가의 길로 들어서는 것이 좋을까, 아니면 공산당에 입당해 권력을 활용한 부의 축적을 추구하는 것이 더 효과적일까. 이런 선택으로 고민한다는 현실 자체가 국가자본주의의 특징을 여실히 보여준다.

민주주의 속 다수결의 부상

아프리카의 '실패한 국가'나 중국의 국가자본주의 아래에서는 정치가 돈을 벌기 위한 중요한 수단이다. 반면 전통적 자유주의 국가에서는 경제력이 정치 권력을 얻는 길이 된다. 자율성을 가진 시장이 존재하고 사회가 어느 정도 부를 축적한 상황이라면, 돈을 가진 사람이 정치인의 길로 나아가 당선되거나 정치적 영향력을 행사하게 된다.

사업에서 성공을 거둔 사람이나 지주(地主), 의사, 변호사, 약사 등 지역 유지로 통하는 사람들이 정치에 뛰어드는 사례는 선거를 치르는 자유민주주의 사회에서 쉽게 발견할 수 있는 현상이다. 19세기 영국이나 프랑스, 미국 등 선거로 의원을 뽑는 나라에서 경제적 자본을 가진 사람들은 토지나 자본을 소유하기 때문에 공동체에 대한 책임감이 남다르다고 여겼고, 교육도 받아 분별력을 가진 사람들로 간주됐다. 세금 납부 여부나 교육 수준에 따라 피선거권이나 투표권을 주었던 자유주의의 논리였다.

지금은 민주주의의 사고가 워낙 보편적이라 1인 1표의 제도가 너무 당연하게 여겨진다. 그러나 인류 역사에서 다수가 옳다는 생각은 매우 생소한 주장이었다. 많은 문명에서 다수는 군중을 의미했고, 군중이란 미련하고 우매하며 충동적이라는 생각이 널리 퍼졌었다.

18세기 계몽주의 사상에서도 중요한 것은 사람들이 이성으로 합리적인 판단을 내리는 정치를 해야 한다는 생각이었다. 이성적이고 합리적인 결정이란 다수결보다는 치밀한 토론 끝에 만장일치라는 형식으로 귀결되어야 하는 성격이었다. 민주주의 사상가로 통하는 루소가 말하는 '일반 의지(volonté générale)'란 다수의 결정이 아니라 공동체의 선을 향한 만장일치에 가까운 합의를 의미하는 것이었다.

1766년 루소의 초상화. 루소가 중시했던 '일반 의지'는 실제 민주적 다수결보다 토론을 통한 만장일치에 가까웠다.

다수의 선택을 따라야 한다는 사고는 오히려 자본주의와 주식회사 원칙에서 비롯되는 양적 논리였다. 물론 자본주의 주식회사는 개개인의 평등이 아닌 주식 한 표의 평등을 의미했지만 말이다. 대주주는 소주주보다 목소리가 커야 했다. 민주주의가 말하는 일반 의지나 공동 이익에 대한 철학적 고민보다 사업에서는 빠른 결정을 내리는 효율성이 더 중요했다.

이 단순한 논리는 정치로 옮겨갔다. 19세기가 되자 더 많은 자본을 대표하는 목소리가 주식회사의 결정을 지배하듯 더 많은 사람 수를 대표하는 세력이 국가와 정치를 주도해야 한다는 생각이 점차 퍼지게 되었다. 18세기 말 프랑스 대혁명을 계기로 인간 평등이 선포된 후 평등의 원칙은 점차 사회를 지배하게 되었다. 20세기에는 국민대표를 선발하기 위한 일반 투표와 다수결 제도가 굳건하게 정착했다.

민주정치와 돈: 기부와 세금

경제 발전을 이룬 평등 사회에서는 재계가 자신들에게 이로운 정책을 달성하기 위해 정치 자금을 대는 현상도 빈번하다. 20세기 초반 프랑스에서는 정치 자금을 효율적으로 제공하기 위해 CNPF(프랑스 경영자 전국협의회)라는 재계 조직이 탄생했다. 다수의 정당과 정치인 가운데 자본의 이익을 제대로 대변할 수 있는 세력에게 자금을 집중해야 했기 때문이다.

20세기 대중 정치 시대에 수적으로 우위를 점한 노동자나 농민을 대표하는 정당들은 크게 성장했다. 유럽에서 사회주의나 공산주의를 이념으로 내건 노동 계급의 정당은 전성기에 수십만 명에서 100만 명이 넘는 당원을 거느리기도 했다. 예를 들어 이탈리아 공산당은 1940년대 말 200만 명의 당원을 자랑했다. 이들 당원이 대부분 당비를 냄으로써 정당은 거대한 자금을 주무르는 기관으로 부상하기도 했다.

20세기 중반부터 정치는 점점 더 많은 자금을 요구하는 '돈 먹는 하마'로 돌변했다. 특히 포스터, 집회, 방송 등 정치 선전이 차지하는 부분이 커지면서 선거를 치르려면 엄청난 자금이 필요하게 되었다. 21세기 미국에서는 대선과 총선에 쏟아붓는 비용이 30억 달러 규모일 정도로 폭발적으로 증가했다.

같은 자유민주주의를 시행하는 나라라도 미국과 유럽은 정치 자금을 규제하는 방식이 서로 다르다. 유럽은 제2차 세계대전 이후 공적 자금 제공을 중시한다. 세금으로 정당의 활동을 지원하고 선거 결과에 따라 자금을 분배하는 시스템이다. 덕분에 유럽에서는 새로운 정치 세력이 등장하는 일이 상대적으로 수월하다. 녹색당이 대표적이지만 극우 세력도 이런 논리의 수혜 세력이다. 유럽이 오랜

1891년 미국의 의원을 향한 로비를 풍자한 만평. 돈 보따리를 든 사람들이 몰려들어 각자 자신의 목표를 달성하려고 정치인에게 압력을 가하는 모습.

정치의 구(舊)대륙임에도 불구하고 정치적으로 상당한 역동성을 보이는 이유일 것이다.

반면 미국은 민간이 자금을 특정 후보에게 기부하는 시장적 분배 시스템을 운영하고 있다. 그 때문에 정당의 역할은 무척 제한적일 수밖에 없다. 정당보다 정치인 개인이 자금을 받아 관리하는 형식이기 때문이다. 역설적으로 미국의 정당 제도는 매우 보수적일 수밖에 없고, 정당의 선택보다는 특별한 자금 동원 능력이 있는 정치인이 동료 정치인을 규합하는 모습이다.

이처럼 21세기 세계 자본주의의 시대에도 정치와 경제를 연결하는 방식은 국가별로 매우 다양하다. 아프리카의 정치는 많은 경우 국가의 이름을 앞세워 국제 사회가 대주는 지원금을 차지하는 일이 급선무다. 중국은 최첨단 기술을 활용하는 놀라운 생산 체제를 갖추고 있으나 정치가 경제를 좌우하는 국가자본주의다.

미국과 유럽은 같은 시장민주주의지만 정치와 경제가 서로 다른 영역을 형성해 서로 영향을 미치나, 한쪽이 일방적으로 지배할 수는 없다. 미국의 정치인은 기본적으로 자금 동원(Fundraising) 능력을 갖춰야 성공할 수 있다. 유럽의 정치인은 공적 지원에 기대 참신한 아이디어로 바람을 일으킬 수 있어야 한다. 정치라는 비즈니스조차 사회와 문화에 따라 이처럼 커다란 차이를 드러내고 있다.

자본주의 대 자본주의

프랑스의 기업인 미셸 알베르는 1991년《자본주의 대 자본주의》

를 출간했다. 그는 자본주의가 최종적으로 승리했으나 자본주의에는 다양한 버전이 존재하며, 이들 사이의 경쟁이 미래를 지배할 것이라는 예측이었다. 알베르는 특히 모든 것을 상품화해 시장의 법칙으로 관리하는 미국식 자본주의, 국가의 역할이 지배적인 프랑스식 자본주의, 그리고 은행과 기업, 노조의 협력

미국 〈타임〉지에 실린 구소련의 알렉세이 스타하노프(Alexey Stakhanov). 높은 생산성을 자랑하는 광부로 1935년 구소련의 경제 성장을 촉진하기 위한 모델이자 영웅으로 부상했다.

을 제도화한 독일식 자본주의를 구분해서 보여줬다.

그는 몇 가지 기준을 제시해 일반 독자도 자본주의 국가 간의 차이를 구별할 수 있게 했다. 첫째는 상품과 시장의 중요성이다. 미국처럼 자본주의를 신봉하는 나라에서는 시장의 원칙을 거의 모든 삶의 영역에 적용한다. 교육을 상품으로 여겨 학비를 지불하는 일이 당연하다고 생각하며 건강을 담당하는 의료도 민간 중심으로 꾸린다. 심지어 인간의 피나 신체와 관련된 시장(예를 들어 정자, 난자, 대리모 등)이 부분적으로 형성되기도 한다. 국가가 운영하는 공교육이 지배하고 의료 분야를 철저하게 통제하는 유럽과 대비된다.

미국의 교육이나 의료 시장은 유럽과 비교할 수 없을 정도의 규모로 크다. 미국의 의료비 지출은 2020년 기준 GDP 대비 17퍼센

트로 선진국 클럽인 OECD 평균 8.8퍼센트의 2배에 달한다. GDP 대비 8퍼센트를 지출하는 이탈리아의 평균 수명(83세)이 미국(79세)보다 높다는 결과를 놓고 보면, 미국은 더 많은 돈을 들이지만 시민들은 일찍 사망하는 비효율적인 제도를 운영하는 셈이다.

두 번째 기준은 국가가 개입하는 정도다. 유럽은 전형적으로 국가의 개입과 규제가 강한 지역이다. 반면 미국은 규제의 수준이 상대적으로 낮다. 예를 들어 유럽의 환경이나 보건 규제는 강력하다. 양계장도 닭 한 마리당 A4 한 장 크기의 최소 생활 공간을 보장해 줘야 하고 성장 호르몬을 투입한 고기는 판매가 금지된다. 반면 미국은 인체에 해롭다는 사실이 증명되지 않는 모든 상품을 시장에 내놓을 수 있는 자유가 존재한다.

세 번째 기준은 국가가 관리하는 부의 수준이다. GDP 가운데 국가가 세금으로 거둬들여 분배하거나 재분배하는 수준은 나라마다 다르다. 2020년 정부 수입을 보면 미국(30퍼센트)이나 스위스(33퍼센트)는 상대적으로 낮고, 프랑스(52퍼센트)나 스웨덴(49퍼센트)은 상대적으로 높다. 대개 국가가 적극적으로 개입하고 관리하는 예산이 많으면 국민의 복지가 높아지고, 반대로 미국처럼 시장이 지배하는 곳에서는 기업의 자유와 성장이 수월하다.

국가의 역할이 강할수록 공무원의 수도 늘어난다. 오랜 기간에 걸쳐 자본주의가 발전했으나 핵심적인 역할을 국가가 담당해온 프랑스는 2019년 기준 560만 명의 공무원을 자랑하며, 이는 총 고용의 5분의 1 정도에 해당한다. 유럽에서 인구 대비 공무원이 가장 많은 나라는 덴마크인데, 인구 1,000명당 145명의 공무원을 유지하고 있다.

가성비의 시대: 열정과 이익 사이

후쿠야마가 바라보는 '역사의 종말'이란 자본주의와 민주주의가 지배하는 세상이다. 시장이란 계산하는 합리적인 사람들로 가득 찬 '천국'이다. 민주주의도 시장 논리와 크게 다르지 않다. 정당이 제시하는 정치적 상품을 이성적으로 고르는 일이 아니었던가.

헌팅턴이 예감하는 '문명의 충돌'은 공동체 의식으로 똘똘 뭉친 사나운 사람들이 목숨까지 걸면서 싸우는 세상이다. 냉정한 계산으로 물건을 사고파는 시장이나 정당의 프로그램을 보고 판단해 합리적으로 투표하는 선거가 아니라, 자신의 정체성을 지키기 위해 전쟁도 불사하는 열정이 지배하는 세상이라는 말이다.

미국의 사회학자 앨버트 허쉬만(Albert Otto Hirschman)은 일찍이 《열정과 이익(Passions and Interests)》이라는 역작을 통해 16~18세기 유럽에서 열정이 이익으로 돌변하는 과정을 분석한 바 있다. 근대 자본주의가 등장하기 이전의 중세 세상은 열정이 지배하는 상황이었다. 기사(騎士)는 사랑과 명예를 위해 목숨을 내던질 준비가 되어 있었고, 공동체의 신앙은 전쟁을 불사할 정도로 강한 삶의 중심이었다. 당시 기독교적 도덕관에서 부정적으로 취급하는 열정은 탐욕이었다. 상인들은 탐욕이 가득한 사악한 사람들로 묘사되곤 했다.

하지만 자본주의가 부상하는 시기부터 상인의 탐욕에 대한 평가는 서서히 바뀌기 시작한다. 돈과 물질에 대한 병적인 욕심이 아니라 해로운 열정을 통제할 수 있는 이성적이고 합리적인 능력으로 보기 시작했다. 허쉬만은 부정적 탐욕이 문명적 이익으로 변화하는 역사적 순간을 포착해서 조망한 셈이다.

　그의 역사적 분석은 후쿠야마와 헌팅턴의 관점을 통합할 수 있음을 보여준다. 현대인은 뜨거운 열정과 차가운 이익, 맹목적 행동과 합리적 계산을 구분하나, 역사적으로는 같은 기원을 가졌음을 보여주기 때문이다. 이해관계에 따라 모든 것을 계산으로 판단하는 극단적으로 냉정한 사람을 사회는 '소시오패스'라고 부른다. 극단적 이기심에 기반한 왜곡된 합리성을 추구하는 열정이 없는 냉혈한이라는 뜻이다. 열정, 온정, 인정이 없다면 정상적인 인간이라 할 수 없다. 현대인은 여전히 후쿠야마의 이성과 헌팅턴의 열정이 혼재한 상태로 서로 다투고 있다.

　물론 오늘의 세상은 열정보다 이익이 앞선다. 특히 서구에서 시장민주주의란 계산과 합리성을 통해 이익을 재는 인간들로 가득 찬 사회다. '가성비'의 시대가 도래한 것이다. 미국을 강타한 9.11 테러처럼 목숨을 바쳐 이상을 실현하려는 과격한 열정의 사람들이 사라진 것은 아니지만, 점점 더 많은 지구인이 이익의 영역, 자본주의적 계산으로 넘어온 듯하다.

PART 4

22세기 자본주의의 향방

결론

미래
자본주의는 지속 가능할 것인가?

21세기에도 자본주의는 인류의 여전한 화두다. 프랑스의 경제학자 토마 피케티(Thomas Piketty)의 저서 《21세기 자본》은 복잡한 이론과 통계를 동원한 두꺼운 책임에도 불구하고 일약 세계적인 베스트셀러로 떠올랐다. 경제학 교수가 자본주의는 필연적으로 불평등을 낳을 수밖에 없다는 단순한 메시지를 학술적으로 '증명' 했다는 믿음 때문일 것이다.

자본주의는 인간의 노동을 착취하는 사회 제도라고 150여 년 전 마르크스가 《자본론》을 통해 '증명'함으로써 '과학적 사회주의' 의 전통을 세운 방식과 유사하다. 마르크스는 당시 자본주의에 대한 사회적 비판과 불만을 학술적 형식으로 분석해 과학의 권위로 포장했었다.

자본주의와 불평등의 상호관계나 인과(因果)의 성격은 학계에서도 논쟁이 다분하다. 인류사에서 자본주의의 가장 큰 특징은 불평등이 아닌 물질적 풍요라 할 수 있다. 자본주의가 발달한 나라일수록 충분히 먹고 추위에 떨지 않도록 옷을 잘 입으며 최소한의 주거 공간을 갖는 문제를 앞장서서 해결했다. 자본주의 역사를 살펴보는 이 글을 집필하면서 '물질문명의 파노라마'라는 부제를 붙였던 의도도 자본주의가 가져온 물질적 풍요의 과정을 그리는 작업이었기 때문이다.

이젠 미래를 전망할 차례다. 자본이라는 개념은 원래 새끼를 낳는 가축에서 유래한다. 같은 돈이라도 마당에 묻어놓으면 자본이 아니다. 은행에 맡기거나 사업에 투자해 일정 기간이 지난 뒤 이자나 이윤을 창출해야 자본이라 불릴 수 있다. 이런 관점에서 자본주의는 미래를 준비하는 호모 사피엔스의 본능에서 비롯된다고 볼 수 있다. 자본주의를 시간과 물질을 조화시키는 제도라고 볼 수 있는 이유다.

그렇다면 2020년대의 자본주의는 어떻게 진단할 수 있을까. 끊임없이 변하는 것도 모자라 있는 것을 파괴하고 새로운 것을 창조한다는 자본주의는 현재 어떤 방향으로 나가는 것일까. 미래의 자본주의는 어떤 모습일까. 그리고 그 안에서 다양한 문화는 어떤 방식으로 변할 것인가. 이 장에서는 책을 마무리하며 현재를 진단하고 미래의 방향을 가늠하는 지적 여유를 부려보려고 한다.

배꼽주의 세상

프랑스어에는 '놈브릴리즘(Nombrilisme)', 직역하면 배꼽주의라는 단어가 있다. 극단적인 자기중심적 사고방식을 지칭하는 말이다. 주변의 상황이나 타인에게는 관심을 두지 않고 자신의 몸 가운데 자리 잡은 배꼽만 바라보는 태도를 말한다. 영어는 '배꼽 바라보기(Navel-gazing)'라는 쉬운 말을 사용한다. 철학적 논쟁을 좋아하는 프랑스어보다 영어는 실용적인 언어인 셈이다. 21세기 세상은 자기 자신에 도취한 사람들의 배꼽주의가 지배하는 듯하다.

사실 자본주의 발전사는 삶의 환경이 공동체에서 개인으로 분산되는 과정이었다. 교통수단의 변천만 보더라도 집단으로 이동하던 기차에서 가족 단위의 승용차로 발전했고, 최근에 유행하는 킥보드는 100퍼센트 개인용 이동 수단이다. 기차 시간에 맞춰 이동 계획을 짜던 시대에서 자유롭게 자가용으로 여행하는 단계로 진화한 셈이다.

주거 공간이나 식사 방식을 보더라도 풍요로운 자본주의 덕분에 삶의 중심은 공동체 생활에서 개인으로 전환됐다. 대가족이 한 방에 모여서 생활하던 패턴에서 점차 부부나 형제 단위의 침실로 진화했고, 최근 선진국에서는 1인 1실의 독방 문화가 보편적이다.

카라바지오(Michelangelo da Caravaggio), 〈연못의 나르시수스(Narcissus)〉, 16세기.

식사도 함께 어울려 먹는 식구(食口)의 개념에서 각자 개인 접시에 자신만의 음식을 소비하는 문화가 대세다.

21세기 들어 휴대전화는 소비 문화의 개인화를 상징한다. 2010년대 지구촌의 휴대전화 수는 이미 70억 인구수를 넘어섰다. 현재 세계

절반 이상의 국가에서는 국민의 90퍼센트가 휴대전화를 사용할 정도로 보편화됐다. 스마트폰 시대가 되면서 휴대전화는 단순한 통신 수단이 아니라 사진을 찍고 음악을 듣고 뉴스를 읽는 다기능 첨단 장비다. 세계 대도시 지하철은 각자 휴대전화를 들고 뚫어지게 들여다보는 승객으로 가득하다. 물리적으로 근접한 사람들보다 휴대전화를 통해 펼쳐지는 세상이 더 강한 흡수력을 발휘하는 모습이다.

휴대전화는 세상을 향한 개개인의 창이기도 하지만 동시에 자신을 들여다보는 거울의 기능도 있다. 인류의 긴 역사를 놓고 사람들이 거울을 통해 자신을 들여다보는 시간을 측정해본다면 아마도 최근에 폭발적으로 증가했을 것이다. 현대인은 종일 사방에 설치된 거울을 통해, 휴대전화 카메라를 통해, 심지어 그것도 부족해 컴퓨터 화면의 줌 회의에 등장하는 자신의 모습에 열중한다.

배꼽주의는 이처럼 단순한 개인주의를 넘어 자신만을 바라보는 삶의 양식이 되었다. 배꼽주의가 자본주의 발전의 산물인지, 아니면 인간의 본성을 자본주의가 활용하면서 편승했는지는 또 다른 논쟁거리로 남겨두자. 2020년대 자본주의는 개인의 선호와 특성까지 고려한 맞춤 상품과 서비스의 시대로 돌입했다. 배꼽주의 소비자들이 크게 환영할 만한 변화다.

개인주의와 가족의 해체

자본의 무한 축적을 지향하는 논리가 공동체나 집단에서 점차 가족과 개인으로 확산한 것은 어쩌면 당연한 일이다. 마을 공동체보다 가문의 수가 더 많고, 대가족이 핵가족으로 전환하면서 그만큼 소비자가 늘어난다. 또 핵가족을 넘어 개개인이 소비의 주체가 되면 자본의 확장과 축적의 대상은 밤하늘의 별처럼 폭발적으로 증가한다.

자본주의 물질문명과 인류의 문화는 어깨동무하면서 함께 진화하는 관계다. 한 지붕 아래 살던 대가족이 핵가족으로 분산하면 문화적·정신적으로도 대가족에서 멀어진다. 젊은이들이 가족과 분리된 주거의 독립을 생활의 해방으로 인식하는 이유다. 동시에 개인주의 문화는 자본주의 시장에 1인용 식품이나 용품, 상품과 서비스를 양산하게 만든다.

문제는 개인주의가 가족을 분해한다는 사실이다. 가족은 인류가 재생산되는 가장 핵심적인 단위이자 제도다. 자본주의가 발달한 선진국일수록 1인 가구의 비중은 높고 결혼하는 비율은 낮으며 여성의 출산율은 바닥으로 내려간다. 물론 여기서도 문화는 무척 중요한 역할을 담당한다.

2022년 현재 선진국은 거의 예외 없이 출산율이 인구를 유지할 수 있는 2.1 이하다. 특히 한국, 싱가포르, 일본 등 동아시아 국가와 이탈리아, 스페인, 포르투갈 등 남유럽 국가는 모두 1.4 이하로 최저 수준이며, 한국은 2018년부터 1.0을 밑돈다. 자본주의가 초래한 개인주의 사고와 전통적 가족관에 대한 저항이 어우러져 만든 결과라고 할 수 있다.

미국, 호주, 프랑스, 스웨덴 등이 출산율 1.8 수준을 유지하는 이유는 이민 사회라는 특징 때문이다. 전통적인 가족관을 가진 외부의 이민자들이 아이를 많이 낳아 통계적인 평균을 높여준다는 뜻이다. 흥미롭게도 이민 온 집단조차 시간이 흐르고 세대가 바뀌면 가족의 규모를 줄이곤 한다.

부유할수록 더 많은 자식을 낳아 키울 수 있을 텐데 왜 오히려 자녀 수를 줄이거나 아예 출산 자체를 포기하는 것일까. 자주 등 장하는 이유 중 하나는 자식을 키우는 데 비용이 많이 들어 숫자 를 줄일 수밖에 없다는 것이다. 일리는 있으나 결혼 자체가 줄어 들고 1인 독신이 늘어난다는 사실을 설명하지는 못한다. 구조적 이고 문화적인 설명은 자기 자신이 너무 소중해 부모나 자식 같 은 가족이라는 개념 자체가 흐려진 탓이라고 본다. '우리'라는 인 식은 희미해지고 개인으로서 '나'라는 주체가 점차 확대되어 모든 공간을 점유해버리는 현상은 아닐까.

물질문명의 관점에서 피임 도구나 피임약의 보편화는 이런 문 화적 변화를 이끄는 원동력으로 작용했다. 성욕과 임신의 운명적 고리를 끊어주면서 가족이 형성되는 힘을 크게 약화했기 때문이 다. 게다가 포르노 산업의 발전이나 다양한 시청각 매체를 통한 성 의 보편적 소비는 성 행위조차 타인과의 대면이나 접촉 없이 가능 한 1인 시대가 부상하는 상황이다. 사회는 점점 풍요를 쌓아가는 데 미래의 생산자나 소비자는 사라지는 한계에 부딪히는 셈이다.

비물질로의 진화?

자본주의를 물질문명으로 보는 시각은 이전의 종교가 지배하는 세상, 즉 정신적 세상과 대척점에 있기 때문이다. 물론 종교도 완 전히 정신이 지배하는 영역이라고 보기는 어렵다. 하느님의 말씀은 문자로 표현되었고 가죽이나 종이로 만든 경전이라는 물질적 토대를 활용했으니 말이다. 성당이나 교회, 절과 같은 성전도 인간의 엄청난 노동과 거대한 물질적 축적을 통해 탄생했다. 다만 자본주의는 물질을 활용할 뿐 아니라 대다수 사람들이 물질적 부를 축적하는 것을 목표로 삼는 사회라는 특징이 있다.

흥미롭게도 자본주의는 발달을 거듭할수록 물질적 성격은 오히려 가벼워지면서 비물질적 특성을 드러낸다. 예를 들어 특허는 아이디어라는 비물질적 대상을 보호하는 자본주의의 대표적인 장치다. 과학 기술이 핵심으로 떠오른 21세기 자본주의에서 특허의 개수는 국가 경쟁력을 비교하는 제일 중요한 잣대 가운데 하나로 부상했다.

소유권은 인간이 활동하는 대부분의 영역으로 확산해 별의별 아이디어나 형태가 모두 '새끼를 치는 자본'의 위상을 확보했다. 책이나 미술, 음악 등 예술 작품은 자본주의적 소유의 대상이 된 지 오래고 작가가 사라진 다음에도 한동안 소득을 만들어낸다. 유명인의 경우 자신의 외모 자체가 초상권의 이름으로 소득을 창출하는 자산으로 탈바꿈했다.

가상 현실이라는 표현이 명확하게 보여주듯 진짜와 가짜의 경계가 흐려지고 현실과 다른 또 다른 현실 같은 상황을 만들 수 있는 기술적 단계에 이르렀다. 메타버스(Metaverse), 즉 가상 현실의 세계는 2020년대의 화두로 등장했다. 자신의 스마트폰만 들여다보는 사람들을 바라보고 있노라면 메타버스가 현실을 대체하는 시나리오가 비현실적이라고만 하기는 어려워 보인다.

자본주의의 핵심을 형성하는 화폐도 비물질화의 길을 가는 중이다. 비트코인을 위시한 암호화폐가 다수 등장해 세계의 가치 체계를 뒤흔들고 있다. 사과 상자나 007 가방에 현찰을 잔뜩 넣어 거래하는 방식은 이제 구시대적 관습이다. 이미 노트북이나 스마트폰으로 가치를 순식간에 옮기는 시스템이 세상을 지배하고 있다.

전 세계적으로 아날로그와 디지털 세대의 대립은 일반화되었다. 아날로그 세대가 물질주의 세상의 자식들이라면 디지털 세대는 비물질적 시대의 첨단을 누리는 개척자들이다. 공동체에서 개인으로 분화하는 과정이 자본주의 역사의 큰 흐름이었듯, 아날로그에서 디지털 세상으로의 전개는 또 다른 자본주의 미래의 방향인 것으로 보인다.

소유권의 무한 확장 시대

20세기 후반부터 지구촌은 이른바 정보통신 혁명으로 급속한 변화를 맞고 있다. 아날로그에서 디지털로의 전환도 정보 사회로 진입하는 거대한 변화의 한 부분인 셈이다. 긴 맥락에서 살펴보면 자본주의뿐 아니라 인류의 발전은 항상 물질적 기반을 활용해왔고, 다만 자본주의가 그 효율성을 높였을 뿐이다.

예를 들어 인간이 문명의 새벽에 돌입하는 데 공헌한 본격적인 지렛대는 언어와 문자였다. 언어는 혀, 치아, 입술, 목 등 신체의 한 부분을 활용해 소리를 내는 물리적 현상을 활용하는 기술이었고, 문자도 언어를 모양으로 형상화해 물질로 표현해서 남기는 기술이었다. 21세기 현대인이 스마트폰으로 들여다보는 세상도 어딘가에 실존하는 칩과 배터리와 메모리에 의존한다. 따라서 비물

메타버스의 세계에 만들어진 플랫폼, 세컨드 라이프로서 가치가 커지고 있다.

질보다는 물질 절약적이면서 효율성 높은 기술을 활용할 뿐이다.

　자본주의가 가족을 분해하면서 개인을 향한 변화를 주도했듯 정보 사회로의 진입은 점점 많은 대상에 대한 소유를 가능하게 만들었다. 무엇인가를 소유하기 위해서는 소유의 대상을 기록하고 관리하고 지켜주는 사회 제도가 결정적이다. 인류 초기 문명인 바빌로니아에서 대부분의 문자 기록이 토지 관리나 상거래에 관한 것이었다는 사실이 이를 잘 증명한다. 돌에 어렵게 기록을 하던 문명이 가죽을 사용하고 종이를 활용하면서 재산 관리는 훨씬 수월해졌다.

　물질을 효율적으로 활용하는 방식은 자본주의의 피라고 할 수 있는 화폐에 정확하게 적용된다. 금이나 은, 조개껍질 등을 화폐로 사용하던 문명에서 신용문서나 지폐가 등장하면서 경제 활동은 획기적으로 발전했다. 자기앞 수표를 들고 다니던 불안과 수고도 정보 사회에서는 인터넷, 모바일 뱅킹으로 대체되었다. 은행 메모리에 기록을 남길 수 있는 기술 혁신으로 이런 서비스가 가능해진 것이다.

문제는 개인주의로의 돌진이 인류 재생산을 가로막는 부작용을 낳았듯이 관리와 통제 기술의 첨단화에 대한 대가나 폐해도 존재한다는 사실이다. 요즘 미술계에서는 NFT(Non-fungible token, 대체 불가능한 토큰)가 유행이다. 기존의 작품을 암호화된 방식으로 저장하는 기술이다. 영국의 예술가 데미안 허스트(Damien Hirst)는 최근 자신의 작품을 NFT로 암호화한 뒤 진품은 파괴하고 디지털 형식만 남겨두는 이벤트를 벌였다. 디지털 소유권이 예술품 원본보다 가치 있는 시대로 진화하는 셈이다.

이처럼 과장된 전위적 행태가 아니라도 기록과 통제 능력의 놀라운 발전은 소유권을 무한대로 확장할 가능성이 크다. 공공재의 논리는 점차 사라지고 소비자 부담의 원칙에 따라 도로나 공원 같은 공공 시설도 이용한 만큼 비용을 치르는 시스템이 등장할 수도 있다. 개인에 특화된 상품과 서비스를 제공할 뿐 아니라 소비한 만큼 경제적 부담을 지는 세밀한 기록과 통제가 가능해졌으니 말이다.

프라이버시와 감시 자본주의

하버드대학교 쇼샤나 주보프(Shoshana Zuboff) 교수는 《감시 자본주의 시대》라는 저서를 통해 정보 사회의 어두운 측면을 조망했다. 현대인은 모바일 휴대전화나 스마트워치와 같은 웨어러블 기기를 항상 몸에 지니고 다니다 보니 개인의 활동 내용이 손쉽게 기록된다. 집이나 자동차 같은 개인 공간도 안전과 편리함을 위해 카메라와 녹음 장치에 노출한 결과 사적인 은밀한 장소는 거의 사라졌다고 봐도 무리가 아니다. 쇼핑이나 오락을 즐길 때도, 심지어 데이트 장소와 진료 내역까지 모두 컴퓨터나 모바일을 통해 이뤄진다. 우리의 생각과 관심도 모두 기록에 남는 세상이다. 바야흐로 개개인을 총체적으로 관찰하고 감시하는 시대가 열린 셈이다.

전체주의 독재 체제가 이런 상황을 놓칠 리 없다. 중국은 시민의 일거수일투족을 관찰하는 총괄적 감시 체계를 이미 구축했다. 거대한 나무가 뿌리부터 잎사귀까지 조밀하게 연결되어 있듯 중국 사회는 공산당 정부가 시민 한 사람, 한 사람의 일상을 철저하게 지배하는 시스템을 만들었다.

자유민주주의와 시장경제를 운영한다는 서방 세계도 정보 사회에 내포된 위험에서 벗어난 것은 아니다. 주보프가 지적하듯 구글이나 페이스북은 이미 세계에 흩어져 있는 수억 명의 개인 정보를 보유하고 있으며, 이들의 행태를 정밀하게 감시할 수 있는 기술력이 있다. 개인의 생각이나 주장, 이동 경로나 쇼핑 행태, 선호도와 행동은 개인에게 특화된 상품과 서비스를 제공하는 밑천이 된다.

《거대한 전환》으로 유명한 칼 폴라니(Karl Polanyi)는 자본주의를 분석하면서 사탄의 맷돌이라는 비유를 사용했다. 원래 상품이란 팔기 위해서 만들어진 것을 지칭한다. 그런데 자본주의는 상품이 아닌 것도 상품처럼 팔려고 혈안이 된 악마 같은 존재라는 의미다. 예를 들어 자연은 하느님이 내려준 선물이지 누군가가 거래하라고 만든 상품이 아니다. 하지만 자본주의 체제는 자연을 상품처럼 부동산과 토지라는 이름으로 사고판다는 뜻이다.

자본주의의 맷돌은 인간을 노동이라는 상품으로, 인간 사이의 신뢰 관계는 화폐라는 상품으로 포장한다. 주보프의 분석은 정보

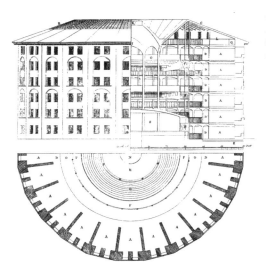

감시의 상징인 파놉티콘. 18세기 영국의 제러미 벤담 (Jeremy Bentham)이 구상한 것이다.

통신 기술이 발달하면서 인간의 행태에 대한 기록도 사탄의 맷돌을 통해 유용한 정보, 팔 수 있는 상품으로 발전하고 있음을 암시한다.

21세기를 살아가는 개인이 정보 사회의 네트워크와 동떨어져 생존하기는 어렵다. 주보프는 미국인으로서 감시 자본주의의 문제를 지적했으나, 실제 자본주의와 별개로 감시 사회와 관련된 문제는 현대인이 피해갈 수 없는 운명이다. 개인주의가 극단으로 치달으면서 인류의 재생산조차 어려운 지경에 처했지만 동시에 하나의 그물망으로 연결되어 소통하거나 교류할 수 있는 공동체로 부상한 모습이다. 분산과 집중의 성향이 완결된 셈이다.

22세기의 한국?

앞으로 100년 뒤에도 자본주의는 여전히 세계를 지배하는 경제 사회 시스템으로 존재하고 있을까. 미국과 유럽, 그리고 중국이라는 자본주의 세계의 강자들은 어떤 모습일까. 또 그들 사이에서 한국은 어떤 위상을 차지하게 될까. 이 책의 집필을 마치며 당연히 제기되는 질문들이다.

100년은 길게 느껴지지만 2020년대 태어난 아이들은 대부분 노인이 돼서 22세기를 경험할 것이다. 자본주의를 분석한 19세기의 마르크스는 자본주의가 자체적 모순으로 멸망한다고 예측했고, 20세기의 슘페터는 사회민주주의로 나아갈 것이라고 예언했다. 하지만 21세기 자본주의는 여전히 강력한 확산력으로 세계를 향해 팽창하고 있다. 자본주의에 정면 도전했던 구소련은 멸망했고, 중국은 우회된 경로로 변형 자본주의 독재를 실험 중이다.

자본주의의 미래를 위협하는 요인들은 체제의 모순이나 계급 투쟁과 같은 내부적 사안이 아니다. 또 슘페터의 예상처럼 위험을 회피하는 성향 탓에 창조적 파괴의 힘이 약해지는 사회 문화적 요인 때문도 아니다. 자본주의에 대한 가장 큰 도전은 자본주의가 너무 성공적이기에 드러나는 환경의 한계 상황이다. 지구 온난화와 그에 따른 기후 변화, 자연재해는 심각한 정치적, 경제적 혼란을 야기할 가능성이 크다. 특히 100년 단위로 예측되는 환경은 인류가 감당하기 어려운 미지의 방향으로 전개될 수 있다.

미국, 유럽, 중국의 경쟁은 현재 세계인의 관심을 끌고 있다. 하지만 폐쇄적인 중국, 노화하고 인구도 감소하는 중국이 미국이나 유럽을 넘어 자본주의의 중심으로 부상하기는 쉽지 않아 보인다. 오히려 자본주의의 위기는 중국의 도전이 아니라 자본주의 발전에서 소외된 지역에서 초래될 위험이 크다. 아프리카와 남아시아, 라틴아메리카 등이 빠른 속도로 발전하면서 자본주의 질서에 편입되면 지구촌의 환경 문제는 더 심각해질 것이다. 반대로 자본주의 발전에 동참하지 못할 경우 테러리즘이나 극단주의, 대량 이민과 사회적 혼란 등을 제공하는 터전이 될 수 있다.

현재의 트렌드가 계속된다면 100년 뒤 한국은 국가의 생존 자체가 위험한 지경에 도달할 가능성이 크다. 2022년 합계 출산율은 0.78명으로 출생아 수는 24만 명에 불과하며 앞으로 이 숫자가 대폭 늘어날 확률은 희박하기 때문이다. 한국뿐 아니라 일본, 싱가포르, 대만 등 동아시아 선진국은 물론 중국이나 베트남과 같은 후발 주자들도 유사한 인구 문제를 안고 있다.

자본주의 역사에서 유럽은 수백여 년 동안 인구를 수출하는 지역이었으나 20세기 인구 위기를 맞아 외국인 이민을 받아들이는 사회로 전환했다. 한국과 동아시아도 비슷한 경로를 택할 것인가, 아니면 서서히 다가오는 고사(枯死) 상황을 무기력하게 맞을 것인가. 개방과 다양성을 추구할 것인지, 아니면 보수와 안정의 길을 걸을 것인지, 이와 같은 문화적 선택이 궁극적으로는 동아시아 자본주의의 미래를 결정하게 될 것이다.

책은 저자에게 자식과 같아서 어느 한 권 소중하지 않은 것이 없다. 다만 각 책과의 관계는 조금씩 다르다. 《자본주의 인문학 산책》은 집필하면서 가장 재미를 느꼈던 책이다. 방대한 영역을 다루겠다는 욕심 때문에 조사하고 읽어야 하는 자료도 많아서 부담이었지만, 그만큼 배우고 얻는 내용이 풍부했다.

먹거리와 관련된 초반부에 신기하고 재밌는 사실들이 상대적으로 많았다. 예를 들어 중세 프랑스에서 먹거리의 위계질서가 하늘에서 시작해 땅으로 내려왔다는 사실은 무척 놀라운 발견이었다. 그래서 새고기는 최고의 요리로 손꼽히고, 땅에서 다니는 짐승이나 평야의 곡식은 다음 순위를 차지하며, 물이나 땅속의 동식물은 기피 대상이 되었다는 사실 말이다. 사회과학자로서 재미를 느끼는 부분은 이런 과거의 색다른 문화가 변화해서 오늘날에 이르는 과정이다. 그런 의미에서 땅속에서 자라는 감자가 요리사의 미식 메뉴를 통해 식탁을 차지해 들어가는 과정은 흥미롭다.

다소 거창한 표현이지만 이 책을 집필하면서 여러 차례 깨달음을 얻을 수 있었다. 그 하나가 시카고와 디트로이트를 연결하는 산업화 과정이다. 19세기 시카고는 미국 중서부에서 생산된 돼지들을 모아 공장에서 대규모로 도살해 분해하는 과정에 자동화와 분업을 도입했다. 자동으로 이동하는 벨트 위에 돼지들을 올려놓고 노동자는 각자 맡은 부분을 칼로 도려내거나 뼈를 정리하는 척결(剔抉)의 분업이었다. 한 마리의 돼지는 이렇게 다양한 기술자에 의해 특수 부분으로 해부되었다. 20세기가 되면 헨리 포드가 이 원리를 자동차 산업에 적용함으로써 놀라운 생산성의 원천으로 활용하게 된다. 시카고에서 디트로이트는 400km 정도의 거리다. 돼지는 해부의 과정이었지만 자동차는 부품을 모아 새로운 완성체를 만드는 조립의 반대 과정이었다. 이처럼 식품에서 자동차로 뛰어넘는 아이디어의 연결 고리는 자본주의의 놀라운 동력을 설명하는 셈이다.

다른 하나의 사례는 건축 분야다. 인간을 중심으로 역사를 봤을 때 지나쳤던 부분이, 재료와 건축이라는 물질 중심으로 접근해 보니 새롭게 드러났다. 네모가 자연에서 찾아보기 어려운 모양이라는 사실은 생각지 않고 지금까지 살아왔다. 그것은 아마도 내가 태어나 살아온 환경에 네모가 너무 많아 자연스럽다고 여겼기 때문일 것이다. 그런데 우리 주위를 둘러싸는 네모는 모두 인간이 만든 결과다. 종이부터 테이블, 집에 이르기까지 네모가 환경을 지배하는 이유는 가장 만들기 쉬운 모양이기 때문이다. 자르는 도구와 행위에서 직선이 가장 수월하기 때문이다. 이 같은 깨달음을 바탕으로 주변을 살피고 세계를 바라보니 새롭게 느껴지기 시작했다. 생산 과정이 물질의 형태를 결정하고, 그 물질 속에서 살다 보면 우리의 사고도 물질에 적어도 부분적으로 지배를 받게 된다는 진리가 깊이 뇌리에 새겨졌다.

어떤 책은 한 분야를 깊이 파고 들어가지만 다른 책은 넓은 분야를 포괄한다. 이 책은 후자에 속하기에 각 장마다 상당히 이질적이고 다양한 내용을 다뤘다. 특히 화폐부터 정치까지 현대 사회의 주요 활동을 다루는 부분은 내용이 무척 다양해서 독자들이 다소 불안감을 느낄 수 있다. 의식주라는 탄탄한 결집력을 가진 영역과 달리 정치, 금융, 문화 등 현대 사회의 다방면을 다루기 때문이다. 하지만 은근히 보여주려고 한 부분은 이들이 서로 긴밀하게 연결되어 있다는 사실이다. 돼지고기의 해부와 자동차의 조립만 상호 호응하는 관계가 아니라 자본주의와 민주주의와 개인주의도 서로 긴밀하게 얽혀 있다는 뜻이다.

호모 루덴스를 다루는 게임의 장에서 설명했듯 현대 사회의 정치, 경제, 사회 활동은 모두 개인들이 정해진 규칙에 따라 경쟁하는 장을 만들어놓고, 그 안에서 진행된다는 공통점을 갖는다. 이 모든 게임의 주체는 개인이다. 개인이 번 돈을 개인 통장에 넣어 개인적 취향에 따라 개인 소비를 하듯, 개인의 성향을 반영하는 개인적 투표를 통해 민주주의 공동체에 동참한다. 게임에 참여하면 당연히 승자와 패자가 구분된다. 그리고 매번 승자와 패자가 누구인지를 기록하고 통계를 내서 총괄적 평가의 대상이 된다. 현대 사회 어디나 등장하는 교육 제도는 학습 게임의 성패와 기록의 장인 셈이다. 이러한 사회적 제도는 자본주의를 운영하는 인적 자본 형성에 결정적인 역할을 담당한다. 게임의 논리는 문화도 예외가 아니다. 가요나 영화, 책 등 모든 문화 상품은 판매 실적에 따라 등수를 정하고 소비자들은 랭킹을 중시해 소비의 방향을 결정한다. 민주주의 선거와 너무나도 유사한 메커니즘을 상품은 물론 문화 활동에도 적용하는 모양새다.

〈월간중앙〉에 연재한 '자본주의와 문화'는 인류 역사의 부자 나라 이야기를 다룬 '부국굴기'의 후속편이었다. 고대 메소포타미아부터 현대 미국, 중국, 유럽연합까지 다룬 '부국굴기' 이야기는 《22개 나라로 읽는 부의 세계사》라는 책으로 2022년 출간되었다. 나라별로 나눠 다뤘던 부의 역사를 이번에는 테마별로 나눠서 조망한 셈이다. 지리적으로 한 국가에 초점을 맞춰 조명을 밝혔던 데서 이번에는 세계를 대상으로 한 상품이나 영역을 중심으로 살펴본 결과다. 인류의 물질적 발자취를 두 가지 접근법으로 나눠 살펴본 것이므로, 두 권을 묶어서 보면 더 입체적인 시각이 가능할 것이다.

책의 집필은 고된 작업이지만 그만큼 보람이 있다고 생각해왔다. 그러나 여러 권의 책을 출판한 뒤 느끼는 감정은 보람보다는 허무함이다. 자신이 쓴 책을 보면서 보람을 느끼는 저자가 있는지 나는 잘 모르겠다. 부족한 글이고 책이라 오는 허무함일 수 있다. 그러나 매번 반복되는 허무는 일종의 규칙과 같다. 그리고 허무를 극복하기 위해 새로운 책을 구상하고 또 글을 쓰는 일에 돌입하곤 한다.

부자 나라의 역사를 쓰면서 발견한 점은 일종의 계보가 존재한다는 사실이다. 메소포타미아부터 그리스 로마를 거쳐 이탈리아 도시 국가, 스페인, 포르투갈, 네덜란드, 영국, 프랑스, 독일, 미국, 일본, 중국 등으로 연결되는 부의 계보 말이다. 자본주의와 문화에서 발견한 사실은 다양한 문화마다 각각 자본주의 생산 양식이나 현대 사회 제도를 받아들이는 특성을 드러낸다는 사실이다. 하지만 이런 문화적 다양성은 이미 오래전부터 배우고 느껴왔던 측면이다. 저자로서 더욱 놀라운 발견은 서구가 드러내는 혁신의 문화다. 자본주의의 역동성이란 혁신에서 온다는 진실을 우리는 슘페터 이후 되뇌여왔다. 그런데 놀랍게도 현대 사회의 축을 형성하는 변화는 거의 모두 서구에서 만들어졌다. 왜 그럴까.

왜 서구는 항상 새로운 것을 추구하며, 자신에 대해 끊임없이 반성하며, 위험을 부담하면서까지 변화를 실행하는 것일까. 동아시아가 유럽과 미국을 따라잡을 것이라는 전망이 나온 지 이미 반세기가 지났다. 1970년대 일본은 초고속 성장으로 서구의 독점적 지위를 위협했고, 1990년대부터는 중국이 배턴을 이어받아 서방을 위협하고 있다. 하지만 서구를 뛰어넘어 동아시아가 세계의 중심이 될 것이라는 기미는 전혀 보이지 않는다. 이 책에서 유럽 중세 농업 혁신의 사례에서 언급했듯 동아시아가 무게 중심이 뒤에 있는 보수적인 소라면, 유럽과 특히 미국은 무게 중심을 앞에 두고 열심히 전진하는 진보적 말에 가까워 보인다. 아마도 다음 책은 이 기본적 문화 태도의 차이에 대한 고민이 될 듯하다. 자본주의뿐 아니라 민주주의나 개인주의를 포함한 서구 문명의 핵심에 대한 질문과 탐구로 이어질 듯하다.

PART 1 _ 의식주로 본 자본주의의 세계

01 주식, 밥의 제국과 빵의 세계

- Feuerbach, Ludwig. *Das Geheimnis des Opfers oder Des Mensch ist, was er isst in Gesasmmelte Werke*. Akademie Verlag. 1990.
- Harari, Yuval Noah. *Sapiens. A Brief History of Mankind*. London: Vintage. 2011.
- 토머스 맬서스(Malthus, Thomas),《인구론》, 이서행 옮김, 동서문화사, 2016.
- Marx, Karl. édition établie et annotée par Maximilien Rubel. *Le Capital*. Gallimard, 1961 et 1968.
- Ohnuki-Tierney, Emiko. *Rice as Self: Japanese Identities through Time*. Princeton University Press. 1994.

02 육식, 고기와 생선이 상징하는 부의 세상

- 헨리 포드(Ford, Henry),《나의 삶과 일》, 이주명 옮김, 필맥, 2019.
- Rowley, Anthony. *Une histoire mondiale de la table: Stratégies de bouche*. Odile Jacob. 2006.

03 요리, 먹을 것을 헤아리고 다스리는 법

- 조지 리처(Ritzer, George),《맥도날드 그리고 맥도날드화》, 김종덕 옮김, 시유시, 2004.

04 음료, 입안을 가득 채운 자본주의의 맛

- Mintz, Sidney. *Sweetness and Power. The Place of Sugar in Modern History*. Penguin. 1986.

05 술과 담배, 자본주의 속 평생 고객을 만드는 기호품

- Burns, Eric. *The Spirits of America. A Social History of Alcohol*. Temple University Press, 2010.
- Burns, Eric. *The Smoke of the Gods. A Social History of Tobacco*. Temple University Press, 2007.

06 재료, 물질이 정신을 낳은 획기적인 변화

- 유홍준, 《나의 문화유산답사기 일본편1 규슈: 빛은 한반도로부터》, 창비, 2013.
- Bart, Christopher. *Material and Mind*. The MIT Press. 2019.
- Diamond, Jared. *Collapse. How Societies Chose to Fail or Survive*. Penguin. 2011.
- Diamond, Jared. *Guns, Germs, and Steel. The Fates of Human Societies*. W.W.Norton. 1997.
- 사토 겐타로(佐藤 健太郎), 《세계사를 바꾼 12가지 신소재》, 송은애 옮김, 북라이프, 2019.

07 의류, 활동 영역을 넓힌 인류의 지구 점령기

- Beckert, Sven. *Empire of Cotton. A Global History*. Vintage Books. 2014.
- More, Thomas. *Utopia*. The Project Gutenberg ebook. 2000.

08 패션, 창조적 파괴의 아이콘

- Schumpeter, Joseph. *Capitalism, Socialism, and Democracy*. Harper Perennial. 2008(1942).

09 주택, 사람은 집을 짓고 집은 사람을 빚는다

- Engels, Friedrich. *The Condition of the Working Class in England*. Marx/Englesl Internet Archive. 1998(1845).
- 발레리 줄레조(Gelézeau, Valérie), 《아파트 공화국》, 길혜연 옮김, 후마니타스, 2007.
- Rousseau, Jean-Jacques. *Emile ou l'éducation*. Flammarion. 2009.

PART 2 _ 이동 경로로 본 자본주의의 힘

10 에너지, 세상을 움직이는 생명의 힘
- Smil, Vaclav. *Energy and Civilization. A History.* The MIT Press. 2017.

11 육상 교통, 문명을 연 길과 힘의 조합
- 존 스타인벡(Steinbeck, John), 《분노의 포도》, 김승욱 옮김, 민음사, 2008.

12 수상 항공 교통, 물을 타고 하늘을 나는 네트워크
- Gipouloux, François. *La Méditérrannée asiatique. XVI-XIXe siècles.*

13 유통, 자본주의의 미세 혈관
- Beecher, Catharine and Harriet. *The American Women's Home.* Applewood Books. 2008(1869).
- Montesquieu, *L'esprit des Lois.* Flammarion. 1993.
- Tocqueville, Alexis de. *De la démocratie en Amérique.* Gallimard. 1961.
- Weber, Max. *The Protestant Ethic and the Spirit of Capitalism.* Routledge. 1992.

PART 3 _ 부와 다양성의 자본주의 여행

14 화폐, 돈으로 세상의 가치를 통일하다
- Goetzman, William N. *Money Changes Everything. How Finance Made Civilization Possible.* Princeton University Press. 2016.

15 금융, 역사 발전을 이끌어온 타임머신
- Condorcet, *Esquisse d'un tableau historique des progrès de l'esprit humain.* Gallica. 1822(1795).

■ Strange, Susan. *Casino Capitalism. Blackwell.* 1986.

■ Tilly, Charles. *Coercion, Capital, and European States.* 990-1992. Wiley-Blackwell. 1992.

16 건강, 20세기 이후 인류 최고의 지향점

■ Dachez, Roger. *Histoire de la médecine. De l'Antiquité à nos jours.* Tallandier. 2021.

17 스포츠, 놀이와 자본주의가 만든 호모 루덴스

■ Appleby, Joyce. *Relentless Revolution.* W.W.Norton. 2010.

■ Huizinga, Johan. *Homo Ludens. A Study of the Play-Element in Culture.* Roy Publishers. 1950.

18 예술, 근대 자본주의와 동행하는 소프트파워

■ Anderson, Benedict. *Imagined Communities.* Verso. 1991.

■ Bourdieu, Pierre. *L'intérêt au désintéressement.* Seuil. 2022.

19 관광, 인간을 자극하고 유혹하는 새로운 풍요

■ Boltanski, Luc et Arnaud Esquerre. *L'enrichissement.* Gallimard. 2017.

■ Homère, traduit par Médéric Dufour et Jeanne Raison. *L'Odyssée.* Flammarion. 2017.

20 미디어, 수단이 목적을 지배하게 된 세상

■ McGrath Morris, James. *Pulitzer: A Life in Politics, Print, and Power.* Harper. 2010.

21 교육, 인간을 거대 자본으로 만든 지식 사회

■ Albert, Michel. *Capitalisme contre capitalisme.* Le Seuil. 1991.

■ Gellner, Ernest. *Plough, Sword, and Book.* University of Chicago Press. 1990.

■ Gellner, Ernest. *Nations and Nationalism.* Cornell University Press.

2009.

- Platon. traduction et notes par R.Baccou. *La République*. Flammarion. 1966.

22 전쟁, 파괴와 축적이 얽힌 자본주의

- Weber, Max. Edited by Guenther Roth and Claus Wittich. *Economy and Society*. University of California Press. 1978.

23 정치, 자본주의와 함께 성장한 민주주의

- Albert, Michel. *Capitalisme contre capitalisme*. Le Seuil. 1991.
- Fukuyama, Francis. *The End of History and the Last Man*. Free Press. 1992.
- Hirschman, Albert O. *Passions and Interests*. Princeton University Press. 2013.
- Huntington, Samuel. *The Clash of Civilizations and the Remaking of World Order*. Simon & Schuster. 1996.

PART 4 _ 22세기 자본주의의 향방

결론 미래, 자본주의는 지속 가능할 것인가?

- Picketty, Thomas. *Le capital au XXIe siècle*. Le Seuil. 2013.
- Polanyi, Karl. *The Great Transformation*. Beacon. 1944.
- Zuboff, Shoshana. *The Age of Surveillance Capitalism*. Public Affairs. 2019.

23색 아이템으로 만나는 일상의 자본주의
자본주의 인문학 산책

제1판 1쇄 발행 | 2023년 8월 30일
제1판 2쇄 발행 | 2023년 9월 27일

지은이 | 조홍식
펴낸이 | 김수언
펴낸곳 | 한국경제신문 한경BP
책임편집 | 이혜영
저작권 | 백상아
홍보 | 서은실 · 이여진 · 박도현
마케팅 | 김규형 · 정우연
디자인 | 권석중
본문디자인 | 디자인 현

주소 | 서울특별시 중구 청파로 463
기획출판팀 | 02-3604-590, 584
영업마케팅팀 | 02-3604-595, 562   FAX | 02-3604-599
H | http://bp.hankyung.com   E | bp@hankyung.com
F | www.facebook.com/hankyungbp
등록 | 제 2-315(1967. 5. 15)

ISBN 978-89-475-4911-0   03900